会计基础

主编 郭继宏 李志文 诸葛福生

山东城市出版传媒集团·济南出版社

图书在版编目(CIP)数据

会计基础/郭继宏,李志文,诸葛福生主编. —济南:济南出版社,2018.8
ISBN 978-7-5488-3268-3

Ⅰ.①会… Ⅱ.①郭…②李…③诸… Ⅲ.①会计学—中等专业学校—教材 Ⅳ.①F230

中国版本图书馆 CIP 数据核字(2018)第 137903 号

出 版 人	崔　刚
责任编辑	李建议
封面设计	胡大伟
出版发行	济南出版社
地　　址	济南市二环南路1号(250002)
编辑热线	0531-67883204
发行热线	0531-86131728　86922073　86131701
印　　刷	济南继东彩艺印刷有限公司
版　　次	2018年8月第1版
印　　次	2018年8月第1次印刷
成品尺寸	185mm×260mm　16开
印　　张	16.5
字　　数	260千
印　　数	1—2000册
定　　价	41.30元

济南版图书,如有印装质量问题,请与出版社出版部联系调换。
电话:0531-86131736

编委会

主　编：郭继宏　李志文　诸葛福生

副主编：王建领　孙婧祎　郭晓晨

编　委：（按姓氏笔画排序）

于 蕊	于 蕾	马 强	王建领	王继智	王善坤
王增艳	王黎明	艾文莎	卢 霞	叶 延	仪云倩
冯健康	司 薇	庄 敏	刘 冬	刘 伟	刘 霞
刘海明	刘铭钰	齐春慧	孙 亮	孙立波	孙婧祎
陈伟梅	苏艳慧	苏婷婷	李全海	李志文	李栋华
杨成宝	杨欣洁	吴海燕	吴黎霞	宋文静	张 浩
张 琪	张云峰	张可英	张可意	张聿曼	张劲青
张玺亮	林兆功	林宗良	赵 静	赵琮琮	姚 杰
徐 瑾	郭晓晨	郭继宏	诸葛福生	黄效文	梁晓霞
梁绮嫦	常清照	韩 琳	程 爽	翟宇环	翟瑞卿

前　言

为了满足财经商贸类中高职学校会计、会计电算化、统计和会计核算等其他相关专业教学需要，我们组织在中高职学校教学第一线的老师联合编写了这本《会计基础》教材。本教材突出应用性和实践性，不仅可作为中高职会计、会计电算化、统计和会计核算、国际商务等专业的教材，供中高职教师及学生使用，也适用于各种形式岗位培训及广大会计人员的业余学习。

本教材的特点：(1) 内容新。紧密结合当前企业会计准则体系及《2018年初级会计职称考试大纲》(2017)，在介绍会计基本理论、基本方法和基本技能的前提下，按教材编写体系需要，适当吸收了"营改增"等新财税法规改革和教学实践的新成果。(2) 体例新。为使教学更加贴近实际，方便学生理解，本书采取任务驱动教学方法，按项目、任务作为章节编排，介绍相关内容时，加入"想一想""议一议""做一做""知识链接"等模块。(3) 务实、活泼。为了提高学生学习会计基础的兴趣，我们重点介绍基础会计实务操作方法，除了照顾会计理论的系统性，尽量少谈理论。全书图文并茂，在适当的位置插入相关表格、图例等内容。(4) 浅显、通俗。本教材内容浅显、语言通俗，深入浅出，注重实务，易于操作。

本教材由郭继宏、李志文、诸葛福生任主编，王建领、孙婧祎、郭晓晨任副主编。参加本书编写的人员有：郭继宏编写项目三、项目四，诸葛福生编写项目八，李志文编写项目二，王增艳、张玺亮编写项目一、项目五，徐瑾编写项目六，于蕾、王建领编写项目七，张玺亮、郭晓晨编写项目九。最后，全书由郭继宏总纂，并修改定稿。

本教材在编写过程中，得到了作者所在院校等有关单位领导、专家及部分企事业单位专家、技术人员的大力支持与指导，在此一并表示衷心的感谢！

由于编写时间仓促，加之编者水平有限，书中难免存在不妥之处，恳请各位专家、读者不吝批评指正。

编者
2018年5月

目　录

项目一　认识会计与会计职业 ·· 1

　　任务一　认识会计 ·· 2
　　任务二　会计方法 ·· 8
　　任务三　会计核算的基本前提和会计信息质量要求 ··· 11
　　任务四　会计职业与会计人员 ··· 17
　　任务五　会计基本法律、法规体系 ··· 21
　　项目小结 ·· 23

项目二　设置会计科目和账户 ··· 24

　　任务一　会计要素 ·· 25
　　任务二　设置会计科目 ·· 38
　　任务三　设置账户 ·· 43
　　项目小结 ·· 48

项目三　借贷记账法的应用 ·· 49

　　任务一　认识复式记账法 ··· 50
　　任务二　认识借贷记账法 ··· 53
　　任务三　会计分录 ·· 60
　　任务四　总分类账户和明细分类账户的平行登记 ·· 65

任务五　资金筹集和资金退出的核算　　70

　　任务六　存货的核算　　76

　　任务七　生产成本的核算　　80

　　任务八　期间费用的核算　　90

　　任务九　收入的核算　　93

　　任务十　利润的核算　　99

　　项目小结　　105

项目四　填制和审核会计凭证　　106

　　任务一　填制和审核原始凭证　　107

　　任务二　填制和审核记账凭证　　116

　　项目小结　　124

项目五　登记会计账簿　　125

　　任务一　认识会计账簿　　126

　　任务二　账簿的设置和登记方法　　138

　　任务三　错账的查找和更正方法　　148

　　任务四　对账和结账　　152

　　项目小结　　157

项目六　财产清查　　158

　　任务一　认识财产清查　　159

　　任务二　财产清查的方法　　162

　　任务三　财产清查结果的账务处理　　170

　　项目小结　　178

项目七　账务处理程序　　179

　　任务一　认识账务处理程序　　180

任务二　记账凭证账务处理程序 ································ 182

任务三　科目汇总表账务处理程序 ···························· 203

任务四　汇总记账凭证账务处理程序 ·························· 209

项目小结 ·· 216

项目八　编制财务会计报告

任务一　认识财务会计报告 ··································· 218

任务二　编制资产负债表 ······································ 222

任务三　编制利润表 ··· 231

项目小结 ·· 238

项目九　会计档案

任务一　认识会计档案 ·· 240

任务二　会计档案的整理、装订 ······························ 244

任务三　会计档案的保管方法 ································· 248

任务四　会计档案的销毁方法 ································· 252

项目小结 ·· 254

参考文献 ·· 256

项目一 认识会计与会计职业

【项目介绍】

会计是以货币为主要计量单位,运用专门方法,进行连续、系统、综合地核算和监督单位经济活动的一种经济管理工作。本项目重点介绍会计的概念、特点、职能、对象、方法,会计核算的基本前提和会计信息质量要求,会计机构,会计人员及会计法律法规体系。具体见图1-1所示。

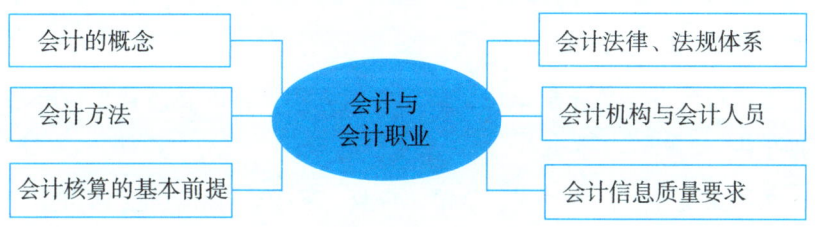

图1-1 认识会计与会计职业

任务一 认识会计

会计已成为现代企业一项重要的管理工作。企业会计主要通过一系列会计核算程序，核算和监督企业经济活动，反映企业管理层受托责任履行情况，为会计信息使用者提供有用的决策信息，并积极参与经营管理决策，促进市场经济健康有序的发展。

一、会计的概念

会计是以货币为主要的计量单位，运用专门方法，核算和监督单位经济活动的一种经济管理工作。

单位是指国家机关、社会团体、公司、企业、事业单位和其他组织的统称。

二、会计的产生和发展

(一) 会计的产生

会计是人类社会生产发展到一定阶段的产物。在我国，会计有着悠久的历史，原始社会末期就有了"结绳记事"和"刻契记数"等记录、计算的方法，这便是会计的萌芽阶段。会计从萌芽阶段开始，逐渐从生产的附带部分发展为专门职业的特殊、独立的职能。会计已经成为一项记录、计算和考核收支的独立工作，并逐渐出现了专门从事这一工作的专职人员。

(二) 会计的发展

会计从起源到发展为今天完整的科学体系，期间经历了一个漫长的历史过程。会计先后经过了前巴比伦王国的"芝诺账簿"，发展到我国宋朝的"四柱清册"，明清时期"龙门账"和"四脚账"等复式记账法的出现，标志着近代会计的产生，清朝末期借贷记账法引进到我国，标志着近代会计发展到顶峰。管理会计和计算机的出现，使现代会计得到长足发展。纵观会计的发展，可划分为古代会计、近代会计和现代会计三个阶段。

三、会计的特点

会计与其他经济核算方法不同，主要有以下四个特点：

1. 会计是一种经济管理活动

会计产生伊始就把生产管理等经济活动作为其重要的内容。它除了为企业经济管理提供各种数据资料外，还通过各种方式直接参与经济管理，对企业的经济活动进行核算和监督。

2. 会计以货币作为主要计量单位

企业的经济活动通常使用劳动计量单位、实物计量单位和货币单位等三种计量单位。其中，货币作为一般等价物，是衡量一般商品价值的共同尺度。会计以货币为主要计量单位，便于统一衡量和综合比较。当然，在会计工作中也离不开必要的劳动计量单位和实物计量单位。

【想一想】

会计核算所运用的计量单位不包括（ ）

A. 货币计量单位　　　　B. 劳动计量单位

C. 质量计量单位　　　　D. 实物计量单位

扫码看答案

3. 会计具有核算和监督等两个基本职能

会计职能是指会计在经济管理活动中所具有的功能。会计的基本职能表现在核算和监督两个方面。其中，会计核算是首要职能。

4. 会计有一系列专门的方法

会计方法是用来核算和监督会计对象、实现会计目标的手段。会计方法具体包括会计核算方法、会计分析方法、会计检查方法等。其中，会计核算方法是最基本的方法。会计分析方法和会计检查方法等主要是在会计核算方法的基础上，利用会计资料进行分析和检查所使用的方法。这些方法相互依存、相辅相成，形成了一个完整的方法体系。

【想一想】

下列有关会计的说法中，正确的是（ ）

A. 本质是一种经济管理活动　　B. 以货币为主要计量单位

C. 算账　　　　　　　　　　　D. 核算特定主体的经济活动

扫码看答案

四、会计的职能

会计除了具有会计核算和会计监督两项基本职能外,还具有预测经济前景、参与经济决策、评价经营业绩等拓展职能。会计职能具体内容见图1-2。

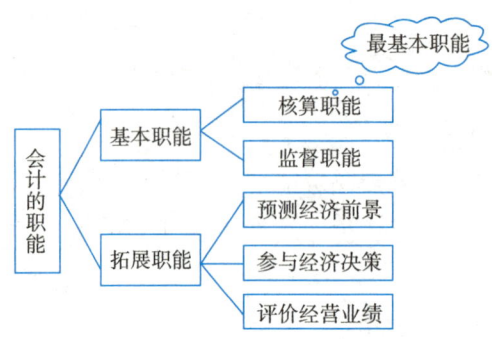

图1-2 会计职能的内容

(一)基本职能

1. 会计核算职能

会计核算职能,是指会计以货币为主要计量单位,对特定主体的经济活动进行确认、计量和报告。

确认是指运用特定会计方法,以文字和金额同时描述某一交易或事项,使其金额反映在特定主体财务报表中的会计程序。

计量是指在会计确认中用以描述某一交易或事项的金额的会计程序。

报告是指在确认和计量的基础上,将特定主体的财务状况、经营成果和现金流量以报表等形式向有关各方报告。

会计核算的主要内容包括:款项和有价证券的收付;财物的收发、增减和使用;债权、债务的发生与结算;资本、基金的增减;收入、支出、费用、成本的计算;财务成果的计算和处理;需要办理会计手续、进行会计核算的其他事项。

2. 会计监督职能

会计监督职能,又称会计控制职能,是指对特定主体经济活动和相关会计核算的真实性、合法性和合理性进行监督检查。会计监督是一个过程,分为事前监督、事中监督和事后监督。

真实性审查是指检查各项会计核算是否根据实际发生的经济业务进行。

合法性审查是指检查各项经济业务是否符合国家有关法律法规、遵守财经纪律、执行国家的各项方针政策,以杜绝违法乱纪行为。

合理性审查是指检查各项财务收支是否符合客观经济规律及经营管理方面的要求,保证各项财务收支符合特定的财务收支计划,实现预算目标。

事前监督是在经济活动发生前进行的监督，主要是指对未来经济活动是否符合法规政策的规定、在经济上是否可进行分析判断，以及为未来经济活动制订定额、编制预算等。

事中监督是指对正在发生的经济活动过程及其核算资料进行审查，并据以纠正经济活动过程中的偏差和失误。

事后监督是指对已经发生的经济活动及其核算资料进行审查。

3. 会计核算与会计监督的关系

会计核算和会计监督是相辅相成、辩证统一的。会计核算是会计监督的基础，没有会计核算所提供的信息，会计监督就失去了依据；会计监督又是会计核算的质量保障，只有核算没有监督，就难以保证会计核算所提供会计信息的质量。

（二）拓展职能

1. 预测经济前景

预测经济前景是指通过对前期经济活动的反映，预测未来经济趋势，科学制订下一个会计期间的经济活动指标。

2. 参与经济决策

参与经济决策是指根据会计报告提供的信息，运用科学的分析方法，对备选方案进行分析，为企业生产经营管理提供决策依据。

3. 评价经营业绩

评价经营业绩是指利用财务会计报告等信息，采用适当的方法，对企业一定经营期间的经营成果进行分析比较，做出综合评价。

【想一想】

会计的基本职能是相辅相成、辩证统一的。下列说法不正确的是（   ）

A. 会计监督是会计核算的基础

B. 没有核算提供的信息，监督就失去了依据

C. 会计监督是会计核算质量的保证

D. 会计还具有预测经济前景、参与经济决策、评价经营业绩等功能

扫码看答案

五、会计的对象

（一）会计对象

会计对象是会计核算和监督的内容，就是指社会再生产过程中能以货币表现的经济活动，即资金运动和价值运动。

一般情况下，企业的各项经济活动都与会计工作相关，但相关的内容并不都是会

计工作的内容。凡是能够以货币表现的经济活动，都是会计核算和监督的内容。

以工业企业为例，工业企业资金运动表现为资金进入、资金运用和资金退出三个过程。

1. 资金进入

企业的资金进入包括企业所有者投入的资金和债权人借入的资金，前者形成企业的所有者权益，后者形成企业的负债。

2. 资金运用（循环与周转）

企业的资金运用是指资金进入企业后，在供应、生产和销售等环节不断循环和周转。

（1）供应过程。企业根据制订的生产经营计划，购买生产所需的各种原材料，支付材料的买价、运输费、装卸费等各种费用，及时与供货方结算货款。

（2）生产过程。企业领用原材料进行产品生产，支付职工薪酬和计提固定资产折旧，劳动者借助劳动手段将劳动对象加工成特定的产品的过程。

（3）销售过程。企业将生产的产品对外销售并收回货款等。

综上所述，企业的资金经过供应、生产、销售三个过程，从货币资金形态开始，依次转化为储备资金、生产资金、产成品资金、结算资金，最后回到货币资金的过程，称为资金循环。资金周而复始的循环就是资金周转。企业就是在资金的不断循环和周转过程中实现资产保值增值的，进而达到企业财富最大化的目的。

3. 资金退出

企业资金的退出，包括偿还各项债务、缴纳各项税费、向所有者分配利润等，这部分资金将离开企业，退出企业资金循环和周转。

上述资金进入企业、循环和周转，以及资金退出企业，统称为资金运动。它属于会计对象的第一个层次。资金运动过程是相互支持、相互制约的统一体，没有资金投入，就没有资金运用（资金循环与周转），就不会有债务的偿还、税费的缴纳和利润的分配等；没有资金的退出，就不会有新一轮的资金投入，也就不会有企业的进步和发展。

（二）会计目标

会计目标也称会计目的，是要求会计工作完成的任务或达到的标准，即向财务会计报告使用者提供与企业财务状况、经营成果和现金流量等有关的会计信息，反映企业管理层受托责任履行情况，有助于财务会计报告使用者做出经济决策。

1. 向财务会计报告使用者提供与决策有关的信息

财务会计报告使用者主要包括投资者、债权人、政府及其有关部门、企业管理当局和社会公众等。

会计主要是通过财务会计报告向其使用者提供企业财务状况、经营成果和现金流量等有关的会计信息。这些信息有助于财务会计报告使用者了解企业的资产规模及其来源情况、是否能够盈利或盈利多少、有没有足够的现金偿付能力等,从而帮助他们做出是否投资或继续投资、是否发放或收回贷款的决策。同时,有助于政府及其有关部门做出促进经济资源分配公平与合理、市场经济秩序公正和有序的宏观经济决策。

2. 反映企业管理层受托责任履行情况

现代企业制度强调企业所有权和经营权相分离,企业管理层受委托人之托经营管理企业,负有受托责任。即企业管理层所经营管理的企业各项资产基本上源自投资者投入的资本和向债权人借入的资金,企业管理层有责任妥善保管并合理、有效运用这些资产。

为了评价企业管理层的责任情况和业绩,企业投资者等需要了解企业管理层保管、使用资产的情况。会计应当通过财务报告反映企业管理层受托责任的履行情况,以便投资者和债权人等评价企业经营管理情况和资源使用的有效性。

【想一想】

资金进入企业是资金运动的起点,主要包括（　　）。

A. 预收货款　　　　　　B. 银行借入长期借款

C. 购置固定资产　　　　D. 接受投资

扫码看答案

任务二 会计方法

会计方法是用来核算和监督会计对象、执行会计职能、实现会计目标的手段。本项目重点介绍会计方法的内容和会计核算方法体系。

会计方法是用来核算和监督会计对象、执行会计职能、实现会计目标的手段。

一、会计方法的内容

从广义的范围来讲，会计方法主要包括会计核算方法、会计分析方法、会计检查方法、会计预测方法、会计控制方法和会计决策方法等六种具体方法。其中会计核算方法是最基本的方法。

二、会计核算方法体系

会计核算方法体系是由设置会计科目和账户、复式记账、填制和审核会计凭证、登记账簿、成本计算、财产清查、编制财务会计报告等方法构成。

（一）设置会计科目和账户

设置会计科目和账户是对会计对象的具体内容分门别类地反映和监督的一种专门方法。会计对象的内容既具体又庞杂，根据会计对象具体内容的不同特点和经济管理的不同要求，选择一定的标准进行分类，并事先规定分类核算项目，在会计账簿中开设对应的账户，以便取得所需要的核算指标，满足经济管理的需要，完成会计核算的任务。

（二）填制和审核会计凭证

会计凭证是记录经济业务事项的发生或完成情况、明确经济责任的书面证明，也是登记会计账簿的依据。填制和审核会计凭证，是为了审核经济业务是否合理合法，保证会计账簿记录正确、完整而采用的一种专门方法。对于已经发生和完成的经济业务，都要由有关单位或人员填制会计凭证，然后由会计部门进行认真审核，才能作为记账依据。填制和审核会计凭证是会计核算最初的环节，是会计核算工作的起点。

（三）复式记账

复式记账是指在两个或两个以上相互对应的账户中记录每一项经济业务的一种专门方法。复式记账记录了每一项经济业务的来龙去脉，可以清晰地反映经济业务联系的全貌，便于核对账簿记录。

（四）登记会计账簿

会计账簿是由一定格式的账页组成，用以全面、系统、连续地记录和反映各项经济业务事项的簿籍。通过登记账簿，能将分散的经济业务进行分类汇总，系统地提供每一类经济活动的完整资料，了解其发展变化的全过程，以适应经济管理的需要。账簿记录的各种数据资料，也是编制会计报表的重要依据。所以，登记账簿是会计核算的主要方法之一。

（五）成本计算

成本计算是指对生产经营过程中发生的各种生产费用，按照不同的成本计算对象进行归集和分配，以便确定对象的总成本和单位成本的一种专门方法。正确地进行成本计算，可以考核企业生产经营过程的费用支出水平，同时又是确定企业盈亏和制定产品价格的基础，为企业进行经营决策提供重要数据。

（六）财产清查

财产清查是指通过各种财产物资的实地盘点及债权债务的核对，以查明财产物资及往来款项账面数与实有数是否相符的一种专门方法。通过财产清查，可查明财产物资账实不符的原因，规范企业财产物资的保管使用情况，促进企业加强财产物资的管理。

（七）编制财务会计报告

编制财务会计报告是定期总结和反映经济活动、考核计划或预算执行情况的一种专门会计核算方法。它以经济指标为主要形式，综合地反映了单位一定时期的财务状况和经营成果，以满足有关各方面了解企业经营状况的要求，并为国家宏观经济管理提供数据资料。

以上会计核算方法相互联系、紧密配合，构成了系统的会计核算方法体系。它们相互制约、相辅相成，形成了一个有序的会计核算程序。具体见图 1-3。

图1-3 会计核算示意图

三、会计循环

会计循环,是指按照一定的步骤反复运行的会计程序。

对于企业日常工作发生的经济业务,要填制和审核会计凭证,按照设置的会计科目,运用复式记账法记入有关账簿;生产经营过程中发生的各项费用,要进行成本计算;对于账簿记录,要定期通过财产清查核实其正确性,在此基础上根据账簿记录,定期编制财务会计报告。

简单来说,企业在一个会计期间(通常为一个月)内,对每项经济业务综合利用上述会计核算方法进行会计处理,如此循环往复,持续不断地进行下去,这个过程就是会计循环。

任务三　会计核算的基本前提和会计信息质量要求

会计核算的基本前提，也称为会计假设。会计信息质量要求是对企业财务会计报告中所提供高质量会计信息的基本规范。本项目重点介绍会计核算的基本前提、会计基础和会计信息质量要求。

一、会计核算的基本前提

会计核算的基本前提，也称为会计假设。会计假设是企业会计确认、计量、报告的前提，是对会计核算所处时间、空间环境等所做的合理假定。会计假设包括会计主体假设、持续经营假设、会计分期假设和货币计量假设。

（一）会计主体

会计主体是指会计工作为之服务的特定单位，会计主体规范企业会计确认、计量和报告的空间范围。为了实现会计目标，会计假设界定了会计确认、计量和报告空间范围，即会计主体。明确界定会计主体，是进行会计确认、计量和报告工作的重要前提。

会计主体不同于法律主体。一般来说，法律主体必然是一个会计主体。例如一个企业作为一个法律主体，应当建立财务会计系统，独立反映其财务状况、经营成果和现金流量。但是，会计主体不一定是法律主体。例如，企业内部某车间，可以独立作为一个会计主体核算该车间所发生的材料费、人工费等内容，但是该车间不具备法律主体资格，不是一个法律主体。再如，由企业管理的证券投资基金、企业年金基金，尽管不属于法律主体，但属于会计主体，应当对每项基金进行会计确认、计量和报告。

(二) 持续经营

持续经营是指会计主体在可以预见的未来，将会按当前的规模和状态继续经营下去，不会停业，也不会大规模削减业务。

企业是否持续经营，在会计原则、会计方法的选择上有很大差别。一般情况下，应当假定企业将会按照当前的规模和状态继续经营下去。明确这个基本假设，就意味着会计主体将按照既定用途使用资产，按照既定的合约条件清偿债务，会计人员就可以在此基础上选择会计原则和会计方法。如果判断企业会持续经营，就可以假定企业的固定资产会在持续经营的生产经营过程中长期发挥作用，并服务于生产经营过程，固定资产就可以根据历史成本进行记录，并采用折旧的方法计提折旧，将固定资产历史成本分摊到各个会计期间或相关产品的成本中。如果判断企业不会持续经营，固定资产就不应采用历史成本进行记录并按期计提折旧。

(三) 会计分期

会计分期是指将一个企业持续经营的生产经营活动划分为一个个连续的、长短相同的期间。会计分期的目的，在于通过会计期间的划分，将持续经营的生产经营活动划分成连续、相等的期间，据以结算盈亏，按期编制财务会计报告，从而及时向财务报告使用者提供有关企业财务状况、经营成果和现金流量的信息。

在会计分期假设下，企业应当划分会计期间，分期结算账目和编制财务报告。会计期间通常分为年度和中期。中期是指短于一个完整的会计年度的报告期间，如月份、季度、半年度，均为中期。

明确会计分期假设意义重大，由于会计分期，才产生了当期与以前期间、以后期间的差别，才使不同类型的会计主体有了记账的基准，进而出现了折旧、摊销等会计处理方法。

持续经营假设和会计分期假设规定了企业会计确认、计量和报告的时间范围。

(四) 货币计量

货币计量是指会计主体在财务会计确认、计量和报告时，以货币计量反映会计主体的生产经营活动。

我国的会计核算应以人民币为记账本位币。业务收支以外币为主的企业，也可以选择某种外币作为记账本位币，但在编制财务会计报告时，应当将外币折算为人民币；在境外设立的中国企业，在向国内报送财务会计报告时，应当将外币折算为人民币。此外，选择外币作为记账本位币的企业应考虑币值稳定的问题。

上述四项会计假设，具有相互依存、相互补充的关系。会计主体确立了会计核算的空间范围，持续经营与会计分期确立了会计核算的时间长度，而货币计量则为会计核算提供了必要的手段。没有会计主体，就没有持续经营；没有持续经营，就不会有会计分期；没有货币计量，就不会有现代会计。

【想一想】

下列对会计基本假设的表述中不正确的是（　　）

A. 持续经营和会计分期确定了会计核算的时间范围

B. 持续经营是产生权责发生制和收付实现制两种记账基础的会计基本假设

C. 货币计量为会计核算提供了必要的手段

D. 一个会计主体不一定是一个法律主体

扫码看答案

二、会计基础

会计基础又称会计记账基础，具体是指会计确认、计量和报告的基础，包括权责发生制和收付实现制。

（一）权责发生制

权责发生制，也称应计制或应收应付制，是指收入、费用的确认应当以收入和费用的实际发生作为确认的标准，合理确认当期损益的一种会计基础。

权责发生制不论是否已有现金的收付，都按其是否体现各个会计期间的经营成果和收益情况，确定其归属期。凡是属于本期已经实现的收入和已经发生或应当负担的费用，无论款项是否收付，均应作为当期的收入和费用；凡是不属于本期的收入和费用，即使款项已经收付，也不应作为当期的收入与费用。反之，凡不应归属本期的收入，即使款项在本期收到，也不作为本期收入；凡不应归属本期负担的费用，即使款项已经付出，也不能作为本期费用。

（二）收付实现制

收付实现制，也称现金制或现收现付制，是以收到或支付现金作为确认收入和费用的标准，是与权责发生制相对应的一种会计基础。

收付实现制是以款项的实际收付为标准来处理经济业务，确定本期收入和费用，计算本期盈亏的会计处理基础。凡在本期实际收到现金（或银行存款）的收入，不论款项是否属于本期，均作为本期收入处理；凡在本期实际以现金（或银行存款）付出的费用，不论其应否在本期收入中取得补偿，均作为本期费用处理。反之，凡是在本期未收款项的收入或未付款项的费用，即使归属本期，也不能作为本期的收入和费用。

我国企业单位应采用权责发生制，而行政事业单位应采用收付实现制，事业单位除经营业务可以采用权责发生制外，其他大部分业务采用收付实现制。

【想一想】

1. 以权责发生制为核算基础，下列各项不属于本期收入或费用的有（　　）

A. 本期支付上期的房租金

B. 本期预收的货款

C. 本期预付的费用

D. 本期售出商品但尚未收到货款

扫码看答案

2. 本月收到上月销售产品的货款存入银行。下列表述中，正确的有（　　）

A. 收付实现制下，应当作为本月收入

B. 权责发生制下，不能作为本月收入

C. 收付实现制下，不能作为本月收入

D. 权责发生制下，应当作为本月收入

三、会计信息质量要求

会计信息的使用者主要包括投资者、债权人、企业管理者、政府及其相关部门、企业管理当局和社会公众等。

会计信息质量要求是对企业财务会计报告中所提供高质量会计信息的基本规范，是对信息使用者决策所应具备的基本特征。主要包括可靠性、相关性、可理解性、可比性、实质重于形式、重要性、谨慎性和及时性等。

（一）可靠性

可靠性要求企业应当以实际发生的交易或者事项为依据进行会计确认、计量和报告，如实反映符合确认和计量要求的各项会计要素及其他相关信息，保证会计信息真实可靠、内容完整。

企业信息有用，必须以可靠性为基础，如果财务会计报表所提供的会计信息不可靠，就会给投资者等使用者的决策产生误导。

（二）相关性

相关性要求企业提供的会计信息应当与财务会计报告使用者的决策需要相关，有助于财务会计报告使用者对企业过去和现在的情况做出评价，对未来的情况做出预测。

会计信息质量的相关性要求，需要企业确认、计量、报告会计信息的过程中，充分考虑使用者的决策模式和信息需要，但是相关性是以可靠性为基础的，两者并不矛盾。因此，不应将两者对立起来。

（三）可理解性

可理解性要求企业提供的会计信息应当清晰明了、简明扼要，便于财务会计报告使用者理解和使用。

（四）可比性

可比性要求企业提供的会计信息应当相互可比，保证同一企业不同时期可比、不同企业相同会计期间可比。这主要包括两层含义：

1. 同一企业不同时期可比

会计信息质量的可比性要求同一企业不同时期发生的相同或者相似的交易或者事项，应当采用一致的会计政策，不得随意变更。

2. 不同企业相同会计期间可比

会计信息质量的可比性要求不同企业同一会计期间发生的相同或者相似的交易或者事项，应当采用规定的会计政策，确保会计信息口径一致、相互可比，以使不同企业按照一致的确认、计量和报告要求提供有关的会计信息。

（五）实质重于形式

实质重于形式要求企业应当按照交易或者事项的经济实质进行会计确认、计量和报告，不应仅以交易或者事项的法律形式为依据。

企业发生的交易或事项在多数情况下，其经济实质和法律形式是一致的但在有些情况下，也可能会不一致。例如，企业按照销售合同销售商品但又签订了售后回购协议，虽然从法律形式上实现了收入，但如果企业没有将商品所有权上的主要风险和报酬转移给购货方，没有满足收入确认的各项条件，即使签订了商品销售合同或者已将商品交付给了购货方，也不应当确认销售收入。

（六）重要性

重要性要求企业提供的会计信息应当反映与企业财务状况、经营成果和现金流量有关的所在业务中，如果会计信息的省略或者错报会影响投资者等会计信息使用者据此做出决策的，该信息就具有重要性。重要性的应用需要依赖职业判断，企业应当根据其所处环境和实际情况，从项目的性质和金额大小两方面加以判断。

（七）谨慎性

谨慎性要求企业对交易或者事项进行会计确认、计量和报告时应当保持应有的谨慎，不应高估资产或者收益、不低估负债或者费用。

会计信息质量的谨慎性要求，需要企业在面临不确定性因素的情况下做出职业判断时，保持应有的谨慎，充分估计到各种风险和损失，既不高估资产或者收益，也不低估负债或费用。例如，要求企业对可能发生的资产减值损失计提资产减值准备、对售出商品可能发生的保修义务等确认预计负债等，就体现了会计信息质量的谨慎性要求。

(八) 及时性

及时性要求企业对于已经发生的交易或者事项,应当及时进行确认、计量和报告,不得提前或者延后。

在会计确认、计量和报告过程中贯彻及时性,一是要求及时收集会计信息,即在经济交易或者事项发生后,及时收集整理各种原始凭证;二是要求及时处理会计信息,即按照会计准则的要求,及时对经济交易或者事项进行确认或者计量,并编制出财务会计报表;三是要及时传递会计信息,即按照国家规定的报送时限,及时地将编制财务会计报表传递给会计信息使用者,以便于其及时使用和进行决策。

任务四　会计职业与会计人员

随着社会经济的快速发展，会计职业已成为公认的热门职业，受到社会的推崇和尊重。会计职业主要提供会计信息服务，其服务质量的好坏直接影响着经营者、投资人和社会公众的利益，进而影响整个社会的经济秩序。会计人员在提供会计信息服务过程中，除了必须将本职工作置于法律、法规的约束和规范之下，还必须具备与其职能相适应的职业道德水平。

一、会计职业的概念

会计是以货币为主要计量单位，核算和监督单位经济活动的一种经济管理工作。会计职业活动从传统的记账、算账、报账等，逐步延伸到价值管理、资本运营、风险控制、决策支持等多个方面，会计工作对社会经济活动的影响越来越直接和明显。

二、会计人员

（一）会计人员

会计人员是指从事会计工作、处理会计业务、完成会计任务的人员。企业、事业、行政机关等单位，都应根据实际需要配备一定数量的会计人员。

在我国，会计人员按职权划分主要有总会计师、会计机构负责人、会计主管人员、会计、出纳及其他一般会计人员；按照专业技术职务划分为正高级会计师、高级会计师、会计师、助理会计师和会计员。

（二）会计人员应当熟悉并遵守会计法律法规

修改后的《会计法》取消了从事会计职业的门槛，但是加大了会计人员违反会计法律、法规的处罚力度。

《会计法》第四十三条规定，"伪造、变造会计凭证、会计账簿，编制虚假财务会计报告，构成犯罪的，依法追究刑事责任。"

《会计法》第四十四条规定，"隐匿或者故意销毁依法应当保存的会计凭证、会计账簿、财务会计报告，构成犯罪的，依法追究刑事责任。"

上述两条同时规定，尚不构成犯罪的，由县级以上人民政府财政部门予以通报，可以对单位并处五千元以上十万元以下的罚款；对其直接负责的主管人员和其他直接责任人员，可以处三千元以上五万元以下的罚款；属于国家工作人员的，还应当由其所在单位或者有关单位依法给予撤职直至开除的行政处分；其中会计人员，五年内不得从事会计工作。会计人员应当熟悉并遵守会计法律、法规，既能保证所提供的会计信息的质量，也可避免因违规从业遭受法律制裁。

(三) 会计人员应当遵守职业道德

会计人员职业道德，是会计人员从事会计工作应当遵循的道德标准。会计法律、法规做出的只是基本规定，提供的只是准绳，不能够详细、全面对会计人员的违法、违规行为给予禁止；在实际会计工作中，更多的是要靠会计职业道德去规范和引导。因此，《会计基础工作规范》专门对会计人员的职业道德问题做出了规定，主要包括以下六个方面：

1. 敬业爱岗

即会计人员应当热爱本职工作，努力钻研业务，使自己的知识和技能适应所从事工作的要求。

2. 熟悉法规

即会计人员应当熟悉财经法律、法规和国家统一会计制度，并结合会计工作进行广泛宣传。

3. 依法办事

即会计人员应当按照会计法律、法规、规章规定的程序和要求进行会计工作，保证所提供的会计信息合法、真实、准确、及时、完整。

4. 客观公正

即会计人员办理会计事务应当实事求是、客观公正。

5. 搞好服务

即会计人员应当熟悉本单位的生产经营和业务管理情况，运用掌握的会计信息和会计方法，为改善单位内部管理、提高经济效益服务。

6. 保守秘密

即会计人员应当保守本单位的商业秘密，除法律规定和单位领导人同意外，不能私自向外界提供或者泄露单位的会计信息。

会计诚信是会计人员在从事会计工作过程中遵循法律、法规和职业道德等情况的综合体现，加强会计人员诚信管理，有利于引导、督促会计人员坚持职业操守，依法开展会计工作。

三、会计机构

会计机构，是指单位内部所设置的、专门办理会计事项的机构，会计机构和会计人员是会计工作的主要承担者。

会计机构、会计人员应当依照《中华人民共和国会计法》规定进行会计核算，实行会计监督。单位负责人对本单位的会计工作和会计资料的真实性、完整性负责。

（一）会计机构设置的要求

1. 各单位应当根据会计业务的需要，设置会计机构

《中华人民共和国会计法》规定，各单位应当根据会计业务的需要，设置会计机构，或者在有关机构中设置会计人员并指定会计主管人员；不具备设置条件的，应当委托经批准设立从事会计代理记账业务的中介机构代理记账。国有和国有资产占控股地位或者主导地位的大、中型企业必须设置总会计师。

一般来说，大、中型企业和具有一定规模的行政事业单位，以及财务收支数额较大、会计业务较多的社会团体和其他经济组织，应单独设置会计机构。规模较小、业务和人员都不多的单位，可以不单独设置会计机构，将会计业务并入其他机构，或委托中介机构代理记账。不单独设置会计机构的单位，应在有关机构中配备会计人员并指定会计主管人员。

2. 在科学组织、合理分工的基础上做好会计机构内部岗位设置

根据《会计基础工作规范》规定，各单位应当根据会计业务需要设置会计岗位。会计工作岗位一般可分为：会计机构负责人、会计主管人员、出纳、工资核算、成本费用核算、资金核算、往来结算、总账报表、稽核、档案管理等岗位。

3. 会计机构内部应当建立稽核制度

会计机构内部应当建立、健全本单位内部会计稽核制度。记账人员与经济业务事项和会计事项的审批人员、经办人员、财物保管人员的职责权限应当明确，并相互分离、相互制约。例如，"出纳人员不得兼任稽核、会计档案保管和收入、支出、费用、债权债务账目的登记工作"。

（二）会计机构人员配备

1. 会计人员应当具备从事会计工作所需要的专业能力

担任单位会计机构负责人（或会计主管人员）的，应当具备会计师以上专业技术职务资格或者从事会计工作三年以上经历。

国有和国有资产占控股地位或者主导地位的大、中型企业必须设置总会计师。总会计师的任职资格、任免程序、职责权限由国务院规定。

出纳、工资核算、成本费用核算等岗位的一般会计人员，应当具有相应的专业会计知识与技能，能胜任本岗位的工作。

2. 配备数量适当的会计人员

配备数量适当的会计人员，是一个单位会计工作得以正常开展的重要条件。会计工作岗位，可以一人一岗、一人多岗或一岗多人，应视企业大小及业务繁简情况而定。

任务五　会计基本法律、法规体系

改革开放以来，我国已基本建立了以《中华人民共和国会计法》为中心，较为完善的会计法律、法规体系，这对规范会计行为，保证会计信息的真实、完整，强化经济管理，维护社会主义市场经济秩序，发挥了极其重要的作用。

一、会计法律

会计法律是指由全国人民代表大会及其常务委员会经过一定立法程序制定的有关会计工作的法律。它是我国会计法律法规体系的核心，是层次最高的法律规范，是制定其他会计法规的依据，也是指导会计工作的最高准则。

1985年1月21日，第六届全国人大常委会第九次会议通过了《中华人民共和国会计法》（以下简称《会计法》），自1985年5月1日起施行。《会计法》的诞生标志着我国的会计工作进入了社会主义法制化的新时期。为适应改革开放和经济发展的要求，2017年全国人大常委会第三次对《会计法》进行修订，自2017年11月5日起施行。

二、会计法规

会计法规分为会计行政法规和地方性会计法规。

（一）会计行政法规

会计行政法规是指由国务院制定并发布，或者国务院有关部门拟定并经国务院批准发布，调整某些方面会计关系的法律规范。依据《会计法》，国务院制定发布了《企业财务会计报告条例》《中华人民共和国总会计师条例》等会计行政法规。

《企业财务会计报告条例》是对《会计法》中有关财务会计报告规定的细化，主要规定了企业财务会计报告的构成、编制、对外提供、法律责任等内容。《中华人民共和国总会计师条例》是对《会计法》中有关规定的细化和补充，对总会计师的设置、任职条件、职责权限等进行了明确的规定。

（二）地方性会计法规

地方性会计法规是指由省、自治区、直辖市人民代表大会或常务委员会在同宪法、会计法律、行政法规和国家统一的会计准则制度不相抵触的前提下，根据本地区情况制定发布的关于会计核算、会计监督、会计机构和会计人员以及会计工作管理的规范性文件。如，《山西省会计管理条例》于1998年11月30日山西省第九届人民代表大会常务委员会第六次会议通过，并于2011年第二次修订。

此外，实行计划单列市、经济特区的人民代表大会及其常务委员会，在宪法、法律和行政法规允许的范围内也可制定会计规范性文件。

三、会计部门规章

会计部门规章是指由财政部根据法律和国务院的行政法规、决定、命令，在本部门的权限范围内制定的、调整会计工作中某些方面内容的规范性文件。会计部门规章的效力低于宪法、法律和行政法规。

财政部陆续制定发布了《会计基础工作规范》《代理记账管理办法》《会计档案管理办法》《企业会计准则》等一系列会计规章和规范性文件。

【练一练】

下列各项中，属于会计法律的是（　　）

A.《会计法》　　　　　　B.《企业会计准则》

C.《总会计师条例》　　　D.《企业财务会计报告条例》

扫码看答案

项目小结

1. 会计是以货币为主要的计量单位，运用专门方法，核算和监督单位经济活动的一种经济管理工作。

2. 会计的特征是指会计与其他经济核算的不同点，主要有四个特征：会计是一种经济管理活动；会计以货币作为主要计量单位；会计具有核算和监督的基本职能；会计采用一系列专门的方法。

3. 会计具有核算和监督职能两个基本职能。其中，最基本的职能是会计的核算职能。

4. 会计对象是会计核算和监督的内容，是指社会再生产过程中能以货币表现的经济活动，即资金运动和价值运动。

5. 会计目标也称会计目的，是要求会计工作完成的任务或达到的标准，即向财务会计报告使用者提供与企业财务状况、经营成果和现金流量等有关的会计信息，反映企业管理层受托责任履行情况，有助于财务会计报告使用者做出经济决策。

6. 会计核算方法体系是由设置会计科目和账户、复式记账、填制和审核会计凭证、登记账簿、成本计算、财产清查、编制财务会计报告等方法构成。

7. 会计的基本前提包括会计主体、持续经营、会计分期、货币计量。会计基础包括权责发生制和收付实现制。

8. 会计信息质量要求是对企业财务会计报告中所提供高质量会计信息的基本规范，是使财务会计报告所提供会计信息对信息使用者决策有用所应具备的基本特征，主要包括可靠性、相关性、可理解性、可比性、实质重于形式、重要性、谨慎性和及时性等。

9. 会计法律、法规体系由会计法律、会计行政法规、地方性会计法规和会计部门规章组成。

项目二　设置会计科目和账户

【项目介绍】

会计对象共分三个层次：资金运动为第一个层次，会计要素为第二个层次，会计科目为第三个层次。本项目首先介绍了会计要素及其内容，并说明我国适用的会计要素计量属性，然后介绍会计科目及其分类，最后讲解根据会计科目设置的账户及分类，账户与会计科目的关系。具体见图2-1所示。

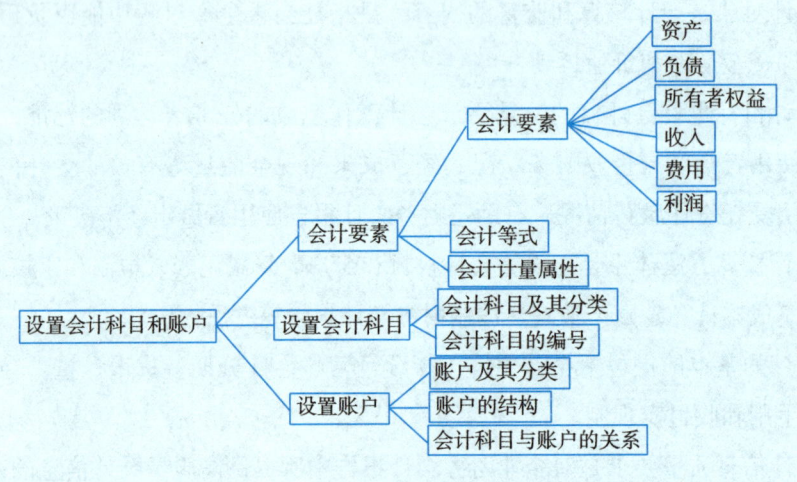

图2-1　设置会计科目和账户概要

任务一　会计要素

任务描述

王敏打算创建一个小型超市，自己当老板。建超市，需要投入资金，购买货架、商品；雇佣售货员、收银员，支付员工工资；销售商品，收取货款；交纳税费；等等。这些经济业务都属于资金运动，属于会计对象的第一个层次。王敏想让会计把超市的经济业务归归类。那么，超市的经济业务至少应划分为哪几类呢？其实，会计对象分类越具体，会计记账就越方便。

知识准备

一、会计要素

会计要素是对会计对象按经济性质所做的基本分类，是会计核算和监督的具体内容，是构成会计报表的基本要素。它是对会计对象第二层次的划分。

我国《企业会计准则》将会计要素界定为六项要素，即资产、负债、所有者权益、收入、费用和利润。会计要素分为反映企业财务状况的会计要素和反映企业经营成果的会计要素。反映企业财务状况的会计要素有资产、负债和所有者权益；反映企业经营成果的会计要素有收入、费用和利润。

政府会计要素分为财务会计要素和预算会计要素。我国《政府会计制度》将财务会计要素界定为五项要素，即资产、负债、净资产、收入和费用；将预算会计要素界定为三项要素，即预算收入、预算支出和预算结余。

（一）资产

1. 资产的概念

资产是指企业过去的交易或者事项形成的，由企业拥有或者控制的，预期会给企业带来经济利益的资源。根据资产的定义，资产具有以下三方面特征：

（1）资产是由企业过去的交易或者事项形成。资产必须是现实的资产，而不能是预期的资产，是由过去已发生的交易或事项所产生的结果。预期在未来发生的交易或者事项不形成资产。

（2）资产是企业拥有或者控制的经济资源。企业享有某项资源的所有权，或者虽然不享有某项资源的所有权，但该资源能被企业所控制。即企业资产的所有者权益一般归属于企业，但是也有一些资产的所有权虽然不属于企业，但资产使用权归企业，由企业支配使用。根据实质重于形式原则，这些财产物资仍然属于企业的资产。

（3）资产预期能够为企业带来经济利益。所谓经济利益，是指直接或间接地流入企业的现金或现金等价物。

2. 资产的确认条件

将一项资源确认为资产，需要符合资产的定义，还应同时满足以下两个条件：

（1）与该资源有关的经济利益很可能流入企业。能够为企业带来经济利益是资产的一个本质特征，但不是所有的资源都能够带来经济利益，与资源有关的经济利益能够带来的数量也具有不确定性。所以，将一项资源确认为资产时应将其与经济利益流入企业的不确定性程度结合起来判断。如果与该项资源有关的经济利益不能流入企业，像盘亏的待处理流动资产或待处理固定资产，则不能确认为企业资产。

（2）该资源的成本或价值能够可靠地计量。确认一项资源为企业资产，还应将取得资源需要付出的成本作为计量依据。因此，只有当有关资源的成本或价值能够可靠地计量时，才能予以确认为资产。即使企业取得的资源没有付出代价，如企业接受捐赠的资产，也应以获得其某种计量属性，作为该资源的成本或价值加以计量，以便确认为企业的资产。

3. 资产分类

资产按其流动性分类，分为流动资产和非流动资产。其中，流动资产是指可以在1年或者超过1年的一个营业周期内变现或者耗用的资产，主要包括库存现金、银行存款、应收及预付款项、存货等；非流动资产是指在1年或者超过1年的一个营业周期以上才能变现或者耗用的资产，主要包括长期投资、固定资产、无形资产等。具体内容见图2-2资产的分类所示。

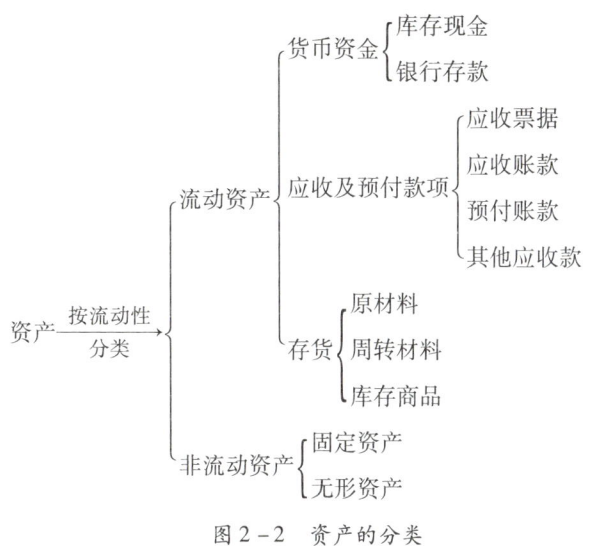

图 2-2 资产的分类

【想一想】

企业库存的过期食品，价格表表明商品价值为 5 000 元，是否属于企业的资产？

扫码看答案

(二) 负债

1. 负债的概念

负债是指企业过去的交易或者事项形成的，预期会导致经济利益流出企业的现时义务。根据负债的定义，负债具有以下三方面特征：

（1）负债是由过去的交易或事项形成的。只有过去的交易或事项才会形成负债，企业未来发生的承诺、签订的合同或意向书等交易或事项，不能确认为负债。

（2）负债预期会导致经济利益流出企业。预期流出经济利益是企业负债的一个本质特征，只有在履行义务时会导致经济利益流出企业的，才符合负债的定义。因此，预期不会导致经济利益流出企业或很少有经济利益流出企业的义务，不属于企业的负债。

（3）负债是企业承担的现时义务。负债必须是企业承担的现时义务而不是潜在义务，即当前企业现行条件下承担的义务。未来发生的交易或事项形成的义务，不属于现时义务，不属于负债。

2. 负债的确认条件

将一项现时义务确认为负债，必须符合负债的定义，还需要同时满足以下两个条件：

（1）与该义务有关的经济利益很可能流出企业。经济利益流出企业是负债的一个本质特征，但企业履行义务流出企业的经济利益往往具有不确定性，尤其是与推定义务有关的经济利益，需凭职业判断能力估计不确定性程度和流出数量。

（2）未来流出的经济利益的金额能够可靠地计量。当未来流出的经济利益的金额不能直接确定时，但需要采用一定的方法能够计量。如或有负债能够可靠地计量时，则应将其确认为负债。

3. 负债的分类

负债按偿还期长短，可以分为流动负债和长期负债。其中，流动负债是指将在1年（含1年）或者超过1年的一个营业周期内偿还的债务，包括短期借款、应付票据、应付及预收款项、应交税费、应付职工薪酬、其他应付款等；长期负债是指偿还期在1年或者超过1年的一个营业周期以上的债务，包括长期借款、应付债券、长期应付款等。具体如图2-3负债的分类所示。

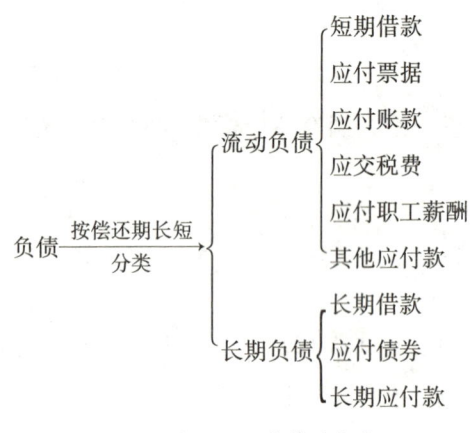

图2-3 负债的分类

（三）所有者权益

1. 所有者权益的概念

所有者权益，又称为股东权益，是指企业资产扣除负债后，由所有者享有的剩余权益。所有者权益与负债共同构成企业全部资产的来源，但二者有本质的不同。所有者权益具有以下特征：

（1）无偿还期限。所有者权益不需要偿还，可供企业长期使用，除非企业发生清算、减资情况，企业一般不需要偿还投资者。而负债一般有偿还期限，需要企业按期偿还。

（2）所有者权益仅对净资产有要求权。企业清算时，负债优先偿还。清偿负债后，如果还有剩余的净资产，应将清偿负债后的剩余净资产按持股比例返还给投资者。

（3）有参与决策权。所有者权益能够分享利润，参与企业经营决策。而负债既不能分享利润，也不能参与企业决策。

2. 所有者权益的确认

由于所有者权益体现的是所有者在企业中的剩余权益。因此，所有者权益的确认主要依赖于其他会计要素，尤其是资产和负债的确认，所有者权益金额的确定也主要取决于资产、负债、收入、费用等其他会计要素的确认和计量。

3. 所有者权益的分类

所有者权益的形成来源包括投资者投入的资本、直接计入所有者权益的利得和损失、留存收益等，通常划分为实收资本（股份公司称"股本"）、资本公积和留存收益。其中，留存收益又分为盈余公积和未分配利润。具体如图2-4所有者权益的来源所示。

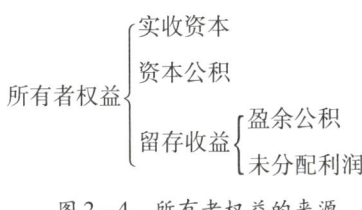

图2-4 所有者权益的来源

（四）收入

1. 收入的概念

收入，是指企业在日常活动中形成的，会导致所有者权益增加的，与所有者投入资本无关的经济利益的总流入。根据收入的定义，收入具有以下三方面特征：

（1）收入是企业在日常活动中形成的。偶然发生的、边缘性收益属于利得，不得作为企业收入。

（2）收入会导致所有者权益的增加。即收入会增加资产、减少负债，或二者兼而有之，但最终会导致所有者权益的增加。

（3）收入只包括本企业经济利益的流入，不包括为第三方代收的款项。如代收的增值税销项税额，旅游企业代收的门票等。

（4）收入属于与所有者投入资本无关的经济利益的总流入。

2. 收入的确认

收入的确认应具备如下条件：

（1）企业就该商品享有现时收款权利，即客户就该商品负有现时付款义务。

（2）企业已将该商品的法定所有权转移给客户，即客户已拥有该商品的法定所有权。

（3）企业已将该商品实物转移给客户，即客户已将实物占有该商品。

（4）企业已将该商品所有权上的主要风险和报酬转移给客户，即客户已取得该商品所有权上的主要风险和报酬。

（5）客户已接受该商品。

（6）其他表明客户已取得商品控制权的迹象。

3. 收入的分类

按照企业从事日常活动的性质，可以将收入分为销售商品收入、提供劳务收入、让渡资产使用权收入、建造合同收入等；按照企业从事日常活动在企业的重要性程度，可将收入分为主营业务收入、其他业务收入等。主营活动取得的收入，如销售商品取得收入、建筑合同收入等，一般作为主营业务收入，兼营活动取得的收入，如出租固定资产取得收入、销售材料取得收入，出租包装物取得的收入等，均作为其他业务收入。具体见图2-5 收入的分类。

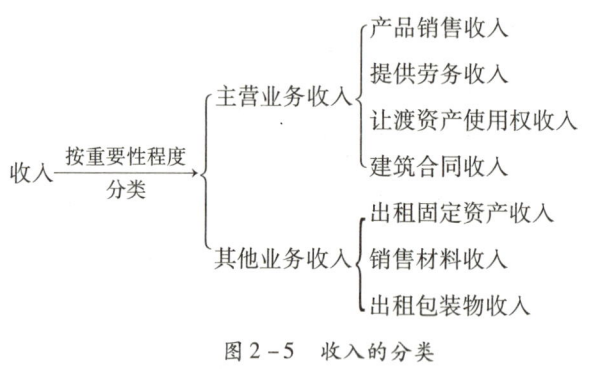

图2-5 收入的分类

（五）费用

1. 费用的概念

费用，是指企业在日常活动中形成的，会导致所有者权益减少的，与向所有者分配利润无关的经济利益的总流出。费用是企业为获得收入而付出的相应"代价"。根据费用的定义，费用具有以下三方面特征：

（1）费用是企业在日常活动中发生的。企业非日常活动所形成的经济利益的流出，如营业外支出等，不能确认为费用，而应该确认为损失。

（2）费用会导致所有者权益减少。企业发生费用，会导致企业资产减少或负债的增加，最终会导致所有者权益的减少。

（3）费用会导致经济利益的流出，该流出不包括向所有者分配的利润。

2. 费用的确认

企业费用的确认，至少应当符合以下条件：

一是与费用相关的经济利益应当很可能流出企业；二是经济利益流出企业的结果会导致资产的减少或者负债的增加；三是经济利益的流出金额能够可靠地计量。

3. 费用的分类

费用按照与收入的配比关系不同，分为营业成本和期间费用。营业成本包括主营业务成本和其他业务成本。与主营业务收入配比，企业销售商品、提供劳务等经常性活动所发生的成本费用，为主营业务成本；与其他业务收入配比，企业确认的除主营活动以外的其他经营活动所发生的成本费用，为其他业务成本。期间费用是指企业日常活动发生的不能计入特定核算对象的成本，而应计入发生当期损益的费用。期间费用包括销售费用、管理费用和财务费用。具体见图 2-6 费用的分类所示。

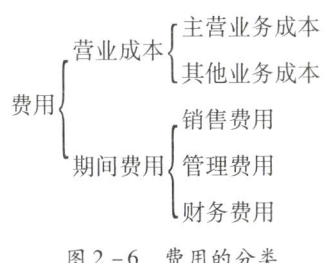

图 2-6 费用的分类

【想一想】

企业发生的税金及附加、所得税费用是否属于费用范畴？

扫码看答案

（六）利润

1. 利润的概念

利润，是指企业在一定会计期间生产经营活动取得的经营成果，包括收入减去费用后的余额、直接计入当期利润的利得和损失。其中，利得是指由企业非日常活动所形成的、会导致所有者权益增加的、与所有者投入资本无关的经济利益的流入，如营业外收入等；损失是指由企业非日常活动所发生的、会导致所有者权益减少的、与向所有者分配利润无关的经济利益的流出，如营业外支出等。

2. 利润的确认条件

企业利润的确认主要依赖于收入和费用，以及直接计入当期利润的利得和损失的确认，其金额的确定也主要取决于收入、费用、利得、损失金额的计量。从数值上看，利润就是收入（包括利得）减去费用（包括损失）之后的净额。其中，收入减去费用后的净额，反映企业日常活动的经营业绩；直接计入当期利润的利得和损失，反映企业非日常活动的业绩。企业取得利润，就相应增加未分配利润，从而增加所有者权益，经营业绩就得到了提升；反之，企业发生亏损，就减少未分配利润，从而减少所有者权益，业绩就出现了下滑。

3. 利润的分类

企业的利润按照构成方式不同，分为营业利润、利润总额和净利润。

营业利润是指企业经营活动所赚取的收益，包括生产经营所得和投资经营所得，即指营业收入减去营业成本、税金及附加、期间费用、资产减值损失，加上公允价值变动损益、投资收益后的金额。

利润总额是在营业利润的基础上，加减营业外收支后的净额后。

净利润是在利润总额基础上扣除上缴所得税后的净收益。

利润的构成，具体见图2-7利润的内容。

$$利润\begin{cases}营业利润\\利润总额\\净利润\end{cases}$$

图2-7 利润的内容

二、会计等式

（一）会计要素的相互关系

会计要素之间的相互关系可以用会计等式表示，会计等式分为财务状况等式、经营成果等式和会计基本等式的扩展式。

1. 财务状况等式

企业进行生产经营活动，需要有一定的财产物资做基础，如厂房、机器设备、材料物资，还要花费一定的人力、物力等。企业每一项财产物资都有一定的来源，即有一定数量的资产就有一定数额的资金来源。企业资金来源一般有两项：一是借入款项，即企业承担的负债，将来债权人有权要求企业进行偿还，因此负债也称为债权人权益；二是投资者投入资金，这部分不需企业偿还的资金，即为所有者权益或称为股东权益。负债和所有者权益统称为权益。

资产与权益是同一资金的两个方面，资产表明企业拥有或控制的经济资源的运用情况，权益则表明企业拥有或控制的经济资源的来源情况，二者在总额上是一种必然相等的关系。没有无资产的权益，也没有无权益的资产。从数量上看，有一定数额的资产，就必然有一定数额的权益；反之，有一定数额的权益，就必然有一定数额的资产。资产与权益在数量上必然相等。任何经济业务事项的发生，都不会破坏资产与权益的平衡关系。资产、负债、所有者权益统称为资产负债表要素，它们之间的平衡关系表现为如下等式：

资产 = 权益

因为权益包括债权人权益和所有者权益，上述等式扩展为如下等式：

资产 = 债权人权益 + 所有者权益

即　　资产 = 负债 + 所有者权益

上述会计等式为财务状况等式，这一等式又称为第一等式、会计恒等式、基本会计等式和静态会计等式。它是用以反映企业某一特定时点资产、负债和所有者权益三者之间平衡关系的会计等式。

第一等式是设置账户、复式记账、试算平衡的理论基础，也是编制资产负债表的理论依据。

2. 经营成果等式

企业进行生产经营的目的就是在生产经营过程中获得收入，实现利润最大化。同时，也必然发生相应的费用。企业的收入与费用进行比较，其差额就是企业的财务成果，收入大于费用的差额为实现的盈利；反之，为发生的亏损。收入、费用、利润通称为利润表要素，反映企业的经营成果，三者之间的关系即为经营成果等式，亦称动态会计等式，是用以反映企业一定时期内收入、费用和利润三者之间恒等关系的会计等式。即：

收入 − 费用 = 利润

这一等式又称为第二等式，第二等式反映了企业利润的实现过程，是企业编制利润表的理论依据。

3. 财务状况等式和经营成果等式的联系

资产 = 负债 + 所有者权益 + （收入 − 费用）

上述会计等式，称为第三会计等式。第三会计等式是会计基本等式的扩展式，它将会计要素有机结合起来，完整地反映了企业的资金运动过程，动态地反映了企业财务状况和经营成果之间的关系，从而揭示了资产负债表和利润表要素相互之间的联系和依存关系。

（二）不同类型经济业务对会计等式的影响

经济业务，又称会计事项，是指在经济活动中使会计要素发生增减变动的交易或者事项，分为对外经济业务和内部经济业务两类。对外经济业务是指企业与其他企业或单位发生交易行为而产生的经济事项。如，向投资者筹集资金、从供货方购货、向银行归还借款、向购货方销货；对内经济业务是指企业内部上传成本的归集、费用的耗用，以及因各会计要素之间的调整而产生的经济事项。如，生产经营过程中耗用的材料、机器设备的折旧、工资费用的分配及收入与费用的结转等。

在生产经营过程中，企业发生的经济业务多种多样，影响会计要素金额的变化情况各不相同，不论从哪个时点上观察，资产总额与权益总额都将始终保持平衡相等的关系，并不破坏会计等式的平衡关系。企业经济业务按其对财务状况等式的影响不同，可以分为以下九种基本类型：

1. 一项资产增加，一项所有者权益等额增加，会计等式保持平衡

【例 2 − 1】2018 年 3 月 1 日，王敏用银行存款 100 000 元创办一个小型百货超市，到工商管理部门注册登记为"王敏超市"，并办理营业执照，从事商品经营活动。

这项经济业务，使"王敏超市"这个企业的资产（银行存款）增加了 100 000

和所有者权益（实收资本）同时增加了 100 000 元，资产与所有者权益总额相等。

2. 一项资产增加，另一项资产等额减少，会计等式保持平衡

【例2-2】2018 年 3 月 1 日，王敏用超市的银行存款 80 000 元购买了一部分柜台和货架，验收后，整齐摆放于"王敏超市"，准备营业。

这项经济业务对会计要素的影响是企业一项资产（固定资产）增加 80 000 元的同时，企业的另一项资产（银行存款）减少 80 000 元，资产总额不变，权益总额也不变。

3. 一项资产增加，一项负债等额增加，会计等式保持平衡

【例2-3】2018 年 3 月 2 日，"王敏超市"从康泉食品厂批发百货商品一批，价款 20 000 元，从金龙玩具厂购进玩具商品 40 000 元，验收后摆放到货架和柜台上，准备销售。王敏承诺 30 天内支付上述全部商品价款。

这项经济业务对会计要素的影响是企业一项资产（库存商品）增加 60 000 元的同时，企业的一项负债（应付账款）增加 60 000 元，资产与负债同时等额增加，会计等式保持平衡。

4. 一项资产减少，一项负债等额减少，会计等式保持平衡

【例2-4】2018 年 3 月 5 日，王敏通过银行支付康泉食品厂百货商品的一部分欠款 20 000 元。

这项经济业务对会计要素的影响是企业一项资产（银行存款）减少 20 000 元的同时，企业的一项负债（应付账款）减少 20 000 元，资产与负债同时等额减少，会计等式保持平衡。

5. 一项资产减少，一项所有者权益等额减少，会计等式保持平衡

【例2-5】2018 年 3 月 10 日，王敏通过银行支付"王敏超市"房屋租赁费 10 000 元。

这项经济业务对会计要素的影响是企业一项资产（银行存款）减少 10 000 元的同时，企业的费用增加了 10 000 元。根据费用的定义可知，费用增加使所有者权益减少，企业费用增加了 10 000 元，就是所有者权益减少了 10 000 元，资产与所有者权益同时等额减少，会计等式保持平衡。

6. 一项负债增加，另一项负债等额减少，会计等式保持平衡

【例2-6】2018 年 3 月 15 日，王敏从银行借入 3 个月借款 30 000 元支付所欠金龙玩具厂部分玩具商品款。

这项经济业务对会计要素的影响是企业一项负债（短期借款）增加 30 000 元的同时，企业另一项负债（应付账款）减少了 30 000 元。资产与所有者权益同时等额减少，会计等式保持平衡。

7. 一项负债增加，一项所有者权益等额减少，会计等式保持平衡

【例2-7】2018年3月31日，王敏接到银行通知，"王敏超市"本月应支付短期借款利息150元。

这项经济业务对会计要素的影响是企业一项负债（应付利息）增加150元的同时，企业利息费用增加了150元。根据费用定义，费用增加就是所有者权益减少，这项经济业务使负债增加150元，同时使所有者权益减少了150元，会计等式保持平衡。

8. 一项所有者权益增加，一项负债等额减少，会计等式保持平衡

【例2-8】2018年3月31日，"王敏超市"将一部分食品商品作价10 000元抵偿前欠金龙玩具厂剩余货款。

这项经济业务一方面减少了负债（应付账款）10 000元，另一方增加了收入10 000元。根据收入定义，收入增加，就是所有者权益增加。所以，所有者权益也增加了10 000元。负债减少10 000元，所有者权益增加10 000元，一增一减，会计等式保持平衡。

9. 一项所有者权益增加，另一项所有者权益等额减少，会计等式保持平衡

【例2-9】2018年3月31日，王敏接到出租房通知，要求"王敏超市"支付下季度超市租赁费30 000元。因王敏投资超市资金有限，无法支付下季度房租。所以，引进另一投资人王华投资30 000元，直接支付房租费用。当日，王敏到工商行政管理部门变更了注册登记。

这项经济业务对会计要素的影响是企业一项所有者权益（实收资本）增加30 000元的同时，企业租赁费用增加了30 000元。根据费用定义，费用增加就是所有者权益减少，这项经济业务使所有者权益（实收资本）增加30 000元，同时使所有者权益（费用增加）减少了30 000元，会计等式保持平衡。

可见，上述九类基本经济业务的发生均不影响财务状况等式的平衡关系，具体分为三种情形：

基本经济业务2、6、7、8、9使财务状况等式左右两边的金额保持不变；基本经济业务1、3使财务状况等式左右两边的金额等额增加；基本经济业务4、5使财务状况等式左右两边的金额等额减少。

三、会计计量属性

会计计量属性，是指会计要素的数量特征或外在表现形式，反映了会计要素金额的确定基础，主要包括历史成本、重置成本、可变现净值、现值和公允价值等。

（一）历史成本

历史成本，又称为实际成本，是指取得或制造某项财产物资时所实际支付的现金

或者现金等价物。在历史成本计量下，资产按照购置时支付的现金或者现金等价物的金额，或者按照购置资产时所付出的对价的公允价值计量；负债按照因承担现时义务而实际收到的款项或者资产的金额，或者承担现时义务的合同金额，或者按照日常活动中为偿还负债预期需要支付的现金或者现金等价物的金额计量。

【例 2-10】甲公司为小规模纳税人，2018 年 5 月 8 日从燕州科技公司购买 L212 型设备一台，价款 50 000 元，增值税 8 000 元。另外，支付运杂费、保险费 2 000 元。设备验收后，作为固定资产交付使用。甲公司购买的 L212 型设备历史成本为多少元？

L212 型设备历史成本 = 50 000 + 8 000 + 2 000 = 60 000（元）

（二）重置成本

重置成本，又称现行成本，是指按照当前市场条件，重新取得同样一项全新资产所需要支付的现金或者现金等价物金额。在重置成本计量下，资产按照现在购买相同或者相似资产所需支付的现金或者现金等价物的金额计量；负债按照现在偿付该项债务所需支付的现金或者现金等价物的金额计量。

【例 2-11】2017 年 12 月 31 日，甲公司盘盈 Q232 型设备一台，估计该 Q232 型设备有八成新。当日，Q232 型设备市场价格 60 000 元。甲公司盘盈 Q232 型设备重置成本为多少元？

甲公司盘盈 L212 型设备重置成本 = 60 000（元）

甲公司盘盈 L212 型设备净值 = 60 000 × （1 - 20%） = 48 000（元）

（三）可变现净值

可变现净值，是指在正常的生产经营过程中，以预计售价减去进一步加工成本和预计销售费用以及相关税费后的净值。在可变现净值计量下，资产按照其正常对外销售所能收到现金或者现金等价物的金额扣减该资产至完工时估计将要发生的成本、估计的销售费用以及相关税费后的金额计量。

【例 2-12】2017 年 12 月 31 日，甲公司库存 Q900 型设备 15 台，成本（不含增值税）为 67 500 元，单位成本为 4 500 元/台。根据销售合同，甲公司拟将该批 Q900 型设备将于 2018 年 2 月 25 日全部销售给乙公司，售价 4 500 元/台（不含增值税），销售费用为 13 元/台，估计支付税费 2 000 元。则该批 T800 设备 2017 年 12 月 31 日的可变现净值为多少元？

Q900 型设备可变现净值为 = 4 500 × 15 - 13 × 15 - 2 000 = 65 305（元）

（四）现值

现值，是指对未来现金流量以恰当的折现率进行折现后的价值，是考虑货币时间价值的一种计量属性。在现值计量下，资产按照预计从其持续使用和最终处置中所产生的未来净现金流量的折现金额计量。负债按照预计期限内需要偿还的未来净现金流出量的折现金额计量。

【例 2-13】 假定 A 公司 2017 年 1 月 1 日从 C 公司购入大型不动产作为固定资产使用,该不动产已过户到企业名下。转让合同约定,不动产的总价款为 1 000 万元,分 3 年支付。2017 年 12 月 31 日支付 500 万元,2018 年 12 月 31 日支付 300 万元,2019 年 12 月 31 日支付 200 万元。假定 A 公司 3 年期银行借款年利率为 6%。则 A 公司所购大型不动产现值计算如下:

不动产现值 = 500/(1+6%) + 300/(1+6%)(1+6%) + 200/(1+6%)(1+6%)(1+6%) ≈ 471.70 + 267.00 + 167.92 = 906.62(万元)

【算一算】

年初,甲公司从鲁州科技公司购入专利权一项,价值 23.1 万元,并交付使用。合同规定:第一年末,甲公司支付所购专利权 11 万元;第二年末,甲公司支付剩余专利权 12.1 万元。算一算,专利权的现值为多少元?

扫码看答案

(五) 公允价值

公允价值,是指市场参与者在计量日发生的有序交易中,出售一项资产所能收到或者转移一项负债所需支付的价格。在公允价值计量下,资产和负债按照在公平交易中,熟悉情况的交易双方自愿进行资产交换或者债务清偿的金额计量。如,企业从二级市场上购买乙股份公司股票一批,价款 200 000 元。则企业购入并持有的乙股份公司股票的公允价值为 200 000 元。

历史成本是我国会计核算的一项基本计量属性。企业在对会计要素进行计量时,一般应当采用历史成本。采用重置成本、可变现净值、现值、公允价值计量的,应当保证所确定的会计要素金额能够持续取得并可靠计量。

任务二　设置会计科目

王敏记得设置会计科目是会计核算方法之一。但会计科目已由财政部统一发布，企业还有啥必要再设置会计科目？老师告诉她：财政部统一规定的会计科目只是大中型企业，或是小型企业适用的会计科目体系。各单位应根据国家统一规定的会计科目体系，结合自己的实际情况和管理需要，重新设置适合本单位会计核算的会计科目体系。预习本任务，想一想一家小型百货超市应该如何设置会计科目？

会计核算方法中，设置会计科目占有重要的地位，它决定着账户的开设、会计报表结构的设计，是一种基本的会计核算方法。

一、会计科目的概念及作用

会计科目（简称科目）是为了满足会计确认、计量、报告的要求，根据企业内部管理和外部信息的需要，对会计要素具体内容进行分类的项目，是对资金运动第三层次的划分。会计科目是进行会计记录和提供会计信息的基础，在会计核算中起着非常重要的作用。

二、会计科目的分类

会计科目是对会计要素所做的具体分类项目。每一会计科目都明确反映特定的经济内容，但各个会计科目并非彼此孤立，而是相互联系、相互补充地组成一个完整的会计科目体系。为了明确会计科目之间的相互关系，充分理解会计科目的性质和作用，正确地掌握和运用会计科目，可对会计科目进行适当地分类。

（一）会计科目按其反映的经济内容分类

会计科目按其反映的经济内容分类，可以分为资产类、负债类、所有者权益类、成本类和损益类等五大类会计科目。其具体划分，参见表 2-1 企业常用会计科目表。

表 2-1　　　　　　　　　　　　企业常用会计科目表

序号	编号	名称	序号	编号	名称
		一、资产类			二、负债类
1	1001	库存现金	43	2001	短期借款
2	1002	银行存款	44	2201	应付票据
3	1012	其他货币资金	45	2202	应付账款
4	1101	交易性金融资产	46	2203	预收账款
5	1121	应收票据	47	2211	应付职工薪酬
6	1122	应收账款	48	2221	应交税费
7	1123	预付账款	49	2231	应付利息
8	1131	应收股利	50	2232	应付股利
9	1132	应收利息	51	2241	其他应付款
10	1221	其他应收款	52	2501	长期借款
11	1231	坏账准备	53	2502	应付债券
12	1401	材料采购	54	2701	长期应付款
13	1402	在途物资	55	2711	专项应付款
14	1403	原材料	56	2801	预计负债
15	1404	材料成本差异	57	2901	递延所得税负债
16	1405	库存商品			三、共同类（略）
17	1406	发出商品			四、所有者权益类
18	1407	商品进销差价	58	4001	实收资本
19	1408	委托加工物资	59	4002	资本公积
20	1471	存货跌价准备	60	4101	盈余公积
21	1481	持有待售资产	61	4103	本年利润
22	1482	持有待售资产减值准备	62	4104	利润分配
23	1501	持有至到期投资			五、成本类
24	1502	持有至到期投资减值准备	63	5001	生产成本
25	1503	可供出售金融资产	64	5101	制造费用
26	1511	长期股权投资	65	5201	劳务成本
27	1512	长期股权投资减值准备	66	5301	研发支出

(续表)

序号	编号	名称	序号	编号	名称
28	1521	投资性房地产			六、损益类
29	1531	长期应收款	67	6001	主营业务收入
30	1601	固定资产	68	6051	其他业务收入
31	1602	累计折旧	69	6101	公允价值变动损益
32	1603	固定资产减值准备	70	6111	投资收益
33	1604	在建工程	71	6301	营业外收入
34	1605	工程物资	72	6401	主营业务成本
35	1606	固定资产清理	73	6402	其他业务成本
36	1701	无形资产	74	6403	税金及附加
37	1702	累计摊销	75	6601	销售费用
38	1703	无形资产减值准备	76	6602	管理费用
39	1711	商誉	77	6603	财务费用
40	1801	长期待摊费用	78	6701	资产减值损失
41	1811	递延所得税资产	79	6711	营业外支出
42	1901	待处理财产损溢	80	6801	所得税费用
			81	6901	以前年度损益调整

1. 资产类会计科目

按资产的流动性分类，分为反映流动资产的会计科目和反映非流动资产的会计科目。其中，反映流动资产的科目，主要有"库存现金""银行存款""应收票据""应收账款""原材料""库存商品"等；反映非流动资产的会计科目，主要有"长期股权投资""固定资产""无形资产""长期待摊费用"等。

2. 负债类会计科目

按负债的偿还期长短分为反映流动负债的会计科目和反映长期负债的会计科目。其中，反映流动负债的会计科目，主要有"短期借款""应付票据""应付账款""应交税费""应付职工薪酬"等；反映长期负债的会计科目，主要有"长期借款""应付债券"和"长期应付款"等。

3. 所有者权益类会计科目

按所有者权益的形成和性质可分为反映资本的会计科目和反映留存收益的会计科目。其中，反映资本的会计科目，主要有"实收资本""资本公积"等科目；反映留存收益的会计科目，主要有"盈余公积""本年利润""利润分配"等科目。"本年利润"科目反映的内容应属于利润会计要素，但由于企业实现的利润会增加所有者权益，因而应将其归属于所有者权益类科目。

4. 成本类会计科目

按成本的内容和性质不同可分为反映制造成本的会计科目和反映劳务成本的会计科目。其中，反映制造成本的会计科目，主要有"生产成本""制造费用"等科目；反映劳务成本的会计科目，主要有"劳务成本"科目等。

5. 损益类会计科目

按损益的不同内容可以分为反映收入的会计科目和反映费用的会计科目。反映收入的会计科目，属于收入会计要素，主要有"主营业务收入""其他业务收入"等会计科目；反映费用的会计科目属于费用会计要素，主要有"主营业务成本""其他业务成本""管理费用""营业外支出"等科目。

【做一做】

下列会计科目中，（　　）是负债类会计科目。

A. 预收账款　　　　　　B. 预付账款

C. 应收账款　　　　　　D. 应付账款

扫码看答案

（二）会计科目按提供信息的详细程度不同分类

会计科目按提供信息的详细程度不同分为总分类科目和明细分类科目。

1. 总分类科目

（1）总分类科目的概念。

总分类科目，也称为一级科目或总账科目，是对会计要素具体内容进行总括分类、提供总括信息的会计科目。为了满足会计信息使用者对会计信息质量的要求，总分类科目由财政部制定颁布，提供总括核算指标。

（2）总分类科目的作用。

总分类科目反映各种经济业务的概括情况，是进行总分类核算的依据。如，"银行存款"科目反映企业银行存款的总括指标；"原材料"科目反映企业原材料的总括指标；"库存商品"科目反映企业库存商品的总括指标等。

2. 明细分类科目

（1）明细分类科目的概念。

明细分类科目也称为明细科目，分为子目和细目，是对总账科目进一步分类、提供更详细和更具体会计信息的科目。根据企业管理需要，明细科目可以由企业自行设置。对于明细科目较多的总分类科目，可在总分类科目与明细分类科目之间设置二级或较多级次科目，如二级会计科目、三级会计科目。总分类科目为一级科目，二级科目是对一级科目的进一步分类的科目，三级科目是对二级会计科目进一步分类的科目。

具体分类情况，见表2-2。

表2-2　　　　　　　　　　总账科目和明细科目

总分类科目 （一级科目、总账科目）	明细分类科目	
	二级账户（子目）	三级科目（细目）
其他应收款	备用金	王敏
原材料	原料及主要材料	圆钢
应交税费	应交增值税	销项税额

（2）明细分类科目的作用。

明细分类科目反映各种经济业务的详细情况，是进行明细分类核算的依据。如，"应付账款"科目按债权人名称或姓名设置明细科目，反映应付账款的具体对象；"实收资本"账户按投资者名称或姓名设置明细科目，反映投资的具体对象。

三、会计科目的编号

为了便于编制会计凭证、登记账簿、查阅账目、实行会计信息化，在对会计科目进行分类的基础上，为每个会计科目编一个固定的编号，这些号码称为会计科目编号，简称科目编号。为了便于会计工作的进行，企业通常在本单位会计制度中，以会计科目表的形式对会计科目的编号、类别和名称加以规范。

开展会计信息化，采用会计科目编号代替科目名称，可以简化程序设计和输入工作，便于查询和核对，提高会计信息化工作效率。但是，在填制会计凭证、登记账簿时，应当填制会计科目名称，或者同时填制会计科目名称和会计科目编号，不可只填制会计科目编号，而不填制会计科目名称。否则，容易混淆会计科目编号和金额，从而导致填制错误。

任务三 设置账户

年初,财务科长要求会计根据新会计科目开设公司的会计账户。会计想:公司是一个小型制造业企业。如何根据单位实际情况开设一套适合本单位的会计账户体系呢?仔细阅读本任务,帮助会计想办法建账。

一、账户的概念

账户是根据会计科目开设的,具有一定格式和结构,能够分类反映会计要素增减变动情况及其结果的一种载体。设置账户是会计核算重要的方法之一。

二、账户的分类

每一会计账户都明确反映特定的经济内容,但各个会计账户并非彼此孤立,而是相互联系、相互补充地组成一个完整的会计账户体系。为了明确会计账户之间的相互关系,充分理解会计账户的性质和作用,正确地掌握和运用会计账户,可对会计账户进行适当地分类。

(一) 账户按其反映的经济内容分类

账户按其反映的经济内容分类,可以分为资产类、负债类、所有者权益类、成本类、收入类和费用类等六大类账户。

1. 资产类账户

按资产的流动性分类,分为反映流动资产的账户和反映非流动资产的账户。其中,反映流动资产的账户主要有"库存现金""银行存款""应收票据""应收账款""原材料""库存商品"等;反映非流动资产的账户主要有"长期股权投资""固定资产"

"无形资产""长期待摊费用"等。

2. 负债类账户

按负债的偿还期长短分为反映流动负债的账户和反映长期负债的账户。其中,反映流动负债的账户主要有"短期借款""应付票据""应付账款""应交税费""应付职工薪酬"等;反映长期负债的账户主要有"长期借款""应付债券"和"长期应付款"等。

3. 所有者权益类账户

按所有者权益的形成和性质可分为反映资本的账户和反映留存收益的账户。其中,反映资本的账户主要有"实收资本""资本公积"等账户;反映留存收益的账户主要有"盈余公积""本年利润""利润分配"等账户。"本年利润"账户反映的内容应属于利润会计要素,但由于企业实现的利润会增加所有者权益,因而应将其归属于所有者权益类账户。

4. 成本类账户

按成本的内容和性质不同可分为反映制造成本的账户和反映劳务成本的账户。其中,反映制造成本的账户主要有"生产成本""制造费用"等账户;反映劳务成本的账户主要有"劳务成本"账户。

5. 收入类账户

反映企业各种收入和利得的账户,属于收入会计要素,主要有"主营业务收入""其他业务收入"等账户。

6. 费用类账户

反映费用的账户属于费用会计要素,主要有"主营业务成本""其他业务成本""管理费用""营业外支出"等账户。

(二)账户按提供信息的详细程度不同分类

账户按提供信息的详细程度不同分为总分类账户和明细分类账户。

1. 总分类账户

(1)总分类账户的概念。

总分类账户,也称为一级账户或总账账户,是根据总分类科目开设,用于对会计要素进行总括分类核算的账户。

(2)总分类账户的作用。

总分类账户只能采用货币计量,其特点是总括提供核算资料,对其所属明细账户起统驭控制作用。如,"原材料"账户核算企业库存原材料的总括信息,该账户对企业"原材料"账户所属明细账户,如各种材料二级账户或三级账户起统驭控制作用;再如，"库存商品"账户核算企业库存商品的总括信息，该账户对企业库存的各种商品明细分类账户起统御控制作用等。

2. 明细分类账户

（1）明细分类账户的概念。

明细分类账户也称为明细账户，是根据明细科目开设，用于对会计要素具体内容进行明细核算的账户。根据企业管理需要，明细账户可以由企业自行设置。对于所属明细账户较多的总分类账户，可在总分类账户与明细分类账户之间设置二级或较多级次账户，如二级账户、三级账户。总分类账户为一级账户，二级账户是对一级账户进一步分类的账户，三级账户是对二级账户进一步分类的账户。如，"应交税费"账户为一级账户，下设"应交增值税"二级账户，"应交增值税"二级账户下设"进项税额""销项税额""已交税金"等三级账户。

（2）明细分类账户的作用。

明细分类账户反映各种经济业务的详细情况，是进行明细分类核算的依据。明细分类账户可以用货币计量，但有时也可以用实物量度计量，对其总账起补充说明作用。如，"原材料"账户所属"原料及主要材料"二级账户下的三级账户"××材料"账户既用货币计量，又用"千克"或"件"等实物计量单位计量。

三、账户的基本结构

账户的结构一般应包括下列内容：①账户名称，即会计科目；②日期，即所依据记账凭证中注明的日期；③凭证字号，即所依据记账凭证的编号；④摘要，即经济业务的简要说明；⑤金额，即增加额、减少额和余额。账户的基本栏目，具体见表2-3。

表2-3 帐　户

账户名称：

年		凭证号数	摘要	借方	贷方	借或贷	余额
月	日						

账户结构是根据管理需要和信息使用者的具体要求，对会计要素的内容进行科学的再分类，并给予每一类别标准的名称和相应的结构。为方便教学，上述账户一般用"T"型账户表示。T型账户又称丁字账户，是账户的简单格式，源于该账户与大写的英文字母"T"或汉字"丁"形似。T型账户包括三个部分：账户名称、记录增加的部

分和记录减少的部分（见图 2-8 账户结构）。

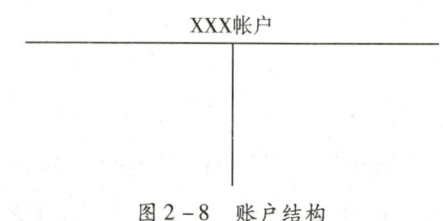

图 2-8 账户结构

虽然企业的经济业务复杂多样，但每项经济业务引起资金运动的结果，不外乎增加和减少。如果在 T 型账户左方记录增加，则必然在其右方记录减少，反之亦然。账户的哪一方记录增加，哪一方记录减少，是由企业所采用的记账方法和所记录的经济内容决定的。账户金额记录一般有期初余额、期末余额、本期增加发生额和本期减少发生额等四个项目，简称账户金额四要素。登记本期增加的金额称为本期增加发生额；登记本期减少的金额，称为本期减少发生额；期末结存金额称为期末余额，本期期末余额就是下期期初余额。账户金额四要素的基本关系如下：

期末余额 = 期初余额 + 本期增加发生额 − 本期减少发生额

【例 2-14】"原材料"账户期初余额为 60 000 元，本期增加 180 000 元，本期减少 220 000 元，期末余额为多少元？

期末余额 = 60 000 + 180 000 − 220 000 = 20 000（元）

【算一算】

"固定资产"账户期初余额为 5 000 000 元，本期增加 400 000 元，期末余额为 5 200 000 元。本期减少多少元？

扫码看答案

四、会计科目与账户的关系

（一）联系

会计科目与账户的联系在于：账户根据会计科目设置，会计科目是账户的名称；会计科目与账户开设的目的一致，都是为了对经济业务进行分类、整理，以提供管理所需要的会计信息；会计科目与账户反映内容相同、性质相同、名称相同。

（二）区别

1. 会计科目和账户的具体作用不同

会计科目只是用来设置账户和填制记账凭证，因而会计科目没有结构，不能反映经济业务的增减变化；账户具有一定的格式和结构，用来反映经济业务增减变化及其结果，能提供资金运动的动态信息和静态信息。

2. 会计科目和账户制定或设置的方法不同

会计科目由国家统一制定，是会计制度的组成部分。而账户则是由各单位根据会计科目的要求，结合本单位的实际情况开设的。实际工作中，先有会计科目，后有账户。

【想一想】

试述会计科目与账户的关系。

扫码看答案

项目小结

1. 会计要素是指根据交易或者事项的经济特征所确定的财务会计对象和基本分类项目，是会计对象的具体化，是用于反映会计主体财务状况和经营成果的基本单位。我国《企业会计准则》将会计要素界定为六项要素，即资产、负债、所有者权益、收入、费用和利润。

2. 会计要素之间的相互关系可以用会计等式表示，会计等式分为财务状况等式、经营成果等式和会计基本等式的扩展式。

3. 会计计量属性是指会计要素的数量特征或外在表现形式，反映了会计要素金额的确定基础，主要包括历史成本、重置成本、可变现净值、现值和公允价值等。

4. 会计科目是为了满足会计确认、计量、报告的要求，根据企业内部管理和外部信息的需要，对会计要素具体内容进行分类的项目，是对资金运动第三层次的划分。账户是根据会计科目开设的，具有一定格式和结构，能够分类反映会计要素增减变动情况及其结果的一种载体。设置账户是会计核算重要的方法之一。

5. 会计科目与账户名称相同、性质相同、反映内容相同；会计科目没有结构，账户有结构，用来反映经济业务增减变化及其结果，能提供资金运动的动态和静态信息。

项目三 借贷记账法的应用

【项目介绍】

本项目从记账方法讲起,重点介绍借贷记账法及其特点,从而引申到平行登记和会计分录的学习。在此基础上,通过学习资金筹集和退出的核算、供产销过程(典型案例为:存货的核算、生产成本的核算和收入的核算)的核算、期间费用的核算,到利润形成及分配的核算,从而达到学会编制制造业小企业主要经济业务事项的会计分录。具体见图3-1所示。

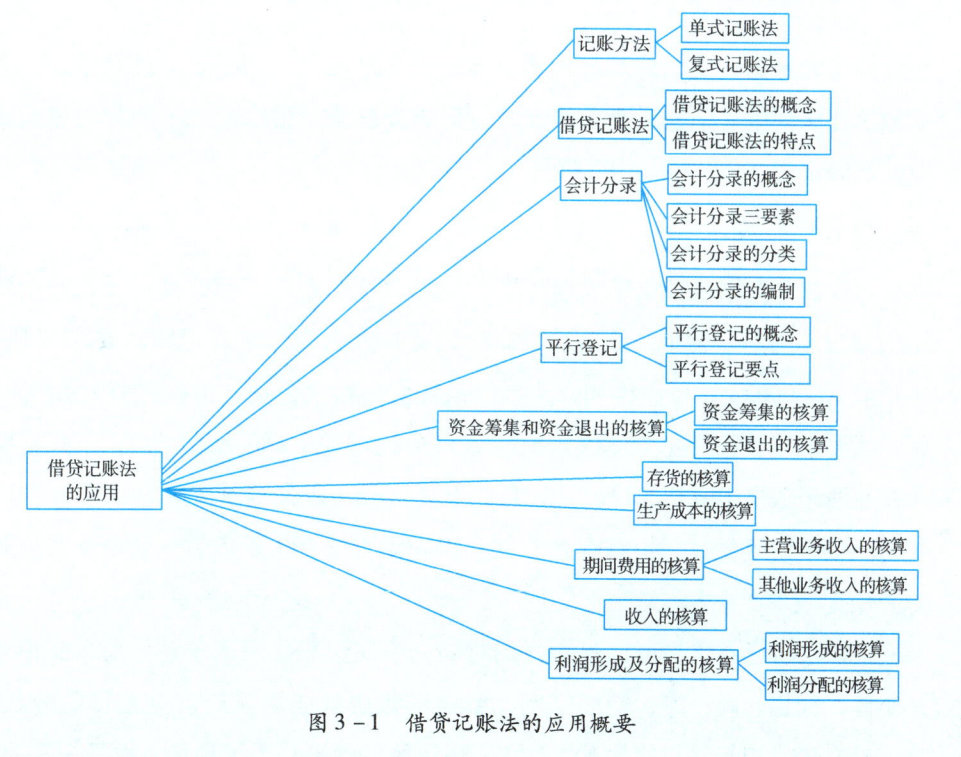

图3-1 借贷记账法的应用概要

任务一 认识复式记账法

中职生王二妮预习《基础会计》，发现账户中的"借""贷"栏一会是增加数，一会是减少数。不知道"借""贷"是什么意思。问老师。老师说："记账方法有两种，一种是单式记账法，一种是复式记账法。先搞清楚借贷记账法，才能知道'借''贷'是什么意思。"

记账方法是根据一定的原理、记账符号、记账规则，采用一定的计量单位，利用文字和数字在账簿中登记经济业务的方法。记账方法按其记账方式不同分为单式记账法和复式记账法。

一、单式记账法

单式记账法是对因经济业务或经济事项导致会计要素的增减变动，只在一个账户中登记的方法。例如，某单位用现金3 000元支付办公费，单式记账法要求"现金"账户中记减少3 000元即可。再如，某单位销售商品给甲公司，价款3 480元，暂欠。单式记账法要求该单位只在"应收账款"账户中记增加3 480元。当然，单式记账法有时也有在两个账户中登记的情况，如日，甲公司归还所欠本单位应收账款3 480元，存入银行。该单位既要在"银行存款"账户中记增加3 480元货款，也要在"应收账款"账户中记减少3 480元欠款。

单式记账法古已有之，可以追溯西周时期。单式记账法适用于业务简单或很单一的经济个体，如道、观、庵、院或家庭。单式记账法只能反映经济业务目前的状况，账户之间没有形成相互对应的关系。单式记账法的目的不是为了计量，而是为了控制。

通常，单式记账法只登记库存现金和银行存款的收付以及应收、应付款的结算。因此，单式记账法不能全面、系统地反映经济业务的来龙去脉，也不便于检查账簿记录的正确性。

二、复式记账法

（一）复式记账法的概念

复式记账法是以资产与权益平衡关系为基础，对发生的每一项经济业务或事项，都要以相等的金额，同时在相互联系的两个或两个以上的账户中进行记录的一种记账方法。

（二）复式记账法的种类

按照记账符号不同，复式记账法主要分为借贷记账法、增减记账法和收付记账法。借贷记账法是指以"借""贷"为记账符号的一种复式记账法，增减记账法是指以"增""减"为记账符号的一种复式记账法，收付记账法是指以"收""付"为记账符号的一种复式记账法。借贷记账法是世界上应用比较普遍的复式记账方法。我国自1993年7月1日起，所有企业统一采用借贷记账法，从而结束了商品流通企业采用增减记账法，工业企业采用借贷记账法，事业单位采用收付记账法等在我国试行多年这种三足鼎立的记账方法。1998年1月1日起，预算会计废弃收付记账法，统一改用借贷记账法。

【做一做】

我国会计实践中，曾经采用的复式记账法有（　　　）

A. 增减记账法　　　　　B. 借贷记账法

C. 收付记账法　　　　　D. 龙门账

扫码看答案

在我国会计工作中，不论采用何种记账方法，会计记录的文字都应当使用中文，少数民族自治地区可以同时使用少数民族文字，在中国境内的外商投资企业、外国企业和其他外国经济组织也可以同时使用某种外国文字。这样既统一了会计记录的文字，也兼顾了不同语种的实际情况。

【想一想】

某外商投资企业的股东为美国人，主要为外国客户进行来料加工。所有购销业务一律采用美元结算。该外商投资企业的会计人员记账时，会计记录的文字是采用英文记账，还是采用中文记账，或是既采用英文，又采用中文记账呢？

扫码看答案

(三)复式记账法的原理

"会计恒等式"是复式记账的原理。即"资产=负债+所有者权益"所反映的资金平衡关系。采用复式记账法,可以全面地、相互联系地反映各项经济业务的全貌,并可利用会计要素之间的内在联系和试算平衡公式,来检查账户记录的准确性,它是一种比较完善的记账方法。

(四)复式记账法的优点

1. 对于发生的每一项经济业务事项,都要在两个或两个以上的账户中相互联系地进行分类记录。这样,通过账户记录不仅可以全面、清晰地反映经济业务事项的来龙去脉,还能全面、系统地反映经济活动的过程和结果。

2. 由于每一项经济业务发生后,都是以相等的金额在有关的账户中登记,因而可以对记录的结果进行试算平衡,以检查账户记录是否正确。

任务二 认识借贷记账法

王二妮学习借贷记账法后,知道了借贷记账法属于一种复式记账法,是国际商业通用语言,商业活动的普通话。那么,借贷记账法有哪些特点呢?为什么借贷记账法在世界上流传广泛呢?

一、借贷记账法的概念

借贷记账法是指以"借"和"贷"作为记账符号,用以记录经济业务或事项的一种复式记账方法。借贷记账法起源于13世纪意大利南方的威尼斯水城。

借贷记账法的主要特点表现在:以"借"和"贷"作为记账符号;设置和运用双重性质的账户,即账户的性质不固定;以"有借必有贷,借贷必相等"作为记账规则;以借贷记账法的记账规则进行试算平衡。

二、借贷记账法的特点

(一)借贷记账法以"借"和"贷"为记账符号

借贷记账法以"借"和"贷"为记账符号,分别作为账户的左方和右方。"借""贷"二字已失去了原有仅限于记录债权、债务的"借""贷"二字的含义,而演变成纯粹的记账符号,用来标明记账方向或位置,成为一种专门会计术语。

(二)账户结构

借贷记账法下,所有账户的结构都是左方为借方,右方为贷方,但借方、贷方反映会计要素数量变化的增减性质则是不固定的。在借贷记账法下，不同类别账户的借贷方所反映的经济内容是不同的，其账户的结构自然也不相同。下面分别说明各类账户的结构。

1. 资产类账户的结构

在资产类账户中，借方记录资产的增加额，贷方记录资产的减少额。在同一会计期间（年、月），借方记录的合计数额称作本期"借方发生额"，贷方记录的合计数额称作本期"贷方发生额"，在每一会计期间的期末将借贷方发生额相比较，其差额称作"期末余额"。本期的"期末余额"就是下期的"期初余额"。资产类账户的期末余额一般在借方，表示资产实有数额。为了便于学习，我们用"T"型账户表示各账户的基本结构。

资产类账户的期末余额可根据下列公式计算：

期末余额（借方）＝期初余额 ＋ 本期借方发生额 － 本期贷方发生额

借	资产类会计科目	贷
期初余额		
资产增加额		资产减少额
期末余额		

图 3-2 资产类账户结构

【例 3-1】某企业"银行存款"账户期初借方余额为 100 000 元，本期存入 4 000 000 元，本期支付 600 000 元，则"银行存款"账户的期末借方余额计算如下：

"银行存款"账户期末借方余额 = 100 000 + 4 000 000 - 600 000 = 3 500 000（元）

另外，成本类账户一般反映期末在产品的成本，如"生产成本"账户、"研发支出"账户等，其本质仍然属于资产类账户。因而，成本类账户的结构与资产类账户的结构相同。

【算一算】

铁塔公司只生产一种甲产品。"生产成本"账户期初余额为 50 000 元，本月归集生产费用 260 000 元。而铁塔公司甲产品的"库存商品"账户期初余额为 120 000 元，转出甲产品库存商品成本 200 000 元，期末余额为 40 000 元。试计算铁塔公司甲产品"库存商品"账户的本期借方发生额为多少元？"生产成本"账户期末余额为多少元？

扫码看答案

2. 负债类账户和所有者权益类账户的结构

负债类账户与所有者权益类账户，均为权益类账户。权益类账户的结构与资产类账户正好相反，其贷方记录负债及所有者权益的增加额；借方记录负债及所有者权益的减少额，期末余额一般在贷方，称为"贷方余额"，表示负债及所有者权益的实有数额。具体如图 3-3、图 3-4 所示。

借	负债类会计科目	贷
		期初余额
负债减少额		负债增加额
		期末余额

图 3-3 负债类账户结构

借	所有者权益类会计科目	贷
		期初余额
所有者权益减少额		所有者权益增加额
		期末余额

图 3-4 所有者权益类账户结构

权益类账户的期末余额可根据下列公式计算：

期末余额（贷方）= 期初贷方余额 + 本期贷方发生额 - 本期借方发生额

【例 3-2】某企业"资本公积"账户的期初贷方余额为 2 000 元，本期贷方发生额为 80 000 元，因将资本公积转为实收资本，该账户本期借方发生额为 81 000 元。则"资本公积"账户的期末余额为：

借	资本公积	贷
		期初余额 2000
资本公积减少额		资本公积增加额
−81000		+80000
		期末余额 1000

图 3-5 资本公积账户结构

"资本公积"账户期末贷方余额 = 2 000 + 80 000 - 81 000 = 1 000（元）

具体计算过程如图 3-5 所示。

【算一算】

某企业"实收资本"账户的期初贷方余额为 20 000 000 元，本期贷方发生额为 81 000 元，"实收资本"账户期末贷方余额为 20 081 000 元。则"实收资本"账户的借方发生额为多少？

扫码看答案

3. 费用支出类账户的结构

费用支出类账户的结构与资产类账户的结构基本相同，账户借方记录费用支出的增加额，期末，账户贷方记录费用支出转入"本年利润"账户抵销收益类账户（减少）的数额，

借	成本费用类会计科目	贷
成本增加额		成本减少额

图 3-6 成本费用类账户结构

由于借方记录费用支出的增加额一般都要通过贷方转至"本年利润"账户借方，所以，期末该类账户通常没有余额。如果有余额，也表现为借方余额。具体如下图 3-6 所示。

4. 收益类账户的结构

收益类账户的结构与负债类账户和所有者权益类账户的结构基本相同，收入的增加额记入该类账户的贷方，收入转出额（减少额）则

借	收益类会计科目	贷
收益减少额		收益增加额

图 3-7 收益类账户结构

应记入该类账户的借方，由于收入类账户贷方记录的收入增加额一般要通过借方转至"本年利润"账户，所以该类账户期末通常没有余额。如果有余额，同样也表现为贷方

余额。具体如图 3-7 所示。

【想一想】

下列（　　）账户，期末没有余额。

A. 主营业务收入　　　　B. 管理费用

C. 营业外收入　　　　　D. 所得税费用

扫码看答案

总结上述账户的结构，可以具体归纳如图 3-8 账户结构所示。

借	会计科目	贷
资产期初余额		负债及所有者权益期初余额
资产增加额 成本（费用）增加额 负债（所有者权益）减少额 收入减少额		资产减少额 成本（费用）减少额 负债（所有者权益）增加额 收入增加额
资产期末余额		负债（所有者权益）期末余额

图 3-8　账户结构

三、借贷记账法的记账规则

借贷记账法的记账规则是指记录经济交易或事项时所应遵循的规则。借贷记账法的记账规则可以概括为："有借必有贷，借贷必相等"。具体表现为以下几点：

（1）以"借""贷"为记账符号，每个账户均分为借贷两方。任何经济业务的发生都会导致账户的借方和贷方金额发生变化。即经济业务或事项的发生，将导致一个或多个账户有借方发生额，另一个账户或多个账户有贷方发生额。

（2）以"有借必有贷，借贷必相等"作为记账规则，对每一项经济业务都要记入两个（或两个以上）账户中，并以相等的金额分别记入一个或几个账户的借方和另一个或几个账户的贷方。不能全部记入借方或全部记入贷方，即有借必有贷。

为了说明借贷记账法的记账规则，现通过几类经济业务或事项举例，运用借贷记账法进行账务处理如下：

【例3-3】企业从银行提取现金 5 000 元，备作零星开支。

这笔经济业务的发生，引起资产类"库存现金"账户增加 5 000 元，资产类账户增加额记入该账户借方；"银行存款"账户减少 5 000 元，资产类账户减少额记入该账户贷方。有借有贷，借贷相等。具体如下图 3-9 所示。

【例3-4】企业收到所有者甲公司追加投入资本 200 000 元，存入开户银行。这笔交易或事项的发生引起资产类"银行存款"账户增加了 200 000 元，应记入该账户借方；权益类"实收资本"账户增加了 200 000 元，应记入该账户贷方。有借有贷，借贷相等。如图 3-10 所示。

图3-9 提取现金业务　　　　图3-10 收到投资业务

四、借贷记账法下的试算平衡

(一) 借贷记账法下的试算平衡的含义及分类

1. 含义

试算平衡是指以借贷记账法记账规则和资产与权益的会计恒等关系为理论基础，根据资产与权益之间的平衡关系，按照记账规则的要求，通过对所有账户的发生额和余额的汇总计算和比较，来检查记录是否正确的一种方法。

2. 分类

借贷记账法下的试算平衡包括三方面：期初余额试算平衡、本期发生额试算平衡和期末余额试算平衡。

（1）期初余额试算平衡

全部账户的借方期初余额合计 = 全部账户的贷方期初余额合计

（2）本期发生额试算平衡

全部账户本期借方发生额合计 = 全部账户本期贷方发生额合计

（3）期末余额试算平衡法

全部账户的借方期末余额合计 = 全部账户的贷方期末余额合计

(二) 试算平衡表的编制

试算平衡有两种：一是余额试算平衡法；二是发生额试算平衡法。

1. 余额试算平衡法

余额试算平衡法是根据"资产 = 负债 + 所有者权益"会计恒等关系，以及借贷记账法下账户的性质决定了"期初（期末）全部账户借方余额之和 = 期初（期末）全部账户贷方余额之和"，据此检验本期账户记录是否正确的一种验算方法。按照余额时间不同，余额试算平衡分为期初余额试算平衡和期末余额试算平衡。因而在实际工作中，余额试算平衡表也分为期初余额试算平衡表和期末余额试算平衡表两种编制方法。其格式见表3-1。

表 3-1
××公司试算平衡表
年　　月

会计科目	期末（期初）余额	
	借方余额	贷方余额
库存现金		
银行存款		
应收票据		
应收账款		
其他应收款		
本年利润		
利润分配		
合　计		

2. 发生额试算平衡法

发生额试算平衡法是指根据借贷记账法记账规则，本期所有账户的借方发生额合计与贷方发生额合计的恒等关系，来检查账户记录是否正确的验算方法。根据借贷记账法"有借必有贷，借贷必相等"记账规则，单位发生的每笔交易或事项均以相等金额记入两个或两个以上账户的借方与贷方，从而导致一定时期内所有交易或事项记入账户的借方金额合计与贷方金额合计必然相等。在实际工作中，发生额试算平衡表格式见表 3-2。

表 3-2
××公司试算平衡表
年　　月

会计科目	本期发生额	
	借方	贷方
库存现金		
银行存款		
应收票据		
应收账款		
其他应收款		
本年利润		
利润分配		
合　计		

单位根据试算平衡公式，编制试算平衡表，完成试算平衡工作。由于试算平衡的目的不同，试算平衡表编制格式也不一样。单位如果只检查余额情况，可以编制余额

试算平衡表。如果检查本期经济业务记录是否正确,可以编制本期发生额试算平衡表。实际工作中,单位也可以将期初余额试算平衡表、本期发生额试算平衡表和期末余额试算平衡表编制在一张表上。试算平衡表格式见表3-3。

表3-3　　　　　　　　　　　××公司试算平衡表

　　　　　　　　　　　　　　年　　月

会计科目	期初余额		本期发生额		期末余额	
	借方	贷方	借方	贷方	借方	贷方
库存现金						
银行存款						
应收票据						
应收账款						
其他应收款						
本年利润						
利润分配						
合　计						

借贷记账法的试算平衡是通过编制试算平衡表进行的。但是,试算平衡表只是验证账户记录是否正确。如果试算平衡表不能平衡,则表明账户记录一定错误,但如果试算平衡表平衡,并不能说明账户记录一定正确。因为记账时重记或漏记整笔经济业务、账户记录方向颠倒、记录账户同方向串户等,都难以通过试算平衡检查出来。

任务三 会计分录

任务描述

王二妮通过学习借贷记账法,知道了一项经济业务需要在两个或两个以上账户中登记。那么,如何把经济业务登记在账簿中呢?王二妮很疑惑地问老师。老师告诉她:对于发生的每一项经济业务事项,都要先了解涉及哪些对应账户?根据这些账户的性质及其结构,编制会计分录。实际工作中,这些会计分录是编制在记账凭证上,然后据以登记会计账簿。

知识准备

一、对应账户

(一)账户的对应关系

采用借贷记账法记账,所有交易或事项在进行会计记录时,必然同时记入两个或两个以上相关账户中。这样,账户之间就形成了一定的相互关联、相互依存的应借、应贷关系,这种账户之间的应借、应贷关系,称为账户的对应关系。

例如,企业从开户银行提取现金 2 000 元,备作零星支出。此项经济业务或事项进行会计记录时,应记入"库存现金"账户的借方 2 000 元,同时记入"银行存款"账户的贷方 2 000 元。这样,"库存现金"账户与"银行存款"账户就形成了应借、应贷关系,即对应关系。

再如,企业销售产品一批,价款 50 000 元,增值税销项税额 8 000 元,价税货款暂欠。此项业务进行会计记录时,应记入"应收账款"账户借方 58 000 元,同时实现了收入 50 000 元,增加了销项税额 8 000 元,因而应记入"主营业务收入"账户贷方 50 000 元,"应交税费——应交增值税(销项税额)"账户 8 000 元。这样,"应收账款"

账户就与"主营业务收入"账户和"应交税费——应交增值税(销项税额)"账户形成了应借、应贷关系,即对应关系。

通过账户之间的这种对应关系,可以了解每项经济业务或事项的内容,掌握经济业务或事项的来龙去脉,检查交易或事项的合理性、合法性,从而判断记账正确与否。

(二) 对应账户的概念

存在对应关系的账户称为对应账户。对应账户的称谓是相互的。前例中,"库存现金"账户与"银行存款"账户存在对应关系,则"库存现金"账户的对应账户是"银行存款"账户。或者说,"银行存款"账户的对应账户是"库存现金"账户。

二、会计分录概述

(一) 会计分录的概念

会计分录简称分录,是指对某项经济业务或事项,标明其应借应贷账户及其金额的公式。

会计分录三要素:账户的名称(即会计科目)、记账方向的符号(即借方或贷方)和记录的金额。正确的会计分录,三要素缺一不可。

【想一想】

下列(   ),属于会计分录三要素。

A. 会计科目　　　　　B. 记账方向

C. 金额　　　　　　　D. 冒号

扫码看答案

(二) 会计分录的分类

按照涉及会计科目的多少分类,会计分录分为简单会计分录和复合会计分录。

简单会计分录,简称简单分录,是指只涉及一个账户借方和另一个账户贷方的会计分录,即一借一贷的会计分录;复合会计分录,简称复合分录,是指由两个以上(不含两个)对应账户所组成的会计分录,即一借多贷、一贷多借、多借多贷的会计分录。一借多贷分录是指对发生的经济业务或事项做出的一个借方科目多个贷方科目的会计分录;一贷多借分录是指对发生的经济业务或事项做出的多个借方科目一个贷方科目的会计分录;多借多贷分录是指对发生的经济业务或事项做出的多个借方科目多个贷方科目的会计分录。会计分录的具体分类,见图3-11所示。

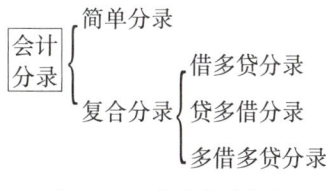

图3-11 会计分录分类

需要注意的是，复合分录是由简单分录合并组成的。但是，不能单纯图省事将没有相互联系的简单分录合并相加，编成多借多贷的会计分录。换言之，不同类型的经济业务不能简单地合并反映，发生不同类型经济业务必须逐项加以反映和记录。因为记账凭证格式限制，同时涉及现金、银行存款增减的业务或事项不能编制多借多贷会计分录，采用汇总凭证登记总账的汇总记账凭证核算形式也不能编制多借多贷会计分录。

【想一想】

一个车间同时生产四种产品，该批四种产品本月全部验收入库。根据产品入库单及成本计算表，编制的会计分录：借方一个总账科目，四个明细科目；贷方一个总账科目，四个明细科目。该会计分录为（　　）

A. 简单分录　　　　B. 复合分录

C. 多借多贷分录　　D. 复杂分录

扫码看答案

三、会计分录的编制

（一）会计分录的编制要求

根据发生的经济业务或事项编制会计分录时，应遵循如下步骤：

（1）分析经济业务或事项涉及哪些会计科目。

（2）明确所涉及的会计科目是增加，还是减少。

（3）分析记入哪个账户或哪些账户的借方或贷方。

（4）确定应借应贷会计科目是否正确，检查借贷方金额是否相等。

（二）会计分录的书写格式

会计分录的书写格式一般为：先写借方，后写贷方，上借下贷，借贷错开，表示科目之间的对应关系。"借""贷"符号后面写冒号"："；每个科目只能书写一行，涉及几个科目就应该分别写几行，不能把涉及的科目都写在一行。总账科目有明细科目的，写明细科目。借贷金额各自对齐，不写金额单位。

为便于理解会计分录的编制，试举例说明如下：

【例3-5】 3月5日，企业从银行借入3个月借款100 000元，存入银行。

【解析】 该项经济业务或事项的发生，导致企业的资产和负债增加100 000元，涉及"银行存款"账户和"短期借款"账户。"银行存款"账户增加100 000元，记入借

方;"短期借款"账户增加 100 000 元,记入贷方。有借必有贷,借贷金额相等。编制会计分录如下:

借:银行存款　　　　　　100 000
　　贷:短期借款　　　　　　　　100 000

【例 3-6】3 月 15 日,根据"发料凭证汇总表"可知:企业发出材料 400 000 元,其中,生产甲产品用料 200 000 元,车间一般用料 50 000 元,企业行政管理部门用料 150 000 元。

【解析】该项经济业务或事项的发生,导致企业的资产减少和成本费用增加 400 000 元,涉及"原材料"账户和"生产成本""制造费用""管理费用"等账户。"原材料"账户减少 400 000 元,记入贷方;"生产成本"账户增加 200 000 元,记入借方,"制造费用"账户增加 50 000 元记入借方,"管理费用"账户增加 150 000 元记入借方,三个账户借方金额相加等于 400 000 元。有借必有贷,借贷金额相等。编制会计分录如下:

借:生产成本——甲产品　　　　　200 000
　　制造费用　　　　　　　　　　 50 000
　　管理费用　　　　　　　　　　150 000
　　贷:原材料　　　　　　　　　　　　400 000

【例 3-7】3 月 20 日,企业销售甲材料一批,价款 30 000 元,增值税销项税额 4 800 元。甲材料销售价税款 34 800 元,存入银行。

【解析】该项经济业务或事项的发生,导致企业的资产和负债、收入增加,涉及"银行存款"账户、"应交税费"账户和"其他业务收入"账户。"银行存款"账户增加 34 800 元,记入借方;"其他业务收入"账户增加 30 000 元,记入贷方,"应交税费——应交增值税(销项税额)"账户增加 4 800 元,记入贷方,两个账户贷方发生额合计 34 800 元。有借有贷,借贷金额相等。编制会计分录如下:

借:银行存款　　　　　　　　　　　　34 800
　　贷:其他业务收入　　　　　　　　　　30 000
　　　　应交税费——应交增值税(销项税额)　4 800

【例 3-8】3 月 25 日,企业销售甲产品一批,价款 50 000 元,增值税销项税额 8 000 元。价税款 58 000 元,收支票 40 000 元,存入银行。剩余价税款 18 000 元,暂欠。

【解析】该项经济业务或事项的发生,导致企业的资产和负债、收入增加,涉及"银行存款"账户、"应收账款"账户、"应交税费"账户和"主营业务收入"账户。

"银行存款"账户增加40 000元,记入借方,"应收账款"账户增加18 000元,记入借方,两个账户借方金额合计58 000元;"主营业务收入"账户增加50 000元,记入贷方,"应交税费——应交增值税(销项税额)"账户增加8 000元,记入贷方,两个账户贷方发生额合计34 800元。有借必有贷,借贷金额相等。编制会计分录如下:

借:银行存款 40 000
　　应收账款 18 000
　贷:主营业务收入 50 000
　　　应交税费——应交增值税(销项税额) 8 000

任务四　总分类账户和明细分类账户的平行登记

总账会计负责登记总账，记账员负责登记明细账。月底，总账会计要与记账员对账。他们所记账户的发生额合计及期末余额存在一定的平衡关系。这里，介绍总账与明细账的关系，总账与明细账的平行登记要点。

一、总分类账户和明细分类账户的关系

（一）总分类账户的概念

总分类账户是根据总账科目开设的，总括反映经济业务或事项的账户。它提供的会计信息是总括的、粗略的，一般采用货币单位反映。

（二）明细分类账户的概念

明细分类账户是根据总分类科目所属的明细科目开设的，详细提供具体的会计信息的账户。有些明细分类账户不仅用货币单位计量，也同时用实物度量单位计量。

（三）总分类账户与明细分类账户的关系

总分类账户对其所属明细分类账户具有统驭和控制作用；明细分类账户对其总分类账户具有补充说明作用。总分类账户与其所属明细分类账户记录的总金额相等，核算对象相同，它们所提供的核算资料相互补充，互相结合，既总括又详细地核算同一内容。所以，总分类账户与其所属明细分类账户采用平行登记的方法记录经济业务。

二、总分类账户和明细分类账户的平行登记

(一) 平行登记的概念

平行登记,是指对发生的每一笔经济业务或事项,都要根据相同的会计凭证,一方面登记总分类账户的同时,另一方面登记总分类账户所属的明细分类账户的一种记账方法。

(二) 平行登记的要点

1. 依据相同

即登记总分类账户与其所属明细分类账户都要以相关的会计凭证为依据。

2. 时期相同

即对于所发生的一笔经济业务或事项,根据有关会计凭证登记总分类账户的同时,在同一会计期间还要登记该总分类账户所属的明细分类账户。

3. 方向相同

即对有关总分类账户和明细分类账户以相同的方向进行登记,也就是说记入总分类账账户借方的同时,也要记入明细分类账账户的借方,如果是记入总分类账账户的贷方,同样也要记入其所属明细分类账户的贷方。

4. 金额相等

即在登记金额时,总分类账的金额要与明细分类账的金额相等。通过平行登记,总分类账户与明细分类账户之间在登记金额上就形成了如下关系:

总分类账户期初余额 = 所属各明细分类账户期初余额之和

总分类账户借方发生额 = 所属各明细分类账户借方发生额之和

总分类账户贷方发生额 = 所属各明细分类账户贷方发生额之和

总分类账户期末余额 = 所属各明细分类账户期末余额之和

【想一想】

总账与明细账平行登记的要点是（　　）

A. 依据相同　　　　　　B. 时间一致

C. 方向相同　　　　　　D. 金额相等

扫码看答案

三、平行登记应用举例

【例3-9】2017年3月1日,甲公司的"原材料"和"应付账款"总分类账户和所属明细账户月初余额如表3-4所示。

表 3-4　　　　　　　　"原材料"和"应付账款"账户月初余额表

单位：元

账户		数量	计量单位	单价	金额	
总账	明细账				总账	明细账
原材料					320 000	
	A 材料	40 000	千克	5		200 000
	B 材料	30 000	千克	4		120 000
应付账款					50 000	
	任城公司					30 000
	太白公司					20 000

本月发生的与"原材料"账户和"应付账款"账户有关的业务（不考虑增值税）如下：

1. 3 月 5 日，从任城公司购进 A 材料 40 000 千克，单位成本 5 元，验收入库。货款 200 000 元暂欠。编制会计分录如下：

　　借：原材料——A 材料　　　　　　　200 000
　　　　贷：应付账款——任城公司　　　　　　200 000

2. 3 月 15 日，从任城公司购进 A 材料 20 000 千克，单位成本 5 元；从太白公司购进 B 材料 40 000 千克，单位成本 4 元。A 材料、B 材料均于当日全部验收入库。货款尚未支付。编制会计分录如下：

　　借：原材料——A 材料　　　　　　　100 000
　　　　　　——B 材料　　　　　　　160 000
　　　　贷：应付账款——任城公司　　　　　　100 000
　　　　　　　　　　——太白公司　　　　　　160 000

3. 3 月 20 日，甲公司偿还任城公司货款 200 000 元，偿还太白公司 100 000 元。均通过银行付款。编制会计分录如下：

　　借：应付账款——任城公司　　　　　　200 000
　　　　　　　　——太白公司　　　　　　100 000
　　　　贷：银行存款　　　　　　　　　　　300 000

4. 3 月 25 日，甲公司发出材料用于产品生产。其中，A 材料 90 000 千克，单位成本 5 元，450 000 元；B 材料 60 000 千克，单位成本 4 元，价款 240 000 元。编制会计分录如下：

　　借：生产成本　　　　　　　　　　　690 000
　　　　贷：原材料——A 材料　　　　　　　450 000

——B材料　　　　　　　　　　240 000

根据3月份发生的经济业务及月初资料，对"原材料"账户和"应付账款"账户进行平行登记，结果如表3-5至表3-10所示。

表3-5　　　　　　　　　　"原材料"总分类账　　　　　　　　　　第　页

年		凭证号数	摘要	借方	贷方	借或贷	余额
月	日						
3	1		期初余额			借	320 000
	5		购入材料	20 0000		借	520 000
	15		购入材料	260 000		借	780 000
	25		发出材料		690 000	借	90 000
	31		本期发生额及余额	460 000	690 000	借	90 000

表3-6　　　　　　　　　　"原材料"明细分类账

账户名称：A材料　　　　　　　　　　　　　　　　　　　　计量单位：千克

年		凭证号数	摘要	收入			支出			结存		
月	日			数量	单价	金额	数量	单价	金额	数量	单价	金额
3	1		期初余额							40 000	5	200 000
	5		本月购入	40 000	5	200 000				80 000	5	400 000
	15		本月购入	20 000	5	100 000				100 000	5	500 000
	25		本月发出				90 000	5	450 000	10 000	5	50 000
	31		发生额及余额合计	60 000	5	300 000	90 000	5	450 000	10 000	5	50 000

表3-7　　　　　　　　　　"原材料"明细分类账

账户名称　B材料　　　　　　　　　　　　　　　　　　　　计量单位：千克

年		凭证号数	摘要	收入			支出			结存		
月	日			数量	单价	金额	数量	单价	金额	数量	单价	金额
3	1		期初余额							30 000	4	120 000
	15		本月购入	40 000	4	160 000				70 000	4	280 000
	25		本月发出				60 000	4	240 000	10 000	4	40 000
	31		发生额及余额合计	40 000	4	160 000	60 000	4	240 000	10 000	4	40 000

表 3-8 "应付账款"总分类账

账户名称：应付账款

年		凭证号数	摘要	借方	贷方	借或贷	余额
月	日						
3	1		期初余额			贷	50 000
	5		购料欠款		200 000	贷	250 000
	15		购料欠款		100 000	贷	350 000
	20		偿还欠款	300 000		贷	210 000
	31		本月发生额及余额	300 000	460 000	贷	210 000

表 3-9 "应付账款"总分类账

账户名称：任城公司

年		凭证号数	摘要	借方	贷方	借或贷	余额
月	日						
3	1		期初余额			贷	30 000
	5		购料欠款		200 000	贷	230 000
	15		购料欠款		100 000	贷	330 000
	20		偿还欠款	200 000		贷	130 000
	31		本月发生额及余额	200 000	300 000	贷	130 000

表 3-10 "应付账款"总分类账

账户名称：太白公司

年		凭证号数	摘要	借方	贷方	借或贷	余额
月	日						
3	1		期初余额			贷	20 000
	15		购料欠款		160 000	贷	180 000
	20		偿还欠款	100 000		贷	80 000
	31		本月发生额及余额	100 000	160 000	贷	80 000

从以上总分类账户和明细分类账户的记录中可以看出，由于平行登记的结果，"原材料"和"应付账款"总分类账户的月初余额、本月借方和贷方发生额、月末余额，都分别与其所属明细账户的月初余额、本月借方和贷方发生额、月末余额的合计数相等。如果通过相互核对，发现总分类账户与其所属明细账户的合计数不等，即表明账户的登记有误，应及时查明更正。

任务五 资金筹集和资金退出的核算

王二妮学会编制会计分录后,预习借贷记账法应用时,老师告诉她,企业发生的经济业务很多,也很复杂。初学时,先学习小型工业企业生产过程发生的典型经济业务事项的会计处理。这里,介绍资金筹集业务的会计处理,包括企业接受投资及分红,办理银行借款及还款的会计处理。

企业创办之初,首先应取得资质,即注册登记。注册登记程序一般依次到行政部门申请,分别由工商行政管理部门核发工商营业执照、公安部门指定单位刻公章,质量技术监督部门核发组织机构代码证、税务部门核发税务登记证,并分别予以编号。"三证合一,一照一码"改革后,一次申请由工商行政管理部门核发一个加载法人和其他组织统一社会信用代码的营业执照,企业的组织机构代码证和税务登记证不再发放。这样,成立后的企业方便筹集股东投资、到银行办理借款。取得经营收入后,也便于纳税申报。

一、资金筹集和资金退出的核算设置的账户

企业开办之初,应筹集资金,以便确保企业建设厂房、购买机器设备与材料物资、支付职工薪酬、偿还到期债务等。企业资金来源,不外乎投资者投资,从银行或其他金融机构借入资金等情形。同样,资金退出企业,也有多种情况,如企业对债务还本付息,或者撤资分红等。所有这些经济业务或事项,均需要通过"实收资本"(或股份公司设置"股本")"资本公积""短期借款""长期借款""应付利息"和"应付股利"等账户核算。

（一）"实收资本"账户

投资者向企业投入资本时，其出资方式可以是货币资金、实物，也可以是无形资产，但无论何种出资，都应当符合国家法律、法规的规定。为了核算企业接受投资者投资额的增减变动，企业应设置"实收资本"（股份公司设置"股本"）账户进行核算，并按投资主体的不同进行明细核算。企业收到投资者出资超过其在注册资本或股本中所占份额的部分，作为资本溢价或股本溢价，在"资本公积"账户核算。

"实收资本"账户核算投资者投入企业的资本金。贷方登记投资者投入实收资本金；借方登记按规定减资或撤资减少的资本金数额。期末贷方余额表示投资者所拥有的投入资本（或股本）数额。

（二）"资本公积"账户

"资本公积"账户核算企业收到投资者出资额超过其在注册资本或股本中所占份额的部分（即资本或股本溢价），以及直接计入所有者权益的利得和损失。增加的资本公积计入该账户的贷方，减少的资本公积计入该账户借方，贷方余额表示资本公积实有数额。

（三）"短期借款"账户

企业从银行或其他金融机构借入的，偿还期不超过一年（含一年）的各种借款，称为短期借款；企业从银行或其他金融机构借入的，偿还期超过一年的各种借款，称为长期借款。前者通过"短期借款"账户核算，后者通过"长期借款"账户核算。

"短期借款"账户核算企业从银行或其他金融机构借入的，偿还期在一年以内的各种借款。贷方登记借入的借款本金，借方登记偿还的短期借款本金，期末贷方余额表示尚未归还的各种短期借款本金。

（四）"长期借款"账户

"长期借款"账户核算企业从银行或其他金融机构借入的，偿还期在一年以上的各种借款。贷方登记借入的长期借款本金及到期一次归还本息的借款利息，借方登记偿还的长期借款本金及到期一次归还的长期借款利息，期末贷方余额表示尚未归还的各种长期借款本息。

（五）"应付利息"账户

企业因生产周转取得借款，按期结算的利息，记入"财务费用"账户。不能及时支付的这部分借款利息，通过"应付利息"账户核算。如果属于一次到期归还的长期借款利息，在"长期借款——应付利息"账户核算。

"应付利息"账户核算企业按期归还，但尚未偿还的各种借款利息。贷方登记应付利息的增加数额，借方登记借款利息的偿还数额，贷方余额表示尚未偿还的借款利息。

（六）"应付利润"账户（或"应付股利"账户）

企业经营一段时间取得经营成果后，一般应进行财务成果的分配。根据股东大会或类似权力机构审议批准的利润分配方案，企业应支付的利润或现金红利，通过"应付利润"账户核算，股份公司一般应通过"应付股利"账户核算。

"应付利润"账户（或"应付股利"账户）核算企业分配的现金红利或利润，可按照投资者进行明细核算。贷方登记按批准的利润分配方案应分配的现金红利或利润，借方登记实际支付的现金红利或利润，贷方余额表示企业宣告分配尚未支付的现金红利或利润。

二、资金筹集和资金退出的核算

企业投资者出资方式多种多样，可以投资货币资金，也可以投资机器设备或材料物资，甚至投资无形资产。但是，投资者撤资一般退出货币资金。

（一）资本增减的核算

【例3-10】 2018年12月3日，甲、乙两股东共同出资设立A有限责任公司，注册资本500 000元，甲、乙股东持股比例分别为60%和40%。根据公司章程规定，甲、乙投入资本分别为300 000元、200 000元。A有限责任公司一次收讫出资500 000元，存入银行。

【解析】 这项经济业务，一方面增加银行存款，记入"银行存款"账户借方；另一方面增加所有者权益，记入"实收资本"账户贷方，按投资者进行明细核算。因此，应编制会计分录如下：

借：银行存款　　　　　　　　　　　500 000
　　贷：实收资本——甲　　　　　　　　300 000
　　　　　　　——乙　　　　　　　　200 000

【例3-11】 2018年6月22日，甲、乙、丙三位投资者追加资本600 000元投资于B有限责任公司，甲、乙、丙三股东各增持股比例均为10%。其中，甲投资者出资机器设备估价200 000元、乙投资者出资A材料资估价200 000元，丙投资者出资专利权估价200 000元。三投资者均没有开出发票。B有限责任公司根据有关单位出具的评估资料，将上述资产验收后，交付企业内部有关部门。

【解析】 这项经济业务，一方面增加机器设备，记入"固定资产"账户借方，增加材料，记入"原材料"账户借方，增加专利权，记入"无形资产"账户借方；另一方增加所有者权益，记入"实收资本"账户贷方，按投资者进行明细核算。因此，应编制会计分录如下：

  借：固定资产   200 000
    原材料——A 材料   200 000
    无形资产——专利权   200 000
    贷：实收资本——甲   200 000
       ——乙   200 000
       ——丙   200 000

【例 3-12】 2017 年 12 月 1 日，甲、乙两股东共同出资设立 A 有限责任公司后，经协商，丙股东投资占持股比例 10%。A 有限责任公司原注册资本 500 000 元，甲、乙股东持股比例分别为 60% 和 40%。现修改注册资本为 600 000 元，甲、乙股东持股比例降为 54% 和 36%。修改公司章程后，丙一次足额投入货币资金 160 000 元。A 有限责任公司一次收讫出资 160 000 元，存入银行。

【解析】 这项经济业务，一方面增加银行存款，记入"银行存款"账户借方；另一面增加所有者权益，记入"实收资本"账户和"资本公积"贷方，按投资者进行明细核算。因此，应编制会计分录如下：

  借：银行存款   160 000
    贷：实收资本——丙   60 000
     资本公积——资本溢价 100 000

【例 3-13】 接【例 3-10】一年后的年末，经股东会议批准，A 有限责任公司宣告分配现金红利 300 000 元。

【解析】 这些经济业务，一方面增加应付给投资者的利润，记入"应付利润"账户贷方，另一方面减少可供分配的利润，记入"利润分配"账户借方。编制会计分录如下：

  借：利润分配——应付利润   300 000
    贷：应付利润   300 000

【练一练】

2017 年 12 月 1 日，兖州高新科技股份公司发行股票 100 000 000 股，股票面值 1 元/股，发行价 5 元/股，收款 500 000 000 元。另以支票支付承销费用 100 000 元。做出发行股票和支付承销费用的会计处理。

扫码看答案

【例 3-14】接【例 3-11】一年后，经批准丙投资者从 B 有限责任公司撤资。B 公司按法定程序报经批准减少注册资本，将丙投资者过去的实际出资额进行退还，开出支票一张，金额 200 000 元，交付丙投资者。

【解析】这项经济业务，一方面减少银行存款，记入"银行存款"账户贷方；另一方面减少所有者权益，记入"实收资本"账户借方，按投资者进行明细核算。因此，应编制会计分录如下：

借：实收资本——丙　　　　　　　200 000
　　贷：银行存款　　　　　　　　　　　　200 000

（二）借款增减的核算

企业从银行取得的借款，不论长期借款，还是短期借款，均有借入业务、借款利息和偿还业务等三方面核算内容。

【例 3-15】2018 年 4 月 1 日，任城公司从银行取得三个月借款 600 000 元，年利率 5%，按月支付利息。

【解析】这项经济业务，一方面增加银行存款，记入"银行存款"账户借方，另一方面增加负债，记入"短期借款"账户贷方。应编制会计分录如下：

借：银行存款　　　　　　　　　600 000
　　贷：短期借款　　　　　　　　　　　　600 000

【例 3-16】接【例 3-15】月末确认短期借款利息。

【解析】这项经济业务，一方面增加财务费用（财务费用 = 600 000 × 5% ÷ 12 = 2 500），记入"财务费用"账户借方，另一方面增加负债，记入"应付利息"账户贷方。应编制会计分录如下：

借：财务费用　　　　　　　　　2 500
　　贷：应付利息　　　　　　　　　　　　2 500

支付利息时，

借：应付利息　　　　　　　　　2 500
　　贷：银行存款　　　　　　　　　　　　2 500

【例 3-17】接【例 3-15】7 月 1 日，归还短期借款。

【解析】这项经济业务，一方面减少资产，记入"银行存款"账户贷方，另一方面减少负债，记入"短期借款"账户借方。应编制会计分录如下：

借：短期借款　　　　　　　　　600 000
　　贷：银行存款　　　　　　　　　　　　600 000

【例 3-18】2018 年初，任城公司从银行取得 2 年期借款 1 000 000 元，用于生产周转，年利率为6%，到期一次归还本息。

【解析】这项经济业务，一方面增加银行存款，记入"银行存款"账户借方，另一方面增加负债，记入"长期借款"账户贷方。应编制会计分录如下：

借：银行存款　　　　　　　　　　　1 000 000
　　贷：长期借款——本金　　　　　　　　　　1 000 000

【例3-19】接【例3-18】年末确认长期借款利息。

【解析】这项经济业务，一方面增加财务费用（财务费用＝1 000 000×6%＝60 000），记入"财务费用"账户借方，另一方面增加负债，记入"长期借款——应付利息"账户贷方（如果按年付息，属于流动负债，记入"应付利息"账户贷方）。应编制会计分录如下：

借：财务费用　　　　　　　　　　　60 000
　　贷：长期借款——应付利息　　　　　　　　60 000

【例3-20】接【例3-18】2020年初，归还长期借款本息。

【解析】这项经济业务，一方面增加2018年借款利息的财务费用（财务费用＝1 000 000×6%＝60 000），记入"财务费用"账户借方，同时，减少长期借款本金，记入"长期借款——本金"账户借方，减少第一年尚未支付的应付利息，记入"长期借款——应付利息"账户借方；另一方面减少银行存款，即长期借款本息总额，记入"银行存款"账户贷方。应编制会计分录如下：

借：长期借款——本金　　　　　　　1 000 000
　　　　　——应付利息　　　　　　　60 000
　　财务费用　　　　　　　　　　　60 000
　　贷：银行存款　　　　　　　　　　　　　　1 120 000

【练一练】

2017年3月1日，任城科技有限公司从银行借入2个月借款600 000元，存入银行。年利率为6%，借款用于生产周转，按月付息。做出相关会计分录。

扫码看答案

任务六 存货的核算

存货是指企业在日常活动中持有以备出售的产成品或商品、处在生产过程中的在产品、在生产过程或提供劳务过程中耗用的材料或物料等,包括各类材料、在产品、半成品、产成品或库存商品以及周转材料、委托加工物资等。这里只介绍购买材料和发出材料的核算。

供应过程是再生产过程的起点,其主要活动为购买机器设备、材料物资,验收入库,支付货款等。存货是企业生产经营过程中,以备生产耗费、销售或管理而储存的各种材料物资。

一、存货业务核算设置的账户

企业的存货包括原材料、周转材料、库存商品等各种实物财产,一般约占企业流动资产的50%。企业购买存货、验收入库及支付价税款的核算在供应过程具有典型性。企业需要通过设置"原材料"账户、"在途物资"账户、"应付账款"账户和"应交税费——应交增值税(进项税额)"账户等进行存货的核算。

(一)"原材料"账户

"原材料"账户核算验收入库材料的实际成本。借方登记验收入库的材料买价、运输费、保险费等实际成本;贷方登记发出材料的实际成本,期末借方余额表示库存材料的实际成本。

(二)"在途物资"账户

"在途物资"账户核算已经付款,尚未运达企业或虽运达企业但没有验收入库的材料物资的实际成本。借方登记购买的在途物资买价及采购费用，贷方登记验收入库的原材料实际成本，借方余额表示尚未验收入库的在途物资实际采购成本。

（三）"应付账款"账户

"应付账款"账户核算企业因购买材料物资、商品和接受劳务等经营活动应支付的款项。贷方登记应付未付的款项，借方登记实际支付的款项，贷方余额表示应付尚未支付的款项。该账户按照供应单位设置明细分类账户，进行明细核算。

（四）"应交税费——应交增值税（进项税额）"账户

"应交税费"核算企业按照税法规定计算应缴纳的各种税费，包括增值税、消费税、所得税、资源税、环境保护税、土地增值税、城市维护建设税、房产税、土地使用税、车船税、教育费附加等。贷方登记应缴纳的各种税费，借方登记已缴纳的各种税费，期末贷方余额表示应付未付的各种税费。其中，"应交税费——应交增值税"账户借方登记支付给销货单位的进项税额和实际缴纳的增值税，贷方登记销售商品或提供劳务应缴纳的增值税额、出口退税、进项税额转出和转出多交增值税额。期末借方余额表示多交或尚未抵扣的增值税，若为贷方余额表示企业尚未缴纳的增值税。

二、存货入库的核算

【例 3 – 21】2018 年 12 月 1 日，任城公司从太白公司购入 A 材料 4 000 千克，单价 50 元，金额 200 000 元，增值税专用发票注明的进项税额为 32 000 元。运输费 11 000 元（其中，增值税运输专用发票注明增值税 1 000 元）材料验收入库，价税款及运费一并通过银行付讫。

【解析】这项经济业务一方面增加原材料，记入"原材料"账户借方，增加抵扣增值税的进项税额，记入"应交税费——应交增值税（进项税额）"账户借方；另一方面减少银行存款，记入"银行存款"账户贷方。应编制会计分录如下：

借：原材料——A 材料　　　　　　　　　　210 000
　　应交税费——应交增值税（进项税额）　　33 000
　　贷：银行存款　　　　　　　　　　　　　　243 000

【例 3 – 22】2018 年 12 月 5 日，任城公司从东方公司购买 B 材料 2 000 千克，单价 50 元，金额 1000 000 元，增值税专用发票注明的进项税额为 160 000 元。价税款 116 000 元一并通过银行付讫，材料尚在途中。

【解析】这项经济业务一方面增加在途物资，记入"在途物资"账户借方，增加抵扣增值税的进项税额，记入"应交税费——应交增值税（进项税额）"账户借方；另一方面减少银行存款，记入"银行存款"账户贷方。应编制会计分录如下：

借：在途物资——A 材料　　　　　　　　　　100 000
　　应交税费——应交增值税（进项税额）　　 16 000
　　贷：银行存款　　　　　　　　　　　　　116 000

【例 3-23】接【例 3-22】2 月 15 日，任城公司从东方公司购买的 B 材料 2 000 千克，全部验收入库，金额 100 000 元。

【解析】这项经济业务一方面增加原材料，记入"原材料"账户借方；另一方面减少在途物资，记入"在途物资"账户贷方。应编制会计分录如下：

借：原材料——A 材料　　　　　　　　　　　100 000
　　贷：在途物资——A 材料　　　　　　　　100 000

【例 3-24】2018 年 12 月 25 日，任城公司从太白公司购买 A 材料 2 000 千克，单价 50 元，金额 100 000 元，增值税专用发票注明的进项税额为 16 000 元。太白公司代垫运杂费 4 000 元（运输单位出具普通发票），材料合计价税款 120 000 元，暂欠。材料验收入库。

【解析】这项经济业务一方面增加原材料，记入"原材料"账户借方，增加抵扣增值税的进项税额，记入"应交税费——应交增值税（进项税额）"账户借方；另一方面增加应付账款，记入"应付账款"账户贷方。应编制会计分录如下：

借：原材料——A 材料　　　　　　　　　　　104 000
　　应交税费——应交增值税（进项税额）　　 16 000
　　贷：应付账款——太白公司　　　　　　　120 000

【例 3-25】接【例 3-24】12 月 30 日，任城公司通过开户银行支付上述款项。

【解析】这项经济业务一方面减少应付账款，记入"应付账款"账户借方；另一方面减少银行存款，记入"银行存款"账户贷方。应编制会计分录如下：

借：应付账款——太白公司　　　　　　　　　120 000
　　贷：银行存款　　　　　　　　　　　　　120 000

【练一练】

2018 年 12 月 5 日，甲公司购买一台设备，价款 200 000 元，增值税 34 000 元。验收后，直接交付基本车间使用。设备价税款 234 000 元，以支票付讫。编制相关会计分录。

扫码看答案

三、材料出库的核算

材料出库主要是用于产品生产或组织和管理生产。企业一般本着"谁受益，谁承担"的原则，分配材料费用。企业耗用的材料按地点归集，按用途分配。生产产品耗用的材料，增加成本费用，记入"生产成本"账户，车间一般耗用材料，增加间接费用，记入"制造费用"账户，企业行政部门耗用材料，增加期间费用，记入"管理费用"账户。同时，根据出库材料汇总的实际成本，减少库存材料，记入"原材料"账户的贷方。

【例 3-26】2018 年 12 月 31 日，任城公司根据"发料凭证汇总表"可知，本月发料 110 000 元。其中，生产甲产品耗料 50 000 元，生产乙产品耗料 30 000 元，车间一般耗用材料 20 000 元，行政管理部门耗料 10 000 元。

【解析】这项经济业务，生产甲产品和乙产品耗用的材料，增加生产成本，记入"生产成本"及其所属明细账账户的借方，基本车间一般耗用材料，增加制造费用，记入"制造费用"账户借方，企业行政部门耗用材料，增加期间费用，记入"管理费用"账户借方。同时，减少库存材料，记入"原材料"账户贷方。应编制会计分录如下：

借：生产成本——甲产品　　　　　　50 000
　　　　　　——乙产品　　　　　　30 000
　　制造费用　　　　　　　　　　　20 000
　　管理费用　　　　　　　　　　　10 000
　贷：原材料　　　　　　　　　　　　　　110 000

任务七 生产成本的核算

生产产品就要耗费料工费。围绕生产一定种类和数量的产品而归集料工费的账务处理,就是生产成本的核算。由于企业生产的产品不是一种产品,而是同时生产多种产品,且耗用多种材料,所以,成本会计人员在进行产品成本核算的同时,还要计算耗用的材料费用、人工费,计算分配制造费用,甚至计算产品总成本和单位成本。

生产产品的过程就是消费过程,也就是说,企业生产产品的同时,就要消耗材料、人工,发生其他相关费用。企业一定时期内发生的用货币表现的生产耗费,称为生产费用。为生产一定种类的产品而归集的生产费用,称为产品成本。企业的生产费用按用途分类的项目,称为产品成本项目,产品成本项目主要包括直接材料、直接人工和制造费用。在生产过程中,产品生产费用的发生、归集和分配,以及产品总成本和单位成本的计算等,就构成了产品生产过程的核算内容。

一、生产成本的核算设置的账户

生产成本的核算设置的账户主要有"生产成本"账户、"制造费用"账户、"管理费用"账户、"应付职工薪酬"账户、"累计折旧"账户等。

(一)"生产成本"账户

"生产成本"账户核算企业生产各种产品(包括产成品、自制半成品、提供劳务等)在生产过程中所发生的各项生产费用,并据以确定产品实际生产成本。该账户属于成本类账户,借方登记月份内发生的全部生产费用;贷方登记结转完工产品的实际生产成本。月末的借方余额,表示生产过程中尚未完工的在产品实际生产成本。"生产成本"账户应设置"基本生产成本"和"辅助生产成本"两个二级分类账户。为了具体反映每一种产品的生产费用和实际生产成本，该两个二级账户可按产品种类进行三级明细核算。

(二)"制造费用"账户

"制造费用"账户核算归集和分配企业为生产产品和提供劳务而发生的各项间接费用，包括工资及福利费、折旧费、修理费、办公费、水电费、机物料消耗、劳动保护费、季节性修理期间的停工损失等以及其他不能直接计入产品生产成本的费用。该账户属于成本类账户，借方登记月份内发生的各种制造费用；贷方登记分配结转应由各种产品负担的制造费用。月末，一般无余额。为了考核不同车间（分厂）的经费开支情况，以及不同产品的制造费用分配标准和数额，该账户应按不同车间、部门和费用项目设置明细分类账。

(三)"管理费用"账户

"管理费用"账户核算企业行政管理部门为组织和管理生产经营活动而发生的管理费用，包括工资和福利费、折旧费、工会经费、业务招待费、技术转让费、无形资产摊销、职工教育经费、劳动保险费、行业保险费、研究开发费、坏账损失费等。该账户属于损益类账户，借方登记本期发生的各项管理费用，贷方登记期末结转"本年利润"账户借方的本期各项管理费用，"管理费用"账户结转至"本年利润"账户后，一般无余额。

(四)"应付职工薪酬"账户

"应付职工薪酬"账户核算企业根据有关规定应付给职工的各种薪酬。该账户属于负债类账户，贷方登记本月发生的应分配职工薪酬总额，借方登记实际支付的职工薪酬数（包括实发薪酬和结转代扣款项）。期末余额一般在贷方，表示应付未付的职工薪酬数，期末若为借方余额，则表示本月多支付的职工薪酬。该账户可按"工资""职工福利""社会保险费""住房公积金""工会经费""职工教育经费""非货币性福利""辞退福利""股份支付"等进行明细核算。

(五)"累计折旧"账户

"累计折旧"账户核算企业固定资产累计损耗价值，属于固定资产的备抵调整账户，其结构与"固定资产"账户的结构相反，贷方登记增加数额，借方登记减少数额，余额在贷方，表示企业拥有的固定资产计提折旧数额。

二、生产成本的核算

(一) 材料费用的核算

如果企业只生产一种产品,耗用的材料费用直接记入该种产品的"生产成本"账户及其所属明细账,如果耗用一种或多种材料,同时生产两种或两种以上产品,发生的材料费用则需采用一定方法分配记入产品的"生产成本"账户及其所属明细分类账。

【例3-27】仍以【例3-26】为例,2018年12月31日,任城公司根据"发料凭证汇总表"可知,本月发料110 000元。其中,生产甲、乙产品两产品共同耗料80 000元,车间一般耗用材料20 000元,行政管理部门耗料10 000元。其中,生产甲产品50 000件,单位材料消耗定额为1千克;生产乙产品为10 000千克,单位材料消耗定额为3千克。

【解析】首先,计算甲、乙两产品材料定额耗用量:

甲产品材料定额耗用量 = 50 000 × 1 = 50 000(千克)

乙产品材料定额耗用量 = 10 000 × 3 = 30 000(千克)

其次,计算共耗材料费用分配率。

共耗材料费用分配率 = 80 000 ÷ 80 000 = 1(元/千克)

最后,分配共耗材料费用。

甲产品负担材料费用 = 50 000 × 1 = 50 000(元)

乙产品负担材料费用 = 30 000 × 1 = 30 000(元)

根据计算结果,编制"材料费用分配汇总表"如表3-11所示。

表3-11　　　　　　　　　　材料费用分配汇总表

2018年12月31日

车间、部门		分配标准	分配率	分配金额	直接费用	合计
生产工人工资费用	甲产品	50 000	1	50 000		50 000
	乙产品	30 000	1	30 000		30 000
	小计	80 000		80 000		80 000
车间管理人员					20 000	20 000
企业行政管理人员					10 000	10 000
合　计					30 000	110 000

这项经济业务,生产甲产品和乙产品耗用材料,增加生产成本,分别记入"生产成本"账户及其所属明细账户的借方,基本车间一般耗用材料,增加制造费用,记入

"制造费用"账户借方,企业行政部门耗用材料,增加期间费用,记入"管理费用"账户借方。同时,减少库存材料,记入"原材料"账户贷方。应编制会计分录如下:

借:生产成本——甲产品　　　　　50 000
　　　　　　——乙产品　　　　　30 000
　　制造费用　　　　　　　　　　20 000
　　管理费用　　　　　　　　　　10 000
　　贷:原材料　　　　　　　　　　　　110 000

(二) 职工薪酬的核算

职工薪酬,是指企业为获得职工提供的服务而给予各种形式的报酬以及其他相关支出,职工薪酬具体包括:(1)职工工资、奖金、津贴和补贴;(2)职工福利费;(3)医疗保险费、养老保险费、失业保险费、工伤保险费和生育保险费等社会保险费;(4)住房公积金;(5)工会经费和职工教育经费;(6)非货币性福利;(7)因解除与职工的劳动关系给予的补偿;(8)其他与获得职工提供的服务相关的支出。与材料费用的分配相似,职工薪酬按地点归集,按用途分配。生产产品耗用支付的职工薪酬,增加成本费用,记入"生产成本"账户,车间一般管理人员薪酬,增加间接费用,记入"制造费用"账户,企业行政部门管理人员薪酬,增加期间费用,记入"管理费用"账户。同时,根据工资结算表汇总的职工薪酬总额,增加应付职工薪酬,记入"应付职工薪酬"账户的贷方。职工薪酬核算主要是工资费用的核算和社会保险费用的核算。

1. 工资费用的核算

【例 3 - 28】2018 年 12 月 31 日,任城公司根据"工资结算汇总表"可知,本月发生职工薪酬 220 000 元。其中,生产甲、乙两产品共同发生生产工人工资费用 80 000 元,车间管理人员工资费用为 20 000 元,行政管理部门管理人员工资费用 120 000 元。其中,生产甲产品所耗生产工时 30 000 工时;生产乙产品所耗生产工时为 10 000 工时。

【解析】首先,计算甲、乙两产品工资费用分配率。

工资费用分配率 = 80 000 ÷ (30 000 + 10 000) = 2 (元/工时)

最后,计算甲、乙产品各自负担工资费用。

甲产品负担工资费用 = 30 000 × 2 = 60 000 (元)

乙产品负担工资费用 = 10 000 × 2 = 20 000 (元)

根据上述计算结果,编制"工资费用分配汇总表"如表 3 - 12 所示。

表 3-12　　　　　　　　　　　　工资费用分配汇总表

2018 年 12 月 31 日

车间、部门		分配标准	分配率	分配金额	直接费用	合计
生产工人工资费用	甲产品	30 000	2	60 000		60 000
	乙产品	10 000	2	20 000		20 000
	小计	40 000		80 000		80 000
车间管理人员					20 000	20 000
企业行政管理人员					120 000	120 000
合计					140 000	220 000

这项经济业务，生产甲产品和乙产品分配工资费用，增加生产成本，分别记入"生产成本"账户及其所属明细账户的借方，基本车间管理人员工资费用，增加制造费用，记入"制造费用"账户借方，企业行政部门人员工资费用，增加期间费用，记入"管理费用"账户借方。同时，增加应付职工薪酬，记入"应付职工薪酬"账户贷方。

应编制会计分录如下：

借：生产成本——甲产品　　　　　　　　　　　60 000
　　　　　　——乙产品　　　　　　　　　　　20 000
　　制造费用　　　　　　　　　　　　　　　　20 000
　　管理费用　　　　　　　　　　　　　　　　120 000
　　贷：应付职工薪酬——工资　　　　　　　　220 000

2. 社会保险费的核算

企业社会保险费与住房公积金、职工福利费等工资附加费一样，按照职工工资的一定比例计提，并随同工资一起记入生产费用。其中，生产产品发生的社会保险费，增加成本费用，记入"生产成本"账户，车间一般管理人员社会保险费，增加间接费用，记入"制造费用"账户，企业行政部门职工社会保险费，增加期间费用，记入"管理费用"账户。同时，根据汇总的职工薪酬总额的比例，计算增加应付社会保险费，记入"应付职工薪酬——社会保险费"账户的贷方。

【例 3-29】接【例 3-28】2018 年 12 月 31 日，任城公司根据"工资费用分配汇总表"可知，本月发生职工费用 220 000 元，假定按规定比例 20% 计提社会保险费。其中，生产甲、乙两产品分别发生生产工人工资费用为 60 000 元和 20 000 元，车间管理人员工资费用为 20 000 元，行政管理部门人员工资费用 120 000 元。

【解析】首先，计算甲、乙两产品负担社会保险费。

甲产品负担社会保险费 = 60 000 × 20% = 12 000（元）

乙产品负担社会保险费 = 20 000 × 20% = 4 000（元）

其次,计算车间及其他部门发生的社会保险费。

车间发生的社会保险费 = 20 000 × 20% = 4 000(元)

行政管理部门发生的社会保险费 = 120 000 × 20% = 24 000(元)

根据计算结果,编制"社会保险费计算表"如表 3-13 所示。

表 3-13　　　　　　　　　社会保险费计算表

2018 年 12 月 31 日

车间、部门		分配标准	分配率	分配金额	直接费用	工资合计	计提社会保险费(20%)
生产工人工资费用	甲产品	30 000	2	60 000		60 000	12 000
	乙产品	10 000	2	20 000		20 000	4 000
	小计	40 000		80 000		80 000	16 000
车间管理人员					20 000	20 000	4 000
企业行政管理人员					120 000	120 000	24 000
合　计					140 000	220 000	44 000

这项经济业务,生产甲产品和乙产品负担社会保险费,增加生产成本,分别记入"生产成本"账户及其所属明细账户的借方,基本车间管理人员的社会保险费,增加制造费用,记入"制造费用"账户借方,企业行政部门人员的社会保险费,增加期间费用,记入"管理费用"账户借方。同时,增加应付职工薪酬,记入"应付职工薪酬——社会保险费"账户贷方。应编制会计分录如下:

借:生产成本——甲产品　　　　　　　　　12 000

　　　　　　——乙产品　　　　　　　　　 4 000

　　制造费用　　　　　　　　　　　　　 4 000

　　管理费用　　　　　　　　　　　　　24 000

　　贷:应付职工薪酬——社会保险费　　　　44 000

(三) 折旧费用的核算

固定资产折旧是指在固定资产的使用寿命内,按确定的方法对应计折旧额进行的系统分摊。其中,使用寿命是指固定资产预期使用的期限。有些固定资产的使用寿命也可以用该资产所能生产的产品或提供的服务的数量来表示。应计折旧额是指应计提折旧的固定资产的原价扣除其预计净残值后的余额;如已对固定资产计提减值准备,还应扣除已计提的固定资产减值准备累计金额。企业计提的固定资产折旧,根据固定资产用途,分别计入相关资产的生产成本或当期费用。基本车间固定资产折旧费,增加制造费用,记入"制造费用"账户借方,企业行政部门固定资产折旧费,增加期间费用,记入"管理费用"账户借方。同时,增加累计折旧,记入"累计折旧"账户贷方。

【例3-30】12月末,企业编制"固定资产折旧计算表"如表3-14所示。

表3-14　　　　　　　　　　　固定资产折旧计算表

2018年12月31日

车间、部门	固定资产	折旧率	折旧费用合计
基本生产车间	2 500 000	0.6%	15 000
企业行政管理	500 000	0.6%	3 000
合　计	3 000 000		18 000

【解析】这项经济业务,基本车间固定资产折旧费,增加制造费用,记入"制造费用"账户借方,企业行政部门固定资产折旧费,增加期间费用,记入"管理费用"账户借方。同时,增加累计折旧,记入"累计折旧"账户贷方。应编制会计分录如下:

借:制造费用　　　　　　　　　　　　　　15 000
　　管理费用　　　　　　　　　　　　　　 3 000
　　贷:累计折旧　　　　　　　　　　　　　　18 000

(四) 制造费用的核算

制造费用属于企业发生的间接费用,是构成产品成本的一项重要内容。制造费用一般按照车间(或部门)归集,按照"谁受益,谁承担"的原则分配。凡是能够分清成本计算对象的承担者的,应根据有关凭证直接记入该种产品的生产成本;凡是分不清成本计算对象的承担者的共同费用,应选择适当的分配标准,如生产工时、机器台时、生产工人工资等,分配记入应该承担该项费用的产品的生产成本。

【例3-31】承【例3-27】【例3-28】【例3-29】和【例3-30】的资料,任城公司汇总甲、乙两产品发生的制造费用,并按生产工时的比例在甲、乙两种产品之间分配,如表3-15。

表3-15　　　　　　　　　　　制造费用分配表

2018年12月31日

产品名称	生产工时	分配率	应分配制造费用
甲产品	30 000	1.475	44 250
乙产品	10 000	1.475	14 750
合　计	40 000		59 000

【解析】这项经济业务发生后引起企业费用要素内部项目发生增减变化。一方面,生产成本项目增加59 000元(其中甲产品44 250元,乙产品增加14 750元),记入"生产成本"账户借方;另一方面制造费用减少59 000元,记入"制造费用"账户贷方。应编制会计分录如下:

借：生产成本——甲产品　　　　　　　　　44 250
　　　　　　——乙产品　　　　　　　　　14 750
　　贷：制造费用　　　　　　　　　　　　　　59 000

（五）产品成本计算

产品成本计算，是指将企业在生产过程中发生的生产费用，按照一定对象进行归集和分配，借以确定该对象的实际总成本和单位成本的一种会计核算方法。产品成本计算一般有以下程序：

1. 确定产品成本计算对象

产品成本计算对象就是生产费用的承担者，即产品成本的归属对象。企业按产品成本对象开设生产成本明细账或成本计算单，用以归集生产费用，计算产品成本。

2. 确定产品成本计算期

产品成本计算期就是产品成本计算的间隔期。产品成本计算期可以按照会计报告期，也可以选择产品生产周期。具体确定方法主要考虑保证会计信息的及时性和相关性。

3. 确定产品成本项目

生产费用按用途分类的项目称为成本项目。产品成本项目一般分为直接材料、直接人工和制造费用。直接材料和直接人工可以直接归集记入不同的成本计算对象；制造费用属于间接费用，需要在不同的成本计算对象之间进行分配后记入产品成本计算对象。

4. 归集和分配生产费用

正确地归集和分配生产费用是正确计算成本的基础。企业计算产品成本时应正确、及时、完整地收集和整理与成本计算相关的原始资料外，还要遵循权责发生制，正确确定费用的受益期限，严格遵守成本开支范围和开支标准，正确划分本期与非本期生产费用的界限、正确划分不同产品成本计算的界限、正确地划分完工产品与在产品成本的界限。

5. 编制成本计算单

在归集和分配生产费用的基础上，根据"生产成本明细账"和"产品班产量记录"，按照一定的方法计算确定各产品的总成本和单位成本，编制成本计算单和产品成本汇总计算表。

【例3-32】任城公司月初甲产品在产品成本为84 000元（其中，直接材料40 000元、直接人工34 000元、制造费用10 000元）；乙产品无月初在产品。本月生产费用发生的资料如【例3-27】【例3-28】【例3-29】【例3-31】所示。至本月末，甲、乙两产品全部完工,产品产量分别为 50 000 件、10 000 千克。

根据上述资料,登记"生产成本明细账"如表 3-16、表 3-17,进行成本计算如下:

表 3-16　　　　　　　　　　　生产成本明细账

产品名称　甲产品　　　　　　　　　　　　　　　　　　　　　　　产量:50 000

2018 年		凭证	摘　要	直接材料	直接人工	制造费用	合　计
月	日						
12	1	略	月初在产品成本	40 000	34 000	10 000	84 000
	31		材料费用分配汇总表	50 000			50 000
	31		工资费用分配汇总表		60 000		60 000
	31		社会保险费计算表		12 000		12 000
	31		制造费用分配表			44 250	44 250
	31		生产费用合计	90 000	106 000	54 250	250 250
			结转完工产品总成本	90 000	106 000	54 250	250 250
			完工产品单位成本	1.8	2.12	1.085	5.005

表 3-17　　　　　　　　　　　生产成本明细账

产品名称　乙产品　　　　　　　　　　　　　　　　　　　　　　　产量:10 000 千克

2018 年		凭证	摘　要	直接材料	直接人工	制造费用	合　计
月	日						
12	31		材料费用分配汇总表	30 000			30 000
	31		工资费用分配汇总表		20 000		20 000
	31		社会保险费计算表		4 000		4 000
	31		制造费用分配表			14 250	14 250
	31		生产费用合计	30 000	24 000	14 250	68 250
			结转完工产品总成本	30 000	24 000	14 250	68 250
			完工产品单位成本	3	2.4	1.425	6.825

表 3-18　　　　　　　　　　　产品成本汇总计算表

2018 年 12 月 31 日　　　　　　　　　　　　　　　　　　　　　　单位:元

成本项目	甲产品(50 000 件)		乙产品(10 000 千克)	
	总成本	单位成本	总成本	单位成本
直接材料	90 000	1.8	30 000	3
直接人工	106 000	2.12	24 000	2.4
制造费用	54 250	1.085	14 250	1.425
合　计	250 250	5.005	68 250	6.825

结转完工产品成本：
借：库存商品——甲产品　　　　　　　　　　　　250 250
　　　　　　——乙产品　　　　　　　　　　　　 68 250
　　贷：生产成本——甲产品　　　　　　　　　　 250 250
　　　　　　　——乙产品　　　　　　　　　　　 68 250

任务八　期间费用的核算

王二妮学习会计要素时,知道了期间费用包括销售费用、管理费用和财务费用。王二妮预习本项任务时,明白主要学习销售费用、管理费用和财务费用的会计处理。

期间费用,是指本期发生的,不能直接或间接归属于某种产品成本的,直接计入当期损益的各项费用,包括销售费用、管理费用和财务费用。销售费用是指企业在销售产品和材料、提供劳务的过程中发生的各项费用,包括企业在销售产品时发生的保险费、包装费、展览费、广告费、运输费、装卸费以及为销售本企业产品而专设的销售机构(含销售网点、售后服务网点等)的职工薪酬、业务费、折旧费、租赁费、修理费等经营费用。企业销售费用不多的情况下,可以将销售费用并入管理费用核算;管理费用是指企业为组织和管理本企业生产活动所发生的行政管理费用;财务费用是指企业为筹集生产经营所需资金而发生的筹资费用,包括利息支出(减利息收入)、汇兑损益以及金融机构相关手续费等筹资费用。

一、期间费用的核算设置的账户

(一)"销售费用"账户

"销售费用"账户核算企业在销售过程中所发生的各项费用,如展览费、广告费用以及为销售在本企业商品而专设的销售机构的经营费用等。该账户属于损益类账户,借方登记销售商品过程中发生的各项费用,贷方登记期末结转到"本年利润"账户借方的数额,期末结账后该账户一般无余额。

(二)"财务费用"账户

"财务费用"账户核算企业为筹集生产经营所需资金等而发生的筹资费用,该账户属于损益类账户,其借方登记本期发生的财务费用,贷方登记月末结转到"本年利润"账户借方的财务费用,月末一般没有余额。

二、期间费用的核算

【例 3-33】任城公司 2018 年 12 月份发生如下经济业务:

1. 12 月 12 日,任城公司签发支票一张,支付电视台广告费 5 000 元。

【解析】这项经济业务,一方面增加企业的销售费用,记入"销售费用"账户借方,另一方面减少企业的银行存款,记入"银行存款"账户贷方。应编制会计分录如下:

借:销售费用——广告费　　　　　　5 000
　　贷:银行存款　　　　　　　　　　　　5 000

2. 12 月 15 日,任城公司销售甲产品时,从仓库领用包装材料一批,成本 1 000 元,用于包装销售的甲产品。

【解析】这项经济业务,一方面增加企业的销售费用,记入"销售费用"账户借方,另一方面减少企业库存辅助材料,记入"原材料"账户贷方。应编制会计分录如下:

借:销售费用——包装费　　　　　　1 000
　　贷:原材料——辅助材料　　　　　　　1 000

3. 12 月 16 日,任城公司行政科报销办公用品费用 200 元,以现金付讫。

【解析】这项经济业务,一方面增加企业的管理费用,记入"管理费用"账户借方,另一方面减少企业库存现金,记入"库存现金"账户贷方。应编制会计分录如下:

借:管理费用——办公费　　　　　　200
　　贷:库存现金　　　　　　　　　　　　200

4. 12 月 20 日,任城公司办公室主任王辉报销差旅费 2 000 元,预借 5 000 元。同时,交回剩余差旅费 3 000 元。

【解析】这项经济业务,一方面增加企业的管理费用 2 000 元,记入"管理费用"账户借方,增加现金 3 000 元,记入"库存现金"账户借方;另一方面减少其他应收款,记入"其他应收款"账户贷方。应编制会计分录如下:

借:管理费用——差旅费　　　　　　2 000
　　库存现金　　　　　　　　　　　　3 000
　　贷:其他应收款——王辉　　　　　　　5 000

扫码看答案

【练一练】

2018 年 12 月 2 日,采购员李明报销差旅费 5 000 元(预借 3

000元),差额使用现金多退少补。如何编制会计分录?

5. 12月21日,任城公司通过银行支付物业费用5 000元。

【解析】这项经济业务,一方面增加企业的管理费用5 000元,记入"管理费用"账户借方;另一方面减少银行存款,记入"银行存款"账户贷方。应编制会计分录如下:

借:管理费用——物业费用　　　　　　　5 000
　　贷:银行存款　　　　　　　　　　　　　　　5 000

6. 12月28日,任城公司办理银行承兑汇票,支付手续费500元。通过银行付讫。

【解析】这项经济业务,一方面增加企业的财务费用500元,记入"财务费用"账户借方;另一方面减少银行存款,记入"银行存款"账户贷方。应编制会计分录如下:

借:财务费用——手续费　　　　　　　　500
　　贷:银行存款　　　　　　　　　　　　　　　500

7. 12月31日,任城公司收到开户银行支付的银行存款利息2 000元,通过银行收讫。

【解析】这项经济业务,一方面增加银行存款,记入"银行存款"账户借方;另一方面冲减企业的财务费用2 000元,记入"财务费用"账户贷方。应编制会计分录如下:

借:银行存款　　　　　　　　　　　　　2 000
　　贷:财务费用——利息收入　　　　　　　　　2 000

8. 12月31日,任城公司计算本期长期借款利息30 000元。

【解析】这项经济业务,一方面增加企业财务费用,记入"财务费用"账户借方;另一方面增加流动负债,记入"应付利息"账户贷方。应编制会计分录如下:

借:财务费用——利息支出　　　　　　　30 000
　　贷:应付利息　　　　　　　　　　　　　　　30 000

9. 12月31日,任城公司将销售费用6 000元、财务费用28 500元和管理费用7 200元,结转至"本利利润"账户。

【解析】这项经济业务,一方面增加冲减本年利润,记入"本年利润"账户借方;另一方面减少期间费用,记入"销售费用""管理费用"和"财务费用"等账户的贷方。应编制会计分录如下:

借:本年利润　　　　　　　　　　　　　41 700
　　贷:销售费用　　　　　　　　　　　　　　　6 000
　　　　管理费用　　　　　　　　　　　　　　　7 200
　　　　财务费用　　　　　　　　　　　　　　　28 500

任务九 收入的核算

任务描述

企业营业执照上的经营范围注明，主营：××商品；兼营：××商品、××劳务。老师告诉王二妮，企业销售的主营商品一般在"主营业务收入"账户中核算，销售的兼营商品或提供的劳务收入，一般在"其他业务收入"账户中核算。

知识准备

产品销售过程是企业再生产的最后一环。企业通过销售产品，回笼货款，维持企业再生产的顺利进行。企业产品的销售过程，就是将合格产品或劳务按照合同规定的条件送交购货单位，并按照双方商定的价格办理结算，及时收取货款取得收入的过程。企业销售收入分为主营业务收入和兼营业务收入。会计上，将包括销售产品或提供劳务等取得的收入，作为主营业务收入；将包括销售材料收入、出租设备或包装物等取得的收入，作为其他业务收入。

一、收入的核算设置的账户

企业收入的核算主要设置"主营业务收入"账户、"其他业务收入"账户、"主营业务成本"账户、"其他业务成本"账户、"税金及附加"账户、"应收账款"账户和"预收账款"账户等。

（一）"主营业务收入"账户

"主营业务收入"账户核算企业在销售商品、提供劳务等日常活动中所实现的收入。该账户属于损益类账户，贷方登记企业已实现的主营业务收入，借方登记因销货退回、销售折让等冲减的以及期末转入"本年利润"账户贷方的主营业务收入，结转后该账户无余额。该账户应按商品或劳务种类设置明细分类账户，进行明细分类核算。

(二)"其他业务收入"账户

"其他业务收入"账户核算企业确认的除主营业务活动以外的其他经营活动实现的收入,包括出租固定资产、出租无形资产、出租包装物和商品、销售材料等取得的收入。贷方登记实现的其他业务收入,借方登记期末转入"本年利润"账户贷方的收入,期末结转后无余额。

(三)"主营业务成本"账户

"主营业务成本"账户核算企业确认销售商品,提供劳务等主营业务收入后结转的成本。该账户属于损益类账户,借方登记计算应结转的主营业务成本,贷方登记期末转入"本年利润"账户借方的主营业务成本,期末结转后无余额。该账户应按商品或劳务种类设置明细分类账户,进行明细分类核算。

(四)"其他业务成本"账户

"其他业务成本"账户核算企业确认的除主营业务活动以外的其他经营活动所发生的成本,包括销售材料的成本等。该账户属于损益类账户,借方登记发生的其他业务成本,贷方登记期末转入"本年利润"账户借方的成本,期末结转后无余额。

(五)"税金及附加"账户

"税金及附加"账户核算企业经营活动中发生的消费税、资源税、城市维护建设税、教育费附加等相关税费。该账户属于损益类账户,借方登记本月企业经营活动中发生的税费及附加,贷方登记期末转入"本年利润"账户借方的税金及附加,期末结转后无余额。

(六)"应收账款"账户

"应收账款"账户核算和监督企业因销售产品应向购买单位收取的货款。该账户属于资产类账户,借方登记由于销售产品而发生的应收账款,贷方登记已收回的应收账款。期末余额一般在借方,表示尚未收回的应收账款数额。该账户按购买单位设置明细账户,进行明细分类核算。

(七)"预收账款"账户

"预收账款"账户核算企业按照合同规定向购货单位或个人预收的货款和定金,包括企业出口商品预收国外的外汇货款和定金。该账户属于负债类账户,贷方登记企业预收货款的数额和对方补付货款的数额;借方登记企业偿付商品、劳务的数额及归还余款的数额;贷方余额表示企业尚未付出商品、劳务的预收款数额。如为借方余额则表示应收的款项金额。本账户按照购买单位或个人设置明细账户进行明细核算。

二、收入的核算

（一）主营业务收入的核算

【例3-34】任城公司2018年12月份发生如下部分销售业务：

1.12月2日，任城公司销售甲产品10 000件，单价10元，增值税销项税额为16 000元。收支票一张，当日送存银行。

【解析】这项经济业务，一方面银行存款增加，记入"银行存款"账户借方；另一方面企业的销售收入和应缴纳的增值税销项税额增加，分别记入"主营业务收入"账户贷方和"应交税费——应交增值税（销项税额）"账户贷方。应作如下会计分录：

借：银行存款　　　　　　　　　　　　　　　116 000
　　贷：主营业务收入——甲产品　　　　　　　10 0000
　　　　应交税费——应交增值税（销项税额）　16 000

2.12月5日，任城公司销售给任兴公司乙产品20 000千克，单价10元，增值税销项税额为32 000元。价税款合计232 000元，暂欠。

【解析】这项经济业务，一方面债权增加，记入"应收账款"账户借方；另一方面企业的销售收入和应缴纳的增值税销项税额增加，分别记入"主营业务收入"账户贷方和"应交税费——应交增值税（销项税额）"账户贷方。应作如下会计分录：

借：应收账款——任兴公司　　　　　　　　　232 000
　　贷：主营业务收入——乙产品　　　　　　　200 000
　　　　应交税费——应交增值税（销项税额）　32 000

3.12月6日，任城公司按照合同通过开户银行预收上海欣欣公司货款200 000元，收妥入账。

【解析】这项经济业务，一方面增加银行存款，记入"银行存款"账户借方；另一方面增加企业的负债，记入"预收账款"账户贷方。应作如下会计分录：

借：银行存款　　　　　　　　　　　　　　　200 000
　　贷：预收账款——上海欣欣公司　　　　　　200 000

4.12月16日，任城公司收到上海欣欣公司按照合同发来甲产品30 000件，单价10元，增值税销项税额48 000元。价税款共计348 000元，上海欣欣公司于12月20日付清剩余价税款148 000元。

【解析】这项经济业务，一方面减少企业的负债，记入"预收账款"账户借方；另一方面，增加收入和销项税额，记入"主营业务收入"账户贷方和"应交税费——

应交增值税（销项税额）"账户贷方。应作如下会计分录：

  借：预收账款——上海欣欣公司   348 000
    贷：主营业务收入——甲产品   300 000
      应交税费——应交增值税（销项税额） 48 000

12月20日，收到补付的剩余货款。一方面增加银行存款，记入"银行存款"账户借方，一方面减少变为债权的负债账户，记入"预收账款"账户贷方。应编制会计分录如下：

  借：银行存款   48 000
    贷：预收账款——上海欣欣公司   48 000

【练一练】

2017年12月1日，金城科技有限公司销售给甲公司甲产品20000件，单价20元，增值税68000元。以支票支付代垫运杂费2000元。2017年12月16日，金城科技有限公司收到甲公司支付的价税款，连同代垫运杂费，存入银行。编制相关会计分录。

扫码看答案

（二）其他业务收入的核算

【例3-35】 任城公司2018年12月份发生如下部分材料销售业务：

1. 3月20日，任城公司销售A材料1 000千克，单价40元，增值税销项税额为6400元。通过银行收款46400元。

【解析】 这项经济业务，一方面银行存款增加，记入"银行存款"账户借方；另一方面企业的其他业务收入和增值税销项税额增加，分别记入"其他业务收入"账户贷方和"应交税费——应交增值税（销项税额）"账户贷方。应作如下会计分录：

  借：银行存款   46 400
    贷：其他业务收入——A材料   40 000
      应交税费——应交增值税（销项税额） 6 400

2. 12月26日，任城公司销售给太白公司A材料4 000千克，单价50元，增值税销项税额为32 000元。材料价税款232 000元暂欠。

【解析】 这项经济业务，一方面增加企业债权，记入"应收账款"账户借方；另一方面企业的其他业务收入和增值税销项税额增加，分别记入"其他业务收入"账户贷方和"应交税费——应交增值税（销项税额）"账户贷方。应作如下会计分录：

  借：应收账款——太白公司   232 000
    贷：其他业务收入——A材料   200 000
      应交税费——应交增值税（销项税额） 32 000

三、营业成本的核算

(一) 主营业务成本的核算

企业主营业务成本一般在月末进行结转。企业销售产品时,企业完工产品成本不一定计算出来。所以,企业只有月末计算出销售产品的单位成本后,按照销售产品数量和计算的产品单位成本,计算出销售产品总成本。根据"销售产品成本汇总表"予以结转产品成本。

【例3-36】2018年12月31日,任城公司编制"销售产品成本汇总表"如表3-19,予以结转产品成本。

表3-19　　　　　　　　　　　销售产品成本汇总表
　　　　　　　　　　　　　　　2018年12月31日　　　　　　　　　　　　　　　单位:元

产品名称	销售数量	单位成本	产品总成本	备 注
甲产品	40 000(件)	5	200 000	
乙产品	20 000(千克)	6	120 000	
合 计			320 000	

【解析】这项经济业务,一方面增加主营业务成本,记入"主营业务成本"账户借方;另一方面减少资产,记入"库存商品"账户贷方。应编制会计分录如下:

借:主营业务成本——甲产品　　　　200 000
　　　　　　　　——乙产品　　　　120 000
　　贷:库存商品——甲产品　　　　　200 000
　　　　　　　——乙产品　　　　　120 000

(二) 其他业务成本的核算

材料销售成本的结转一般根据发出材料实际成本的计算方法决定其他业务成本的结转方式。如果材料采用个别计价法或先进先出法计算发出材料成本,则可以在销售材料时,同时结转材料销售成本。否则,则要在月末,单独计算并结转销售材料成本。

【例3-37】2018年12月31日,任城公司结转本月销售A材料5 000千克,单位成本50元。

【解析】这项经济业务,一方面增加其他业务成本,记入"其他业务成本"账户借方;另一方面减少资产,记入"原材料"账户贷方。应编制会计分录如下:

借:其他业务成本——A材料　　　　250 000
　　贷:原材料——A材料　　　　　　250 000

三、税金及附加的核算

消费税是一种流转税,是指国家为体现消费政策,对生产、委托加工、零售和进口的应税消费品征收的一种价内税。此外,企业还应根据缴纳的增值税、消费税,按照一定比例的税率计算缴纳城市维护建设税和教育费附加。

【例 3-38】任城公司生产经营的甲、乙产品属于应税消费品,按税法规定应缴纳消费税。12 月份共取得产品销售收入 600 000 元,消费税税率为 10%,企业应缴纳消费税 60 000 元。

【解析】此项经济业务的发生,引起费用和负债同时增加。一方面企业计算应缴纳消费税税金,增加费用;另一方面企业增加应交未交税金。应编制会计分录如下:

借:税金及附加　　　　　　　　　　　　　60 000
　　贷:应交税费——应交消费税　　　　　　　　60 000

【例 3-39】假定任城公司应缴纳增值税 100 000 元,应缴纳消费税 60 000 元。按税法规定,企业应交城市维护建设税税率为 7%,应交教育费附加的征收率为 4%。计算并结转本月应缴纳的城市维护建设税和教育费附加。

【解析】计算城市维护建设税及教育费附加如下:

应交城市维护建设税 =（100 000 + 60 000）×7% = 11 200（元）

应交教育费附加 =（100 000 + 60 000）×4% = 6 400（元）

此项经济业务的发生,引起企业费用和负债同时增加。一方面企业计算应缴纳城市维护建设税和教育费附加,增加费用;另一方面企业增加应交未交税费。应编制会计分录如下:

借:税金及附加　　　　　　　　　　　　　17 600
　　贷:应交税费——应交城市维护建设税　　　　　11 200
　　　　　　　　——应交教育费附加　　　　　　　6 400

根据上述计算过程,填制"城市维护建设税和教育费附加计算表"如表 3-20 所示。

表 3-20　　　　　　　城市维护建设税和教育费附加计算表

2018 年 12 月 31 日

项目	城市维护建设税			教育费附加		
	计税额	提取比例	提取额	计税额	提取比例	提取额
增值税	100 000	7%	7 000	100 000	4%	4 000
消费税	60 000	7%	4 200	60 000	4%	2 400
合计	160 000		11 200	160 000		6 400

任务十 利润的核算

年底,会计王二妮按照老板要求,算一算公司本年赚了多少钱?这些钱,都是由哪些活动赚的?扣除本年缴的所得税,还有多少纯利润,会计人员是如何处理的?这些内容就是利润的核算。

一、利润的构成及分配

企业利润由营业利润、利润总额和净利润三部分构成。

营业利润是企业一定时期生产经营活动、投资活动等所形成的利润,是企业最基本生产经营活动的成果,也是企业一定时期获得利润中最主要、最稳定的来源。营业利润以营业收入为基础,减去营业成本、税金及附加、销售费用、管理费用、财务费用、资产减值损失,加上公允价值变动收益(减去公允价值变动损失),加上投资收益(减去投资损失),计算求得。用计算公式表示如下:

营业利润=营业收入-营业成本-税金及附加-销售费用-管理费用-财务费用-资产减值损失+公允价值变动收益(-公允价值变动损失)+投资收益(-投资损失)

利润总额,也称为会计利润,是企业计算所得税的基础。利润总额以营业利润为基础,加上营业外收入减去营业外支出计算求得。用公式表示如下:

利润总额=营业利润+营业外收入-营业外支出

净利润是企业的最终成果,是指将利润总额扣除按规定交纳的所得税费用后的利润留成,一般也称为税后利润或净收益。净利润以利润总额为基础,减去所得税费用计算求得。用公式表示如下：

净利润＝利润总额－所得税费用

二、利润形成及分配核算设置的账户

财务成果的形成及分配核算设置的账户主要有："本年利润"账户、"投资收益"账户、"营业外收入"账户、"营业外支出"账户、"所得税费用"账户、"利润分配"账户和"应付股利"账户等。

（一）"本年利润"账户

"本年利润"账户核算企业实现的净利润（或发生的净亏损）。该账户属于所有者权益类账户。期末，将各收益类账户的贷方余额转入"本年利润"账户贷方；同时，将各成本、费用和支出类账户的借方余额转入"本年利润"账户借方。结转后，"本年利润"账户如为贷方余额，反映本年度自年初开始累计发生的净利润。反之，如为借方余额，反映本年度自年初开始累计发生的净亏损。年度终了，将"本年利润"账户的全部累计发生额转入"利润分配"账户：若为贷方余额（净利润），则借记"本年利润"账户，贷记"利润分配——未分配利润"账户；若为借方余额（净亏损），借记"利润分配——未分配利润"账户，贷记"本年利润"账户。年度结账后，"本年利润"账户无余额。

（二）"投资收益"账户

"投资收益"账户核算企业根据长期股权投资准则确认的投资收益或投资损失。该账户属于损益类账户，贷方登记取得的投资收益，借方登记发生的投资损失和期末转入"本年利润"账户的净收益，期末结转后无余额。

（三）"营业外收入"账户

"营业外收入"账户核算企业发生的各项营业外收入。该账户属于损益类账户，贷方登记取得的营业外收入，借方登记期末转入"本年利润"账户的营业外收入，期末结转后无余额。

（四）"营业外支出"账户

"营业外支出"账户核算企业发生的各项营业外支出。该账户属于损益类账户，借方登记发生的营业外支出，贷方登记期末转入"本年利润"账户的营业外支出，期末结转后无余额。

（五）"所得税费用"账户

"所得税费用"账户核算企业确认的应当从当期利润总额中扣除的所得税费用。该账户属于损益类账户，借方登记企业本期应负担的所得税费用，贷方登记期末转入

"本年利润"账户的所得税费用,期末结转后无余额。

(六)"利润分配"账户

"利润分配"账户核算企业利润分配(或亏损的弥补)和历年分配(或弥补)后的余额。该账户属于所有者权益类账户,借方登记利润的分配数,贷方登记从"本年利润"账户转入的全年实现的净利润。其余额在借方表示未弥补亏损,其余额在贷方表示未分配利润。该账户应设置"提取盈余公积""应付股利"和"未分配利润"等明细账户,进行明细分类核算。

(七)"盈余公积"账户

"盈余公积"账户核算企业从净利润中提取盈余公积。该账户属于所有者权益类账户,贷方登记盈余公积的提取数,借方登记用盈余公积弥补亏损和转增资本数,期末贷方余额表示盈余公积的结余数。

(八)"应付股利"账户

"应付股利"账户核算企业分配的现金股利或利润。该账户属于负债类账户,贷方登记企业应向投资者支付的现金股利,借方登记已支付的现金股利,期末贷方余额表示尚未支付的现金股利或利润。

三、利润形成及分配的核算

(一)利润形成的核算

【例3-40】任城公司12月4日,转让交易性金融资产一项,成本60 000元,收款100 000元,存入银行。不考虑手续费等附带成本。

【解析】此项经济业务,增加资产,记入"银行存款"账户借方;减少资产,记入"交易性金融资产"账户贷方,差额增加收益,记入"投资收益"账户贷方。应编制会计分录如下:

借:银行存款　　　　　　　　　　　　100 000
　　贷:交易性金融资产——成本　　　　　60 000
　　　　投资收益　　　　　　　　　　　40 000

【例3-41】任城公司12月4日,将无法支付的应付账款50 000元,经批准转作营业外收入。

【解析】此项经济业务,减少负债,记入"应付账款"账户借方;增加收益,记入"营业外收入"账户贷方。应编制会计分录如下:

借：应付账款　　　　　　　　　　　　　　50 000
　　贷：营业外收入　　　　　　　　　　　　　　50 000

【例3-42】任城公司12月24日，向希望工程捐款40 000元，以支票付讫。

【解析】此项经济业务，增加费用支出，记入"营业外支出"账户借方；减少资产，记入"银行存款"账户贷方。应编制会计分录如下：

借：营业外支出——捐款　　　　　　　　　40 000
　　贷：银行存款　　　　　　　　　　　　　　40 000

【例3-43】12月31日，任城公司将收益类有关收入账户：主营业务收入600 000元，其他业务收入240 000元，投资收益40 000元，营业外收入50 000元等转入"本年利润"账户贷方。

【解析】这项经济业务应作会计分录如下：

借：主营业务收入　　　　　　　　　　　　600 000
　　其他业务收入　　　　　　　　　　　　240 000
　　投资收益　　　　　　　　　　　　　　40 000
　　营业外收入　　　　　　　　　　　　　50 000
　　贷：本年利润　　　　　　　　　　　　　　930 000

【例3-44】12月31日，任城公司将损益类有关费用账户：主营业务成本320 000元、其他业务成本250 000元、税金及附加77 600元、营业外支出40 000元、销售费用6 000元、管理费用7 200元、财务费用28 500元等转入"本年利润"账户借方。

【解析】这项经济业务应作会计分录如下：

借：本年利润　　　　　　　　　　　　　　729 300
　　贷：主营业务成本　　　　　　　　　　　　320 000
　　　　其他业务成本　　　　　　　　　　　　250 000
　　　　税金及附加　　　　　　　　　　　　　77 600
　　　　营业外支出　　　　　　　　　　　　　40 000
　　　　销售费用　　　　　　　　　　　　　　6 000
　　　　管理费用　　　　　　　　　　　　　　7 200
　　　　财务费用　　　　　　　　　　　　　　28 500

【例3-45】12月31日，任城公司适用所得税税率为25%，计算并结转本期应交所得税。假如企业计算的利润总额就是应纳税所得额，不存在纳税调整项目。

【解析】首先，任城公司计算本期应交所得税如下：

应交所得税 =（930 000 - 729 300）×25% = 50 175（元）

其次，结转应交所得税。此项经济业务，增加费用支出，记入"所得税费用"账户借方，增加负债，记入"应交税费"账户贷方。应编制会计分录如下：

借：所得税费用　　　　　　　　　　　　50 175
　　贷：应交税费——应交所得税　　　　　　　50 175

最后，将所得税费用转入"本年利润"账户借方：

借：本年利润　　　　　　　　　　　　　50 175
　　贷：所得税费用　　　　　　　　　　　　　　50 175

（二）利润分配的核算

【例3-46】 期末，任城公司将本年净利润转入"利润分配"账户。

【解析】 本年净利润 = 930 000 - 729 300 - 50 175 = 150 525（元）

借：本年利润　　　　　　　　　　　　　150 525
　　贷：利润分配——未分配利润　　　　　　　　150 525

【例3-47】 期末，任城公司按规定从本年税后利润中提取10%盈余公积15 052.5元。

【解析】 这项经济业务，一方面增加利润分配，另一方面也增加所有者权益，记入"盈余公积"账户贷方。应编制会计分录如下：

借：利润分配——提取法定盈余公积　　　15 052.5
　　贷：盈余公积　　　　　　　　　　　　　　　15 052.5

【例3-48】 期末，任城公司经股东会批准按规定拟从本年税后利润分配现金红利100 000元。

【解析】 这项经济业务，一方面增加利润分配，另一方面也增加负债，记入"应付股利"账户。应编制会计分录如下：

借：利润分配——应付股利　　　　　　　100 000
　　贷：应付股利　　　　　　　　　　　　　　　100 000

【例3-49】 期末，根据【例3-47】【例3-48】，任城公司将"利润分配"账户中除"未分配利润"以外的其他各明细账户的余额转入"利润分配——未分配利润"明细账户。

【解析】 这项经济业务应编制会计分录如下：

借：利润分配——未分配利润　　　　　　115 052.5
　　贷：利润分配——提取法定盈余公积　　　　　15 052.5
　　　　　　　　——应付股利　　　　　　　　　100 000

任城公司累计未分配利润为 35 472.5（150 525 −115 052.5）元。

【练一练】

年末，丙公司经计算本年利润总额为 1 000 000 元，适用所得税税率为 25%。丙公司按 10% 计提盈余公积，经股东大会决议拟分配现金红利 500 000 元。做出结转利润，分配利润的有关会计处理。

扫码看答案

项目小结

1. 借贷记账法是指以"借"和"贷"作为记账符号,用以记录经济业务或事项的一种复式记账方法。借贷记账法的主要特点有:以"借"和"贷"作为记账符号,账户的性质不固定,以"有借必有贷,借贷必相等"作为记账规则,以借贷记账法的记账规则进行试算平衡。

2. 会计分录是指对某项经济业务或事项,标明其应借应贷账户及其金额的公式。会计分录三要素:账户的名称、记账方向和记录的金额。

3. 平行登记是指对发生的每一笔经济业务或事项,都要根据相同的会计凭证,一方面登记总分类账户的同时,另一方面登记总分类账户所属的明细分类账户的一种记账方法。平行登记要点有:依据相同,时间相同,方向一致,金额相等。

4. 以加工制造业小企业为例,从企业资金筹集与分配业务、存货收发业务、生产产品业务、销售业务,到企业利润形成与分配业务等一系列经济业务事项的发生和经济活动过程的会计处理,系统地了解和掌握借贷记账法的具体运用。

项目四 填制和审核会计凭证

【项目介绍】

填制和审核会计凭证是会计核算方法之一,也是会计工作的起点。本项目主要介绍会计凭证及其分类,原始凭证及其内容,原始凭证的填制方法与审核,记账凭证及其内容,记账凭证的填制方法与审核等。具体见图4-1所示。

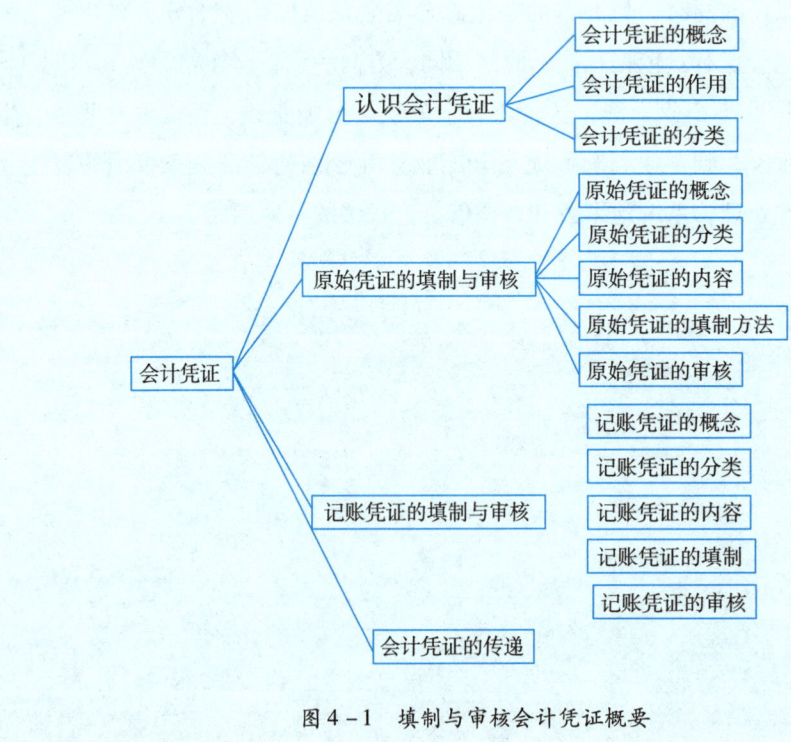

图4-1 填制与审核会计凭证概要

任务一 填制和审核原始凭证

李明学会了编制会计分录后,到合作企业实习,却纳闷没有看到企业专门编制会计分录的资料,就连在课本上读到的经济业务,也没有看到。企业会计师傅告诉他,经济业务的载体就是原始凭证,编制的会计分录就是记账凭证。熟读本项目,找找单位编制的会计分录记在哪里了?

一、认识会计凭证

(一)会计凭证的概念

会计凭证是记录经济业务、明确经济责任、据以登记账簿的书面证明。

(二)会计凭证的作用

填制和审核会计凭证,是会计核算方法之一,也是会计核算工作的起点,对于如实反映和有效监督经济业务,确保会计信息真实、准确,发挥会计在经济管理中的作用具有重要意义:①记录经济事项或经济业务,为记账提供依据;②明确经济责任,强化内部控制;③监督经济活动,控制经济运行。

(三)会计凭证的分类

会计凭证按照填制程序和用途不同,分为原始凭证和记账凭证。

二、认识原始凭证

(一)原始凭证的概念

原始凭证,又称单据,是指在经济业务发生或完成时取得或填制的,用以记录或证明经济业务的发生或完成情况的原始凭证。原始凭证的作用主要是记载经济业务的发生过程和具体内容,审核无误的原始凭证是编制记账凭证的依据,有些原始凭证也可以作为登记明细账的依据。常用的原始凭证有车票、增值税专用发票、差旅费报销单、产品入库单、领料单等。

(二) 原始凭证的分类

原始凭证的种类很多,归纳起来有以下几种分类,如图4-2所示:

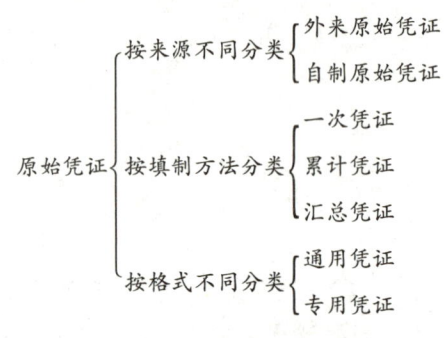

图4-2 原始凭证的分类

1. 按来源不同,分为外来原始凭证和自制原始凭证

(1) 外来原始凭证

外来原始凭证又称外来凭证,是指在经济业务发生或完成时,从其他单位或者个人直接取得的原始凭证。外来原始凭证都是一次凭证。如企业购货时,从销货单位取得的增值税专用发票如表4-1,职工出差乘车时,购买的车票如图4-3。

表4-1

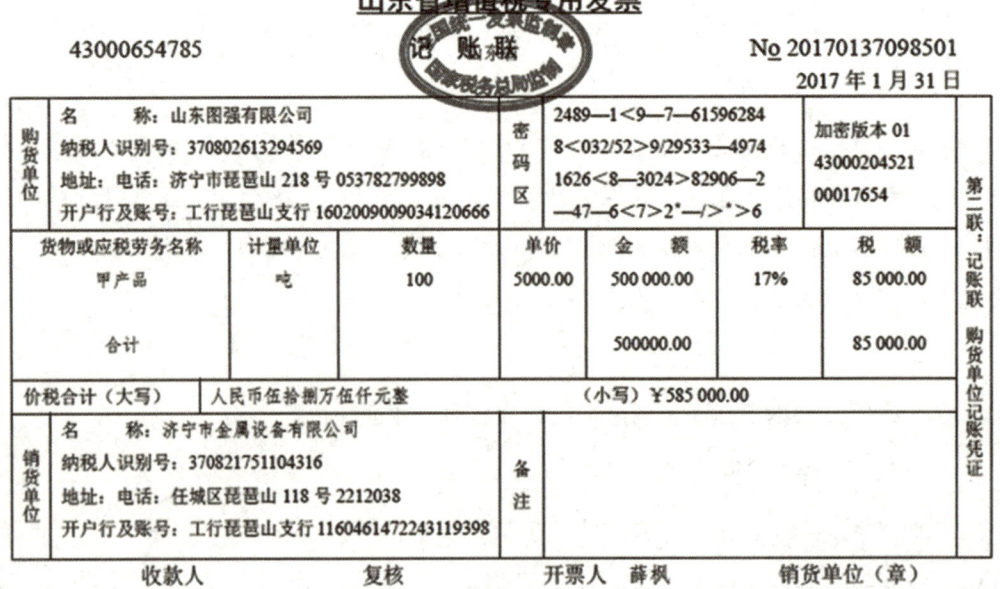

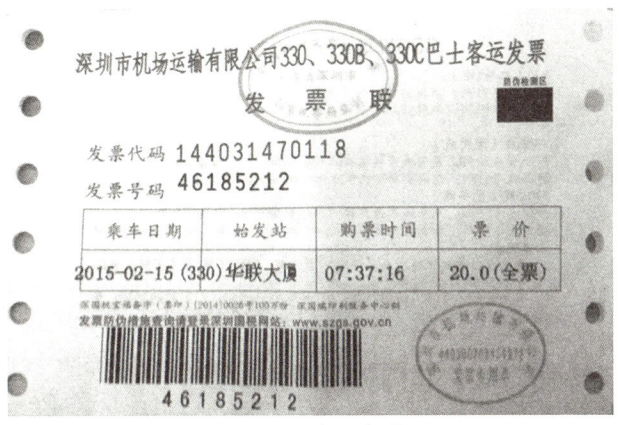

图 4-3 客运车票

（2）自制原始凭证

自制原始凭证，又称自制凭证，是指在经济业务发生或完成时，企业内部各部门或职工个人填制的凭证。如表 4-2、表 4-3 等。

表 4-2

收款收据

2017 年 1 月 15 日　　　　NO.20170129

交款单位（个人）	周经理	所属部门	总经理办公室
款项来源	退回多余差旅费	金　额	￥：200.00
人民币大写：贰佰元整。			

会计主管：张主管　　　　　　　　　　　　　　收款人：孙出纳

表 4-3

产品出库单
2013 年 1 月 5 日

领货部门	事由	品名	规格型号	计量单位	数量	单位成本	总成本	经手人
销售部	销售	空压机壳		台	100	14000.00	1400000	吕超

发货仓库：　　成品库　　　　　　　　　　　仓库保管：李兰

2. 原始凭证按填制方法分类，分为一次凭证、累计凭证和汇总凭证

（1）一次凭证

一次凭证，又称一次原始凭证，是指在经济业务发生或完成时，由相关业务人员

一次填制完成的凭证。该凭证只能反映某一项经济业务，或者同时反映若干项同一性质的经济业务。

一次凭证有些是自制的原始凭证，如收料单、领料单、工资结算表、制造费用分配表等；有些是外来的原始凭证，如增值税专用发票、税收缴款书、各种银行结算凭证等。

（2）累计凭证

累计凭证，又称累计原始凭证，是指在一定期间内多次记录发生的同类型经济业务的原始凭证。该累计凭证是在一张凭证内连续多次登记相同性质的经济业务，随时结出累计数和结余数，并按照费用限额进行控制，期末根据累计发生额记账。典型的累计凭证如表4-4所示。

表4-4　　　　　　　　　　　　**限额领料单**

领料部门：基本生产车间　　　2018年12月　　　　　　　　　　凭证编号：6217
领料用途：生产电机　　　　　　　　　　　　　　　　　　　　发料仓库：三号库

材料编号	材料名称	规格	计量单位	领料限额	实际领用			备注
					数量	单位成本	金额	
024	轴承	625型	个	450	450	20	900	
领料日期	领用				退料			限额结余
	请领数量	实发数量	领料人签章	发料人签章	退料数量	退料人签章	收料人签章	
12月2日	80	80	赵刚	刘倩				370
12月6日	70	70	赵刚	刘倩				300
12月10日	85	85	赵刚	刘倩				215
12月15日	95	95	赵刚	刘倩				120
12月25日	70	70	赵刚	刘倩				50
12月28日	50	50	赵刚	刘倩				0
合　计	450	450						

供应部门负责人：王振　　生产部门负责人：魏明慧　　仓库管理员：刘倩

（3）汇总凭证

汇总凭证，又称汇总原始凭证，是指对一定时期内反映经济业务内容相同的若干张原始凭证，按照一定标准综合填制的原始凭证。如表4-5差旅费报销单、表4-6发料凭证汇总表、表4-7工资费用分配等。该凭证只能将类型相同的经济业务进行汇总，不能汇总两类或两类以上的经济业务。

表 4-5　　　　　　　　　　　　　　　　差旅费报销单

所属部门：办公室　　　　　　填报日期　2017 年 1 月 15 日　　　　　　　　　　单位：元

姓名	周景丽	职务	总经理	出差事由	开会	出差时间	实际 3 天		备注
日期		起止地点		飞机、车、船票		其他费用			
月	日	起	止	类别	金额	项目	标准	计算天数	核报金额
1	13	济宁市	南京市	高铁	260	住宿费 包干报销	300	3	900
1	15	南京市	济宁市	高铁	260	住宿费 限额报销			
						伙食补助费	150	3	450
						车、船补助费			
						其他杂支			230
		小　计			520	小　计			1580
总计金额（大写）		贰仟壹佰零拾零元零角零分				预支2000.00 核销2100.00 （收）100.00			

主管：张英　　　审核：　　　出纳：孙兰　　　填报人：

表 4-6　　　　　　　　　　　　　　　　发料凭证汇总表

2018 年 12 月份

	领料单位及用途	原材料				周转材料	合计
		A 原料	B 原料	燃料	合计		
基本生产成本	一车间	2 000	3 000		5 000	1 400	6 400
	二车间	3 000	4 000		8 000	1 000	9 000
	小计	5 000	7 000		13 000	2 400	15 400
制造费用	一车间			2 000	3 000		3 000
	二车间			2 200	3 200		3 200
	小计			4 200	6 200		6 200
辅助生产成本	机修车间			1 000	1 200		1 200
	供水车间			1 200	2 200		2 200
	小计			2 200	3 400		3 400
在建工程	设备安装		2 000		2 000		2 000
管理费用				2 000	3 000		3 000
发料合计		5 000	9 000	4 200	27 600	2 400	30 000

表 4-7　　　　　　　　　　　　　　工资费用分配表

2018 年 9 月

应借科目		生产工人工资			直接工资	合　计
		生产工时	分配率	分配金额		
生产成本	甲产品	4 000		32 000	12 000	44 000
	乙产品	5 000		40 000	18 000	58 000
	小计	9 000	8	72 000	30 000	102 000
制造费用					3 000	3 000
管理费用					30 000	30 000
合　计					63 000	135 000
主管会计		李志阳	成本会计	蔡彬彬	制表人	王媛媛

【想一想】

累计凭证与汇总凭证的区别有哪些？

3. 原始凭证按照格式的不同，可分为通用凭证和专用凭证

（1）通用凭证

专用凭证，是指由有关部门统一印制、在一定范围内使用的具有统一格式和使用方法的原始凭证。如，中国人民银行统一制定的银行结算凭证、国家税务局统一印制的增值税专用发票等。

扫码看答案

（2）专用凭证

专用凭证，是指由单位自行印制、仅在本单位内部使用的原始凭证。常见的专用凭证有企业制定的供单位内部使用的收料单、领料单、工资费用分配表、制造费用分配表等。

三、原始凭证的填制

（一）原始凭证的内容

原始凭证的内容因经济业务和管理需要的不同而不同，但原始凭证基本内容大体一致，其应当具备的基本内容（也称为原始凭证要素）主要有：

（1）凭证名称。

（2）填制凭证的日期和凭证编号。

（3）填制凭证单位名称或者填制人姓名。

（4）经办人员的签名或者盖章。

（5）接受凭证单位名称。

（6）经济业务内容。

(7) 经济业务的数量、单价和金额。

具体如图4-4所示：

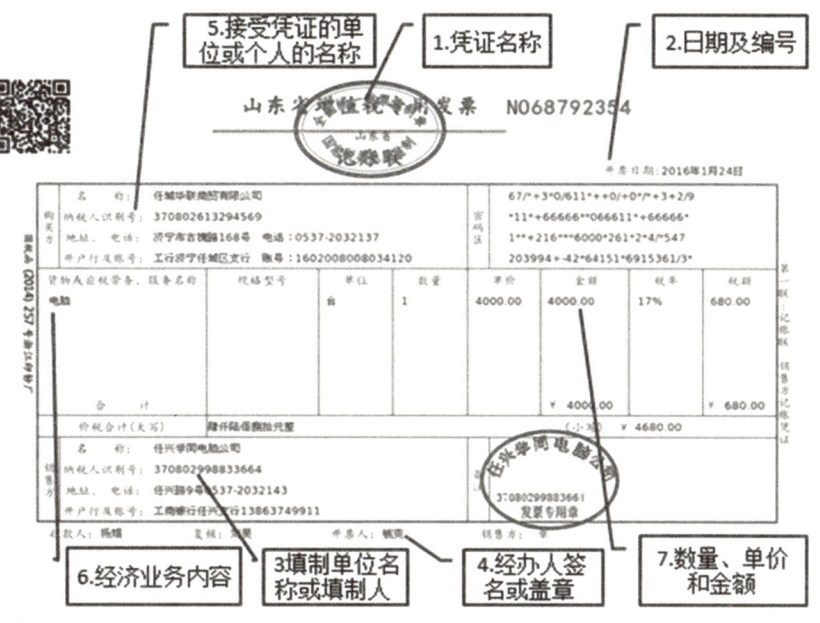

图4-4 原始凭证的基本内容

(二) 原始凭证的填制方法

原始凭证的填制必须符合下列要求：

(1) 记录真实。原始凭证所填列经济业务的内容和数字，必须真实可靠，符合实际情况，不得填制没有实际经济业务的原始凭证。

(2) 内容完整。原始凭证所要求填列的项目必须逐项填列齐全，不得遗漏或省略。原始凭证中的年、月、日要按照填制原始凭证的实际日期填写，银行结算凭证日期一般要大写；单位名称要齐全，不能简化；品名或用途要填写明确，不能含糊不清；有关人员的签章必须齐全。

(3) 手续完备。单位自制的原始凭证，必须有经办单位相关负责人的签名或盖章；对外开出的原始凭证，必须加盖本单位公章或者财务专用章；从外部取得的原始凭证，必须盖有填制单位的公章或者财务专用章；从个人取得的原始凭证，必须有填制人员的签名或盖章。

(4) 书写清楚、规范。原始凭证要按规定填写，文字要简明，字迹要清楚，易于辨认，不得使用未经国务院公布的简化汉字，如"2"字大写，不能写成"弍"。大小写金额必须符合书写规范，小写金额用阿拉伯数字逐个书写，不得写连笔数字。在金额前要填写人民币符号"￥"，且与阿拉伯数字之间不得留有空白，金额数字后面不应写"元"字。

金额数字一律填写到角、分，无角无分的，写"00"或符号"—"；有角无分的，分位写"0"，不得用符号"—"。大写金额用汉字壹、贰、叁、肆、伍、陆、柒、捌、玖、拾、佰、仟、万、亿、元、角、分、零、整等易于辨认、不易涂改的字样，一律用正楷或行书字书写，不得用一、二、三、四、五、六、七、八、九、十等字样代替。大写金额前未印有"人民币"字样的，应加写"人民币"三个字且与大写金额之间不得留有空白。大写金额到元或角为止的，后面要写"整"或"正"字，有分的，不写"整"或"正"字，如小写金额为¥：2 009.50，大写金额应写成"贰仟零玖元伍角整"。

（5）连续编号。各种凭证要连续编号，且有一定规律，以便检查核对。如果凭证已预先印定编号，如发票、支票等重要凭证，在因错作废时，应加盖"作废"戳记，妥善保管，不得撕毁。

（6）原始凭证不得涂改、刮擦、挖补或用胶带纸粘贴。

（7）填制及时。各种原始凭证一定要及时填写，不得提前或拖后，填制完毕应按规定的程序及时送交会计机构、会计人员进行审核。

【练一练】

写出下列有关数字的大写金额：

A. ¥：3 456.2　　　　　　　　　　B. ¥：20 004.00

C. ¥：24 001.00　　　　　　　　　D. ¥：1 200.25

扫码看答案

四、原始凭证的审核

（一）原始凭证审核的内容

原始凭证审核应从真实性审核、合法性审核、完整性审核和正确性审核等诸方面进行，并按规定加以处理。具体内容如下：

（1）真实性审核。原始凭证真实性审核包括凭证日期的真实性、业务内容的真实性、数据的真实性等。外来原始凭证，必须有填制单位公章或财务专用章和填制人员签章；自制原始凭证，必须有经办部门和经办人员的签名或者盖章。此外，对于通用原始凭证，还应审核凭证本身的真实性，防止以假冒的原始凭证记账。

（2）合法性审核。合法性审核主要指审核原始凭证所记录经济业务是否符合国家法律法规，是否履行规定的凭证传递和审核程序；审核原始凭证所记录经济业务是否符合企业经济活动的需要、是否符合有关的计划和预算等。

（3）完整性审核。完整性审核主要指审核原始凭证各项要素是否填写齐全，是否有漏项情况，数字是否清晰、文字是否工整、有关签名或盖章是否齐全、凭证联次是否正确。尤其支票、银行汇票、银行本票等时效性较强的原始凭证，更应仔细验证其签发日期。

（4）正确性审核。正确性审核主要审核原始凭证记载的各项内容是否正确，具体包括：

①接受原始凭证单位的名称是否正确。

②金额的填写和计算是否正确。大写金额前要加"人民币"字样，大写金额与小写金额要相符。

③更正是否正确。原始凭证记载的各项内容均不得涂改。

（二）原始凭证审核结果的处理

原始凭证的审核结果主要有三种情况，会计部门应根据不同的审核结果分别作如下会计处理：

（1）对于审核无误的原始凭证，应据以编制记账凭证，为登记账簿提供依据。

（2）对于真实、合法、合理但内容不够完善、填写有错误的原始凭证，应退回给有关经办人员，由其负责将有关凭证补充完整、更正错误，更正处应当加盖出具原始凭证单位的公章或财务专用章；原始凭证金额有误的，不得在原始凭证上更正，只能由出具单位重开后，再办理正式会计手续。

（3）对于不真实、不合法的原始凭证，会计机构和会计人员有权不予接受，并向单位负责人报告。

任务二　填制和审核记账凭证

李明学习了原始凭证的填制,知道了原始凭证记载的经济信息就是经济事项或经济业务。老师说,把经济信息加工成会计信息的过程,就是编制记账凭证的过程。读读本节内容,看看记账凭证与原始凭证有多大差别。

一、认识记账的凭证

(一) 记账凭证的概念

记账凭证,又称分录凭证或记账凭单,是指会计人员根据审核无误的原始凭证或汇总原始凭证,按照经济业务的内容加以归类,并据以确定会计分录的一种记录,作为登记账簿的直接依据和书面证明。从原始凭证到记账凭证是经济信息转换为会计信息的过程,是一种质的飞跃。记账凭证的作用主要是确定会计分录,进行账簿登记,反映经济业务的发生或完成情况,监督单位经济活动,明确相关人员的责任。

(二) 记账凭证的分类

记账凭证按其反映的内容划分,通常可分专用记账凭证和通用记账凭证。专用记账凭证按涉及现金和银行存款业务不同,分为收款凭证、付款凭证和转账凭证。其中,收款凭证按收款业务不同,分为现金收款凭证和银行存款收款凭证;付款凭证按付款业务不同,分为现金付款凭证和银行存款付款凭证。记账凭证具体分类如图 4-5。

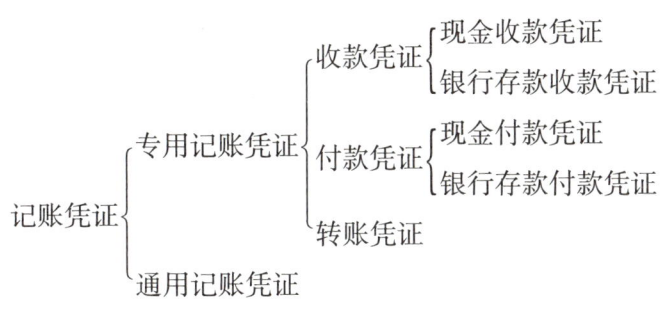

图 4-5 记账凭证分类

1. 收款凭证

收款凭证是指用于记录库存现金和银行存款收款业务的记账凭证。

收款凭证，根据有关库存现金和银行存款收入业务的原始凭证编制，据以登记库存现金账簿和银行存款账簿。收款凭证按收到货币资金类型又分为现金收款凭证和银行存款收款凭证。现金收款凭证是根据证明现金收入业务发生的原始凭证编制的收款凭证；银行存款收款凭证是根据证明银行存款收入业务发生的原始凭证编制的收款凭证。具体如表 4-8 所示。

表 4-8

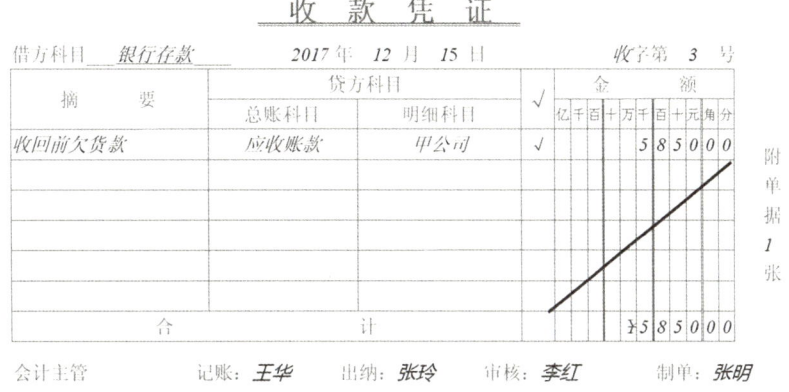

2. 付款凭证

付款凭证，是指用于记录现金和银行存款付款业务的记账凭证。

付款凭证根据有关库存现金和银行存款支付业务的原始凭证编制的专用凭证，据以登记库存现金账簿和银行存款账簿。如表 4-9。付款凭证按支付货币资金类型又分为现金付款凭证和银行存款付款凭证。现金付款凭证是根据证明现金支付业务发生的原始凭证编制的付款凭证；银行存款付款凭证是根据证明银行存款支付业务发生的原始凭证编制的付款凭证。

对于库存现金和银行存款之间相互划转的经济业务，为了避免重复记账，只按照贷方科目编制付款凭证，不编制收款凭证。即不论是从银行提取现金，还是将现金存入银行,一律编制付款凭证。

表 4-9

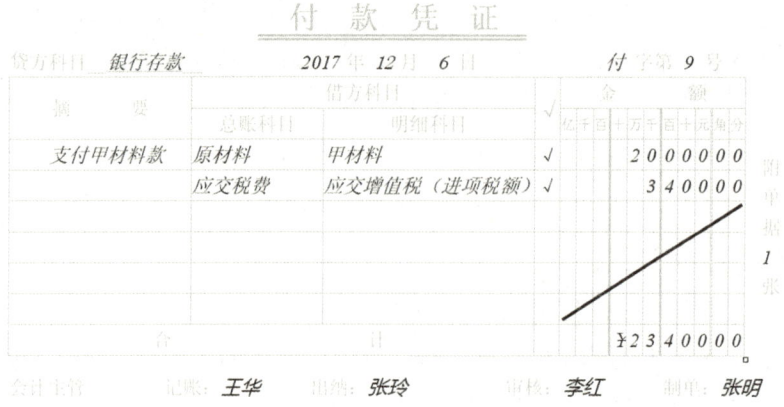

3. 转账凭证

转账凭证,是指用于记录不涉及现金和银行存款业务的记账凭证,是登记明细账和总账等有关账簿的依据。它是根据证明转账业务(与库存现金和银行存款无关的经济业务)发生的原始凭证填制,包括其他货币资金转账业务填制而成,如表 4-10。

表 4-10

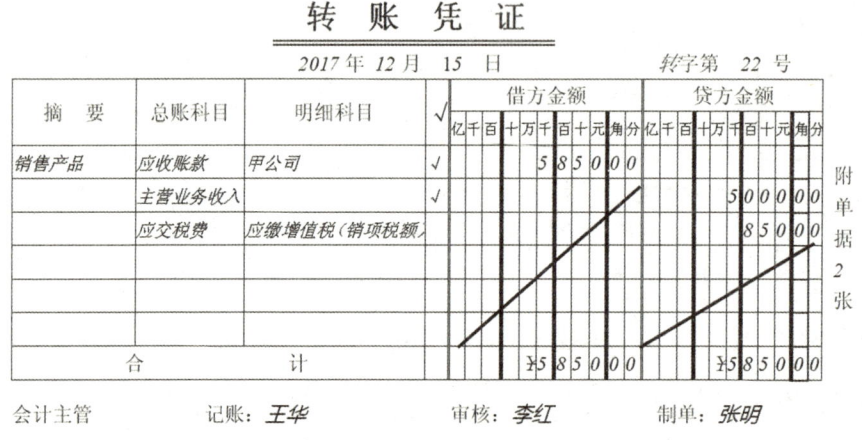

【想一想】

企业用其他货币资金购买材料一批,价款 30 000 元,增值税 4 800 元。材料验收入库。企业以其他货币资金付清材料价税款。会计部门据以编制的记账凭证为( )凭证。

A. 银行存款付款凭证

B. 库存现金付款凭证

C. 转账凭证

扫码看答案

D. 其他货币资金付款凭证

规模小，经济业务不多的单位可以不必编制收款凭证、付款凭证和转账凭证等专用凭证。会计人员根据审核无误的原始凭证编制一种记账凭证，即通用记账凭证，如表 4-11 所示。

表 4-11

二、记账凭证的填制

（一）记账凭证的内容

记账凭证是登记账簿的依据，因其所反映经济业务的内容不同、各单位规模大小及其对会计核算繁简程度的要求不同，其内容有所差异，但应当具备以下基本内容：

（1）填制凭证的日期。

（2）凭证编号。

（3）经济业务摘要。

（4）会计科目。

（5）金额。

（6）所附原始凭证张数。

（7）填制凭证人员、稽核人员、记账人员、会计机构负责人、会计主管人员签名或者盖章。收款和付款记账凭证还应当由出纳人员签名或者盖章。

记账凭证的具体内容如图 4-6 所示。

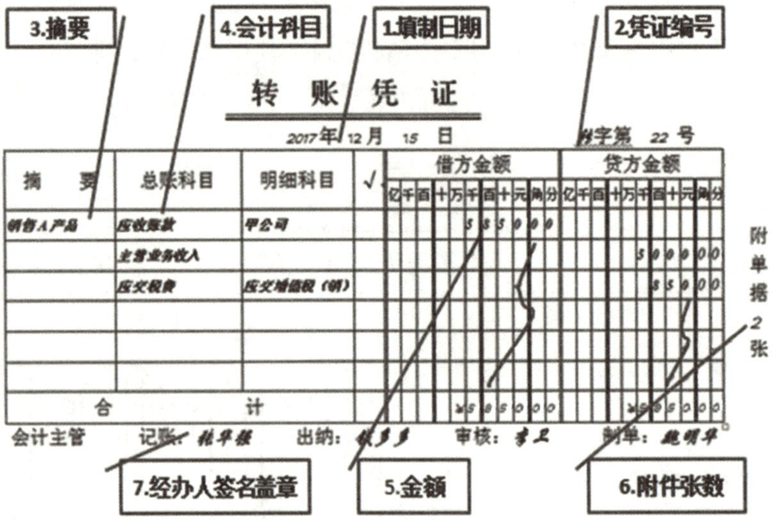

图 4-6 记账凭证具体内容

(二) 记账凭证的填制方法

记账凭证根据审核无误的原始凭证或汇总原始凭证填制。记账凭证填制正确与否，直接影响整个会计系统最终提供信息的质量。与原始凭证的填制相同，记账凭证也有记录真实、内容完整、手续齐全、填制及时等要求。

1. 记账凭证填制的基本要求

记账凭证的填制除要做到内容完整、书写清楚和规范外，还必须符合下列要求：

(1) 结账和更正错账可以不附原始凭证外，其余记账凭证必须附原始凭证。

(2) 记账凭证可以根据每一张原始凭证填制，或根据若干张同类原始凭证汇总填制，也可据原始凭证汇总表填制；但不得将不同内容和类别的原始凭证汇总附在一张记账凭证上。记账凭证附件张数，以自然张数为准，如领料单 5 张，编制发料凭证汇总表 1 张，则附件为 6 张，而零散的、小张原始凭证，如若干张公共汽车票等粘贴在一张原始凭证粘贴单上，则视为一张原始凭证。

(3) 记账凭证应连续编号。凭证应由主管该项业务的会计人员，每月按业务发生的顺序并按不同种类的记账凭证采用"字号编号法"连续编号，如银收字 1 号、现收字 1 号、银付字 2 号、现付字 2 号。如果一笔经济业务需要填制两张以上（含两张）记账凭证的，可以采用"分数编号法"编号，如转字 $4\frac{1}{3}$ 号、转字 $4\frac{2}{3}$ 号、转字 $4\frac{3}{3}$ 号。为便于监督，涉及付款业务的记账凭证不得由出纳人员编号。

(4) 填制记账凭证时若发生错误，应当重新填制。已经登记入账的记账凭证在当年内发现填写错误时，可以用红字填写一张与原内容相同的记账凭证，在摘要栏注明

"注销 X 月 X 日 X 号凭证"字样，同时再用蓝字重新填制一张正确的记账凭证，注明"订正 X 月 X 日 X 号凭证"字样。如果会计科目没有错误，只是金额错误，也可以将正确数字与错误数字之间的差额另编一张调整的记账凭证，调增金额用蓝字，调减金额用红字。发现以前年度记账凭证有错误的，应当用蓝字填制一张更正的记账凭证。

（5）记账凭证填制完成后，如有空行，应当自金额栏最后一笔金额数字下的空行处至合计数上的空行处划斜线或"S"形线注销。

【算一算】

本月，生产经营过程中，甲公司有关部门填制领料单 6 张，限额领料单 1 张，材料耗用汇总表 1 张。会计部门据以编制的转账凭证附件为（　　）张。

A. 6
B. 1
C. 8
D. 7

扫码看答案

2. 收款凭证的填制要求

收款凭证左上角的"借方科目"按收款的性质填写"库存现金"或"银行存款"；填写的日期是填制本记账凭证的当日，也就是收到现金或收到结算凭证的日期；右上角字号，填写收款凭证的顺序号，即"收字第 X 号"；"摘要"填写所记录经济业务的简要说明；"贷方科目"填写与收入"库存现金"或"银行存款"对应的总账科目及其所属明细科目；"记账"栏根据该凭证已经登记账簿，为防止经济业务重记或漏记，可以填写所记账页的页码，也可以打"√"；"金额"是指该项经济业务的发生额；该凭证右边"附件张"是指该记账凭证所附原始凭证的张数；凭证最下边分别由有关人员签章，以明确经济责任。

【例 4 - 1】根 2017 年 12 月 15 日，企业收回甲公司前欠货款 5 850 元，收支票一张存入银行。会计人员据审核无误的原始凭证，编制本月第 3 笔收款凭证，见表 4 - 8。

3. 付款凭证的填制要求

付款凭证是根据审核无误的有关库存现金和银行存款的付款业务的原始凭证填制的。付款凭证的填制方法与收款凭证基本相同，不同的是在付款凭证的左上角应填列贷方科目，即"库存现金"或"银行存款"科目，"借方科目"栏应填写与"库存现金"或"银行存款"对应的一级科目及其所属明细科目。

【例 4 - 2】2017 年 12 月 6 日，企业购买甲材料一批，价款 200 000 元，增值税专用发票注明增值税 34 000 元。材料验收入库，增值税专用发票已经认证，企业以支票付讫价税款。会计人员据审核无误的收料单、支票存根和增值税专用发票，编制本月第 9 笔付款凭证，见表 4 - 9。

出纳人员在办理收款或付款业务后,应在原始凭证上加盖"收讫"或"付讫"的戳记,以免重收重付。

4. 转账凭证的填制要求

转账凭证通常是根据有关转账业务的原始凭证填制的。转账凭证的日期应填写填制记账凭证当日的日期,如果是月末账项调整和结账业务的转账凭证则应填写月末的日期。转账凭证中"总账科目"和"明细科目"栏按照先借后贷顺序,填写应借、应贷的总账科目及其所属明细科目,借方科目应记金额应在同一行的"借方金额"栏填列,贷方科目应记金额应在同一行的"贷方金额"栏填列,"借方金额"栏合计数与"贷方金额"栏合计数应相等,并在合计金额前填写"￥"人民币符号。

【例4-3】2017年12月15日,企业销售A产品一批给甲公司,价款5 000元,增值税850元,价税款暂欠。会计人员根据审核无误的原始凭证,编制本月第22笔转账凭证,见表4-10。

三、记账凭证的审核

为了保证会计信息的质量,在记账之前应由有关稽核人员对记账凭证进行严格的审核,审核的内容主要包括以下几项:

(一) 内容是否真实

记账凭证是否附有原始凭证,所附原始凭证或原始凭证汇总表的内容与记账凭证的内容是否一致等;记账凭证所记录的金额与原始凭证的有关金额是否一致,计算是否正确。

(二) 项目是否齐全

记账凭证各项目的填写是否齐全,如日期、凭证编号、摘要、会计科目、金额、所附原始凭证张数及有关人员签章等。

(三) 科目是否准确

记账凭证的应借、应贷科目以及对应关系是否正确,所使用的会计科目是否符合国家统一会计制度的规定等。

(四) 书写是否规范

记账凭证中的记录是否文字工整、数字清晰,是否按规定进行更正等;出纳人员在办理收款或付款业务后,是否已在原始凭证上加盖"收讫"或"付讫"的戳记。

经过审核,发现不符合要求的记账凭证,应要求有关会计人员采用正确的方法加以更正。经过审核无误的记账凭证,才能作为登记账簿的依据。

四、会计凭证的传递

(一) 会计凭证的传递

会计凭证的传递是指从其取得或填制开始，经过出纳、审核、记账、装订到归档保管为止，在单位内部有关部门和有关人员之间按规定的时间、路线传递，办理业务手续和进行处理的过程。

(二) 会计凭证的传递三要素

正确、合理地组织会计凭证的传递，对于及时办理经济业务，协调单位内部各部门、各环节的工作，加强内部控制规范，实行会计监督，具有非常重要的作用。会计凭证的传递主要包括凭证的传递路线、传递时间和传递手续等三方面的要素。

会计凭证的传递路线是指单位根据经济业务的特点、机构设置、人员分工情况，以及经营管理的需要，明确规定的会计凭证的联次及其处理流程。规范会计凭证的传递路线，既要使会计凭证经过必要的环节进行审核和处理，又要避免会计凭证在不必要的环节停留，从而保证会计凭证沿着最简捷、最合理的路线传递，使有关部门按规定手续处理业务，利用会计凭证资料提供会计信息，协调一致。

会计凭证的传递时间是指各种凭证在各经办部门、环节所停留的最长时间。它应考虑各部门和有关人员，在正常情况下办理经济业务所需合理的时间。明确会计凭证的传递时间，能防止拖延处理和积压凭证，保证会计工作的正常秩序，提高工作效率。一切会计凭证的传递和处理，都应在报告期内完成。否则，将会影响会计核算的及时性。

会计凭证的传递手续是指在凭证传递过程中的衔接手续。应该做到既完备严密，又简便易行。凭证的收发、交接都应按一定的手续制度办理，以保证会计凭证的安全和完整。

(三) 确定会计凭证的传递的基本要求

一要根据经济业务的特点，企业内部机构的设置和人员分工的情况，以及经营管理上的需要，恰当地规定各种会计凭证的联数和所流经的必要环节。做到既要使各有关部门和人员能利用凭证了解经济业务情况，并按照规定手续进行处理和审核；又要避免凭证传递通过不必要的环节，影响传递速度。

二要根据有关部门和人员对经济业务办理必要手续（如计量、检验、审核、登记等）的需要，确定凭证在各个环节停留的时间，保证业务手续的完成。但又要防止不必要的耽搁，从而使会计凭证以最快速度传递，以充分发挥它及时传递经济信息的作用。

三要建立凭证交接的签收制度。会计凭证实际上起着相互牵制、监督的作用可以督促有关部门和人员、及时正确地完成各项经济业务，并按规定办理好各种凭证手续，从而加强各部门岗位责任制的监督作用。

项目小结

1. 会计凭证是记录经济业务、明确经济责任、据以登记账簿的书面证明。会计凭证按照填制程序和用途不同,分为原始凭证和记账凭证。

2. 原始凭证是指在经济业务发生或完成时取得或填制的,用以记录或证明经济业务的发生或完成情况的原始凭据;记账凭证是指会计人员根据审核无误的原始凭证或汇总原始凭证,按照经济业务的内容加以归类,并据以确定会计分录的一种记录,作为登记账簿的直接依据和书面证明。

3. 原始凭证的基本内容主要有:凭证名称、填制凭证的日期和凭证编号、填制凭证单位名称或者填制人姓名、经办人员的签名或者盖章、接受凭证单位名称、经济业务内容和经济业务的数量、单价和金额。

4. 记账凭证的基本内容有:填制凭证的日期、凭证编号、经济业务摘要、会计科目、金额、所附原始凭证张数、填制凭证人员、稽核人员、记账人员、会计机构负责人、会计主管人员签名或者盖章。

5. 原始凭证审核包括真实性审核、合法性审核、完整性审核和正确性审核等审核内容;记账凭证审核包括内容是否真实、项目是否齐全、科目是否准确和书写是否规范等方面的审核。

6. 会计凭证的传递是指从其取得或填制开始,经过出纳、审核、记账、装订到归档保管为止,在单位内部有关部门和有关人员之间按规定的时间、路线传递,办理业务手续和进行处理的过程。会计凭证的传递三要素包括凭证的传递路线、传递时间和传递手续。

项目五 登记会计账簿

【项目介绍】

填制和审核会计凭证是将经济信息转化为会计信息的第一步。作为会计人员不仅要收集会计信息，还要对会计信息进行记载和存储、分类和汇总、检查和校正、编报和输出。这些工作需要通过设置和登记会计账簿来完成。本项目重点介绍会计账簿的分类、内容与启用、账簿的设置和登记方法、错账的查找和更正方法、对账和结账。具体见图 5-1 所示。

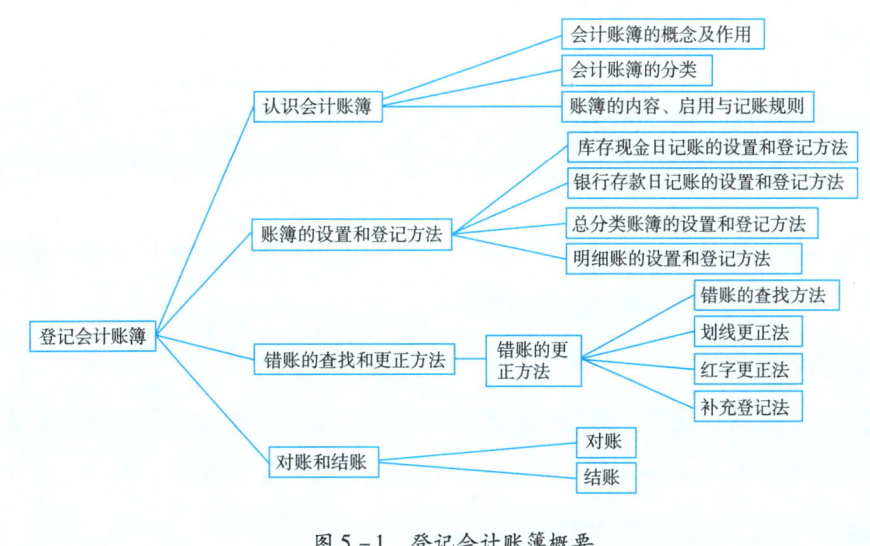

图 5-1 登记会计账簿概要

任务一 认识会计账簿

在会计核算中,对每一项经济业务,都必须取得和填制会计凭证,因而会计凭证数量很多,又很分散,而且每张凭证只能记载个别经济业务的内容,所提供的资料是零碎的。因此,为了向企业管理提供系统的会计核算资料,各单位都必须在填制和审核凭证的基础上,设置和运用登记账簿,把分散在会计凭证上的大量核算资料,加以集中和归类整理,从而为编制会计报表、进行会计分析以及审计提供主要依据。

一、会计账簿的概念及作用

(一) 会计账簿的概念

会计账簿是指由一定格式的账页组成的,以经过审核无误的会计凭证为依据,全面、系统、连续地记录各项经济业务的簿籍。

(二) 会计账簿的作用

设置和登记账簿,是编制财务会计报表的基础,是连接会计凭证和财务报表的中间环节。会计账簿具有记载、储存会计信息,分类、汇总会计信息,检查、校正会计信息,编报、输出会计信息等四个方面的作用。

二、会计账簿的分类

会计账簿的种类很多,不同类别的会计账簿可以提供不同的信息,满足不同的需要。各类账簿具有各种不同功能和作用,它们各自独立又相互补充。为了便于了解和使用,需要从不同的角度来认识账簿的分类。

(一) 会计账簿按用途分类

会计账簿按用途分类，分为序时账簿、分类账簿和备查账簿。

1. 序时账簿

序时账簿又称日记账，是按照经济业务发生时间或完成时间的先后顺序，逐日、逐笔连续登记的账簿。日记账按其记录经济业务的范围不同，可分为两种：一种是用以记录单位全部经济业务发生情况的日记账，称为普通日记账。这种日记账目前在会计实务中很少使用。另一种是只记录某一类经济业务发生情况的日记账，称为特种日记账。如库存现金日记账、银行存款日记账、购货日记账和销货日记账等。

2. 分类账簿

分类账簿是按照会计要素的具体类别而设置的分类账户进行登记的账簿。按其提供核算资料的详细程度不同，可分为总分类账簿和明细分类账簿。

总分类账簿简称总账，是根据总分类科目开设账户，用于分类登记全部经济业务，提供总括核算资料的分类账簿。明细分类账簿，又称明细账，是指按照明细科目开设账户，用来分类登记某一类经济业务，提供明细核算资料的分类账簿。总账对所属的明细账起统驭作用，明细账对总账进行补充和说明。

3. 备查账簿

备查账簿，又称辅助登记簿或补充登记簿，是指对某些在序时账簿和分类账簿中未能记载或记载不全的经济业务进行补充登记的账簿。

（1）备查账簿只是对其他账簿记录的一种补充，与其他账簿之间不存在严密的依存和勾稽关系。

（2）备查账簿根据企业的实际需要设置，没有固定的格式要求。主要是为了某些经济业务提供必要的参考资料，如"租入固定资产登记簿""代管委托加工材料登记簿"。

(二) 会计账簿按账页格式分类

会计账簿按账页格式分类，分为两栏式、三栏式、多栏式、数量金额式、横线登记式等多种账簿。

1. 两栏式账簿

两栏式账簿是指只有借方和贷方两个金额栏目的账簿。具体格式如表5-1所示：

表 5－1 两栏式账页 普通日记账（两栏式）

200 年		凭证		会计科目	摘　要	借方金额	贷方金额	过　账
月	日	字	号					
5	1	转	1	在途物资	购入材料	20 000		
5	1			应交税费	增值税	3 200		
5	1			应付账款	某某公司		23 200	

2. 三栏式账簿

三栏式账簿是指设有借方、贷方和余额三个金额栏目的账簿。

三栏式的账页是最简单的一种格式，几乎适用于所有的账簿，金额栏最少应当分别设："借方""贷方""余额"三个栏次、不同的账簿，即使记账要求不同，其格式也不外乎是三栏式的变形。库存现金日记账、银行存款日记账，资本类、债权债务类明细账，总分类账等，都采用三栏式账簿。根据账簿摘要栏和借方金额栏之间是否设"对方科目"栏，又分别设对方科目和不设对方科目两种，前者称为设对方科目栏的三栏式账簿，后者称不设对方科目栏的三栏式账簿，也称一般三栏式账簿。具体格式如图 5－1 所示。

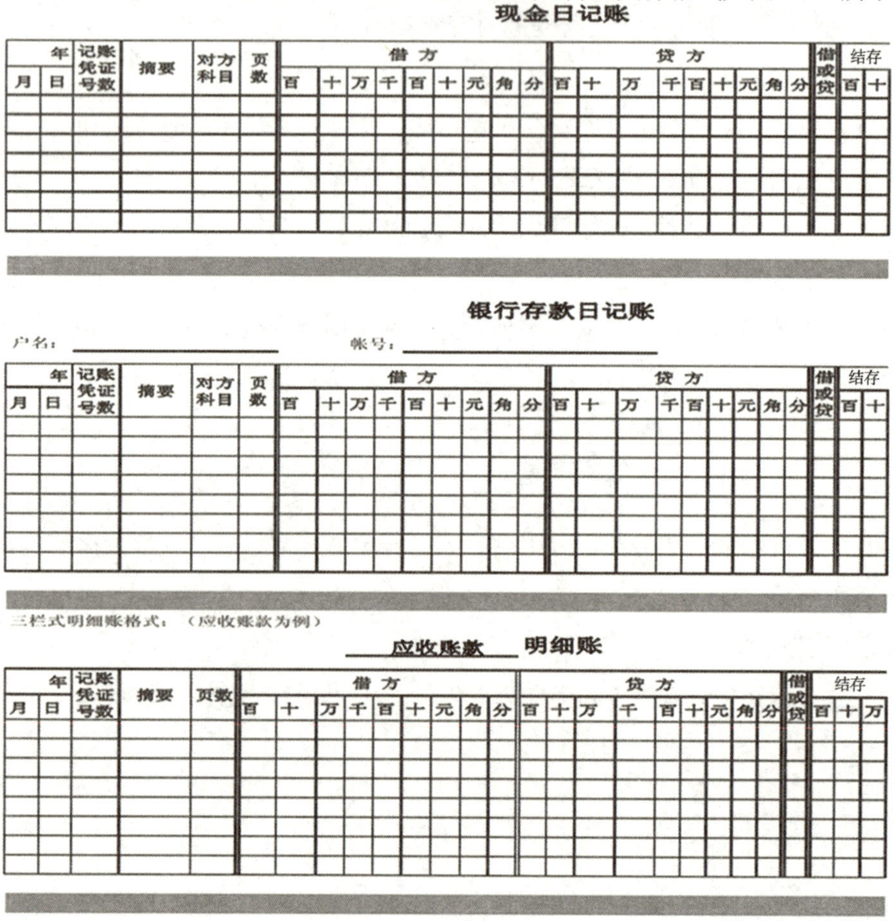

图 5－1 三栏式账页

3. 多栏式账簿

多栏式账簿是指在账簿的两个金额栏目（借方和贷方）按需要分设若干专栏的账簿。

按照专栏设置的具体位置不同，多栏式账簿又可以细分为借方多栏式账簿、贷方多栏式账簿和借贷方多栏式账簿三种形式。借方多栏式账簿是指账簿的借方金额分设若干专栏的多栏式账簿，一般适用于成本、费用明细账，如"生产成本明细账"（如图5-2所示）、"管理费用明细账"等；贷方多栏式明细账是指账簿的贷方金额栏分设若干专栏的多栏式账簿，一般适用于收入明细账，如"主营业务收入明细账"等；借贷方多栏式账簿是指账簿的借方金额栏和贷方金额栏分别设若干专栏的多栏式账簿，如本年利润明细账等。

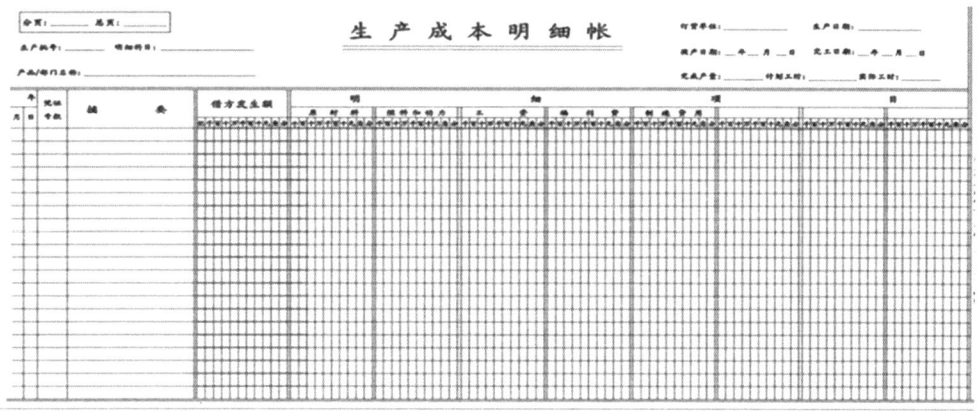

图5-2 多栏式账页

4. 数量金额式账簿

数量金额式账簿是指在账簿的借方、贷方和余额三个栏目内，每个栏目再分设数量、单价和金额三小栏，借以反映财产物资的实物数量和价值量的账簿。

数量金额式一般适用于原材料、库存商品、产成品等明细账。具体格式如图5-3所示。

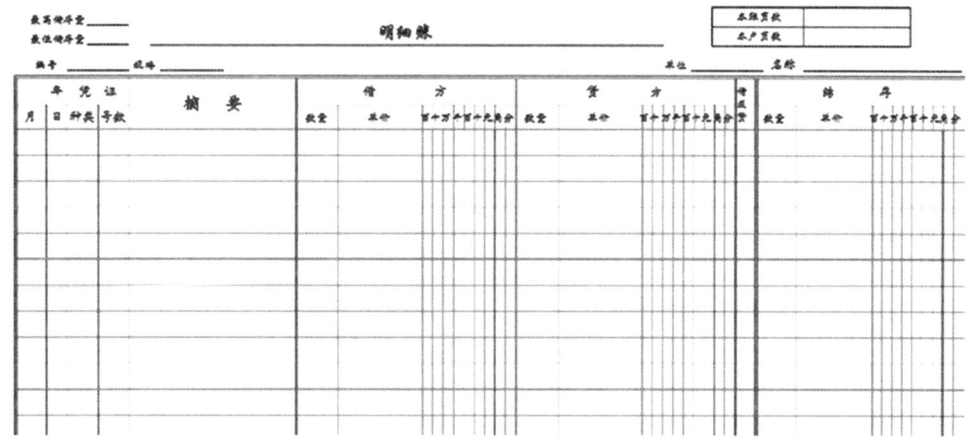

图5-3 数量金额式账页

5. 横线登记式账簿

横线登记式账簿，又称平行式账簿，是指将前后密切相关的经济业务登记在同一行上，以便检查每笔业务的发生和完成情况的账簿。一般在账页中分为借方和贷方两个基本栏目，每个栏目再根据需要分设若干栏次，在借贷两方的同一行记录某一经济业务自始至终的所有事项。

它主要适用于需要逐笔结算的经济业务的明细账，如材料采购、在途物资、应收票据、其他应收款等明细账一般采用横线登记式账簿。具体格式如图5-4所示。

材 料 采 购

账户名：B材料

户名	借方					贷方					特销
	2017年 月 日	凭证号数	摘要	金额 十万千百十元角分		2017年 月 日	凭证号数	摘要	金额 十万千百十元角分		
红星材料厂	5 25	记58	购入	6 0 0 0 0 0							

图5-4 横线登记式账页

（三）会计账簿按外形特征分类

会计账簿按外形特征分类，分为订本账、活页账和卡片账。

1. 订本账

订本式账簿，简称订本账，是在启用前将编有顺序页码的一定数量账页装订成册的账簿。

采用订本式账簿，能避免账页散失和防止抽换账页，从而保证账簿记录的安全和完整。但由于账页是固定的，不能根据记账需要随时进行增减，也不便于分工记账。

订本式账簿一般适用于总分类账、库存现金日记账、银行存款日记账。如图5-5所示。

图5-5 订本式账簿

2. 活页账

活页式账簿，简称活页账，是将一定数量的账页置于活页夹内，可根据记账内容的变化而随时增加或减少部分账页的账簿。记账时可根据实际需要，随时将空白账页装入账簿，或抽去不需用的账页，便于序时和分类连续登记，避免账页浪费，便于分工记账，比较灵活，但易于散失。

各种明细分类账一般采用活页账形式。如图 5 -6 活页式账簿。

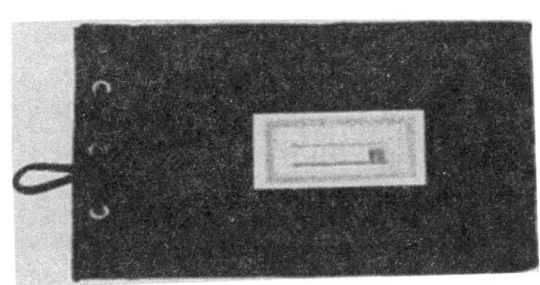

图 5 -6　活页式账簿

3. 卡片账

卡片式账簿，简称卡片账，是将一定数量的卡片式账页存放于专设的卡片箱中，可以根据需要随时增添账页的账簿。卡片账的卡片一般不用装订成册，随时可以取放，也可跨年度长期使用。

卡片账便于随时查阅，也便于按不同要求归类整理，不易损坏，但账页容易散失和随意抽换。因此，在使用时应对账页连续编号，并加盖有关图章；卡片箱应由专人保管，更换新账后应封扎保管，以保证其安全。

在我国，企业一般只对固定资产的核算和周转材料中的低值易耗品等明细账采用卡片账形式。

固定财产卡片　　第　　号

类别　　　　年　　月　　日

编号		名称		新旧程度		财产来源	
牌号		规格		财产原值		保管地点	
数量		特征		来源时间		已使年限	
所属设备							
折旧价格		折旧年限		年折旧额		清理残值	
备注							

图 5 -7　卡片式账簿

【练一练】

1. 账簿按（ ）分类，分为序时账、分类账和备查账。

A. 用途 B. 经济内容

C. 外表形式 D. 账页格式

2. 关于账簿的表述错误的是（ ）

A. 三栏式账簿是设有借方、贷方和余额三个基本栏目的账簿

B. 银行存款日记账、总分类账应使用订本账形式

C. 各种明细分类账一般采用活页账形式

D. 备查账簿是根据会计凭证登记的账簿

扫码看答案。

扫码看答案

三、账簿的内容、启用与记账规则

（一）会计账簿的内容

会计账簿包括总账、明细账、日记账和其他辅助性账簿。其格式也多种多样，总账、明细账和日记账等主要账簿一般由封面、扉页和账页等构成。如图5-8、图5-9、图5-10所示。

1. 封面

主要用来载明记载单位的名称和账簿的名称。

2. 扉页

账簿的扉页主要包括两方面内容：一是账簿启用表，包括单位名称、启用日期、经管人员等，二是账户目录索引，主要是用于查阅账簿中登记的内容。

3. 账页

账页包括账户的名称，包括总账科目、明细账科目；登记账簿的日期栏；记账凭证的种类和号数栏；摘要栏；金额栏等。

图5-8 封面

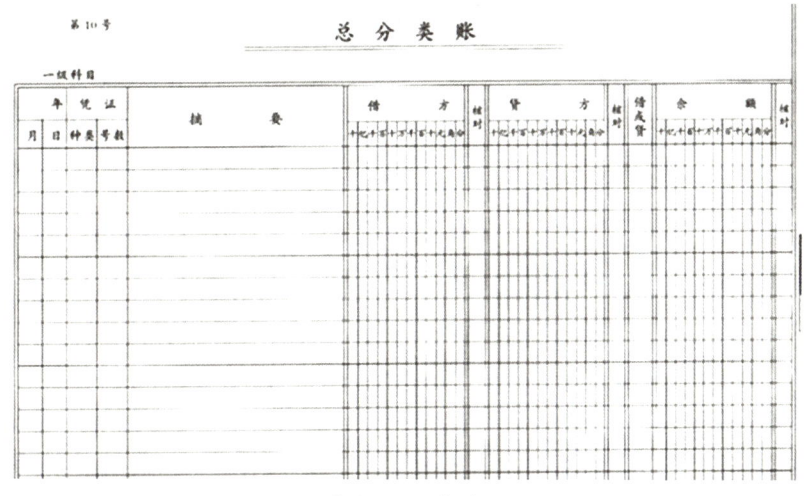

图 5-9 扉页

图 5-10 账页

【练一练】

下列各项中，属于会计账簿应具备的内容的是（   ）

A. 封面　　　　　　　　　　　　B. 扉页

C. 账页　　　　　　　　　　　　D. 封皮

扫码看答案

(二) 会计账簿与账户的关系

账簿与账户的关系是形式和内容的关系。账簿是由若干账页组成的一个整体，账簿中的每一账页就是账户的具体存在形式和载体，没有账簿，账户就无法存在；账簿序时、分类的记录经济业务，是在各个具体的账户中完成的。因此，账簿只是一个外在形式，账户才是它的实质内容。

四、会计账簿的启用

为了保证账簿记录的合法性、合理性和账簿资料的完整性，明确记账责任，会计人员应在年初或更换新账时启用账簿。

启用会计账簿时，应当在账簿封面上写明单位名称和账簿名称，并在账簿扉页附上“账簿启用表”。

启用订本式账簿应当从第一页到最后一页顺序编定页数，不得跳页、缺号。

使用活页式账簿应当按账户顺序编号，并须定期装订成册，装订后再按实际使用的账页顺序编定页码，另加目录以便于记明每个账户的名称和页次。具体见图 5－11 账簿启用表。

账簿启用表

机构名称	任城区安居镇幸福村	印鉴
账簿名称	银行存款日记账　　（第1　册）	任城区安居镇幸福村委会
账簿编号	20160103	
账簿页数	本账簿共计1000　页（本账簿页数 检点人签章　）	
启用日期	公元2016 年1 月1 日	

经管人员	负责人		主办会计		复核		记账	
	姓名	盖章	姓名	盖章	姓名	盖章	姓名	盖章
	张华		王二妮				李明	

接收记录	经管人员		接管				文出			
	职别	姓名	年	月	日	盖章	年	月	日	盖章
	出纳员	王小宝	2016	1	1	王小宝				
备注										

图 5－11　账簿启用表

五、会计账簿的登记要求

为了保证账簿记录的正确性，必须根据审核无误的会计凭证登记会计账簿，并符合有关法律、行政法规和国家统一的会计准则制度的规定。主要有以下要求：

（一）准确完整

登记会计账簿时，应当将会计凭证日期、编号、业务内容摘要、金额和其他有关资料逐项记入账内，做到数字准确、摘要清楚、登记及时、字迹工整。

（二）注明记账符号

账簿登记完毕后，要在记账凭证上签名或者盖章，并在记账凭证的“过账”栏内用红字注明账簿页数或划对勾，表示记账完毕，避免重记、漏记。

（三）书写留空

账簿中书写的文字和数字上面要留有适当空格，不要写满格，一般应占格距的二分之一。这样，如果发生登记错误，能比较容易的进行更正，同时也方便查账。

（四）正常记账使用蓝黑墨水

为了保持账簿记录的持久性，防止涂改，登记账簿必须使用蓝黑墨水或者碳素墨水书写，不得使用圆珠笔（银行的复写账簿除外）或者铅笔书写。

（五）特殊记账使用红墨水

使用红墨水书写的情形如下：

（1）按照红字冲账的记账凭证，冲销错误记录。

（2）在不设借贷等栏的多栏式账页设中，登记减少数。

（3）在三栏式账户的"余额"栏前，如未印明余额方向的，在"余额"栏内用红字登记负数余额。

（4）根据国家统一的会计制度的规定可以用红字登记的其他会计记录。

（六）顺序连续登记

记账时，必须按账户页次逐页逐行登记，不得隔页、跳行。如果发生隔页、跳行现象，应当在空页、空行处用红色墨水画对角线注销，或者注明"此页空白""此行空白"字样，并由记账人员签名或者盖章。

（七）结出余额

凡需要结出余额的账户，结出余额后，应当在"借或贷"等栏内写明"借"或者"贷"等字样，以示余额的方向；没有余额的账户，应在"借或贷"栏内写"平"字，并在"余额"栏"元"位用"θ"表示。现金日记账和银行存款日记账必须逐日结出余额。

（八）过次承前

每一账页登记完毕时，应当结出本页发生额合计及余额，在该账页最末一行"摘要"栏注明"转次页"或"过次页"，并将这一金额记入下一页第一行有关金额栏内，

在下页第一行"摘要"栏内注明"承前页"，以保持账簿记录的连续性，便于对账和结账。

对需要结计本月发生额的账户，结计"过次页"的本页合计数应当为自本月初起至本页末止的发生额合计数；对需要结计本年累计发生额的账户，结计"过次页"的本页合计数应当为自年初起至本月末时的累计数；对既不需要结计本月发生额，也不需要结计本年累计发生额的账户，可以只将每页末的余额结转次页。如图5－12、图5－13。

银行存款日记账

年		凭证		对方科目	摘要	总页	收入金额	付出金额	结存金额
月	日	种类	号数						
7	1				期初余额				19345000
	1	记	1	库存现金	提现备用			100000	19245000
	3	记	6	应付账款	偿付前欠货款			1000000	18245000
	5	记	7	短期借款	借入短期借款，存入银行		18000000		36245000
	5	记	8	原材料等	购进材料，验收入库，款已付			1867920	34377080
	5	记	9	材料采购等	购进材料			373040	34004040
	6	记	13	应收账款	收到货款，存入银行		2000000		36004040
	6	记	14	主营业务收入等	销售产品，款已收存银行		1193400		37197440
	7	记	15	应收账款	收到货款，存入银行		1200000		38397440
	7	记	16	主营业务收入等	销售产品，款已收存银行		2340000		40737440
	7	记	17	应付账款	偿付前欠货款			3000000	37737440
	7	记	18	销售费用	支付广告费			100000	37637440
					过次页		24733400	6440960	37637440

图 5－12

银行存款日记账

年		凭证		对方科目	摘要	总页	收入金额	付出金额	结存金额
月	日	种类	号数						
					承前页		24733400	6440960	37637440
	1	记	1	库存现金	提现备用			100000	19245000
	3	记	6	应付账款	偿付前欠货款			1000000	18245000
	5	记	7	短期借款	借入短期借款，存入银行		18000000		36245000
	5	记	8	原材料等	购进材料，验收入库，款已付			1867920	34377080
	5	记	9	材料采购等	购进材料			373040	34004040
	6	记	13	应收账款	收到货款，存入银行		2000000		36004040
	6	记	14	主营业务收入等	销售产品，款已收存银行		1193400		37197440
	7	记	15	应收账款	收到货款，存入银行		1200000		38397440
	7	记	16	主营业务收入等	销售产品，款已收存银行		2340000		40737440
	7	记	17					3000000	37737440
	7	记	18					100000	37637440
					过次页		24733400	6440960	37637440

保持账簿记录的连续性

图 5－13

（九）不得涂改、刮擦、挖补

如发生账簿记录错误，不得刮擦、挖补或用褪色药水更改字迹，而应采用规定的方法更正。

【练一练】

1. 会计账簿的登记规则错误的有（　　）

A. 账簿记录中的日期，应该填写原始凭证上的日期

B. 多栏式账页中登记减少数可以使用红色墨水

C. 在登记各种账簿时，应按页次顺序连续登记，不得隔页、跳行

D. 对于没有余额的账户，应在“借或贷”栏内写“θ”表示

2. 下列选项中，符合登记会计账簿基本要求的有（　　）

A. 文字和数字的书写应占格距的1/3

B. 登记后在记账凭证上注明已经登账的符号

C. 一律不得用红色墨水登记账簿

D. 应使用圆珠笔登账

扫码看答案

任务二　账簿的设置和登记方法

企业在生产经营活动中,对发生的每一项经济业务,必须通过会计凭证进行记录反映。但是,每一张凭证只能反映个别经济业务的内容。为了对经济业务进行全面、系统、连续地反映,以提供经营管理所需要的各种会计核算资料,有必要对会计凭证提供大量、分散的核算资料,加以归类整理,登记到有关的账簿中。本任务主要讲述如何设置和登记会计账簿。

一、库存现金日记账的设置和登记方法

(一) 库存现金日记账的设置

企业、行政事业单位都应当设置库存现金日记账。为了防止其弊端,必须采用订本式账簿。设置库存现金日记账有利于加强货币资金的日常核算和监督,有利于贯彻执行国家规定的货币资金管理制度。库存现金日记账是指用来核算和监督库存现金日常收、付和结存情况的序时账簿。库存现金日记账的账页格式一般采用"收入""支出""结存"三栏式。有些企业也采用多栏式库存现金日记账,它是在三栏式库存现金日记账的基础上发展起来的。这种日记账的借方(收入)和贷方(支出)金额栏都按对方科目设专栏,也就是按收入的来源和支出的用途设专栏。其在月末结账时,可以结出各收入来源专栏和支出用途专栏的合计数,便于对现金收支的合理性、合法性进行审核分析,便于检查财务收支计划的执行情况,其中的全月发生额还可以作为登记总账的依据。

(二) 库存现金日记账的登记方法

库存现金日记账一般由出纳人员根据现金收款凭证、现金付款凭证和银行存款付款凭证或通用的记账凭证，按经济业务发生时间的先后顺序，逐日逐笔进行登记。

1. 日期栏

指记账凭证的日期，它通常与库存现金的实际收付日期一致。

2. 凭证字号栏

它指据以登记入账的收、付款凭证或通用记账凭证的种类和编号，如"库存现金收（付）款凭证"，简写为"现收（付）"；"银行存款收（付）款凭证"，简写"银收（付）"。凭证字号栏还应登记凭证的编号，以便于查账和核对。

3. 摘要栏

摘要是指简要说明登记入账的经济业务的内容。摘要应语言简明扼要，并能说明问题。

4. 收入、支出和余额栏

库存现金的实际收、付金额和收付后的余额，应根据有关记账凭证进行登记，"收入"栏根据现金收款凭证和引起现金增加的银行存款付款凭证登记（从银行提取现金，只编制银行存款付款凭证）；"支出"栏根据现金付款凭证登记。每日终了，应计算全日的现金收入、支出合计数，逐日结出库存现金余额，并与库存现金实存数进行核对，以检查每日现金收付是否有误。每月期末，应结出当期"收入"栏和"支出"栏的发生额和"结存"栏的期末余额，并与库存现金总分类账户核对一致，做到日清月结，账实相符。如账实不符，应查明原因，再根据不同情况进行处理。

【典型实例】

（1）12月1日，收回员工出差归来剩余借款。

借：库存现金　　　　　　　　　　　500

　　贷：其他应收款　　　　　　　　　500

（现金收款凭证1号）

（2）12月1日，用现金支付招待费100元。

借：管理费用　　　　　　　　　　　100

　　贷：库存现金　　　　　　　　　　100

（现金付款凭证1号）

（3）12月4日，从银行取现金1 000元

借：库存现金　　　　　　　　　　1 000

　　贷：银行存款　　　　　　　　　1 000

（银行存款付款凭证1号）

表5-2　　　　　　　　　　　库存现金日记账账页（三栏式）

年 月	日	凭证号	摘要	对方科目	收入	支出	结余
12	01		期初余额				3 000
	01	现收1	收回欠款	其他应收款	500		3 500
	01	现付1	付招待费	管理费用		100	3 400
	04	银付1	提现	银行存款	1 000		4 400

库存现金日记账，也称现金日记账，它是由出纳员根据审核无误的收付款凭证，按经济业务或事项发生日期的顺序，逐日逐笔登记的。每日登记时，先登记现金增加业务，再登记现金减少业务。登记完毕，在下一行合计本日发生额（包括借方发生额和贷方发生额），计算出当日期末余额，做到日清月结。

二、银行存款日记账的设置和登记方法

（一）银行存款日记账的设置

企业、行政事业单位都应当设置银行存款日记账。为了防止出现弊端，银行存款日记账必须采用订本式账簿，不能用银行对账单或者其他方法代替银行存款日记账。设置银行存款日记账有利于加强货币资金的日常核算和监督，有利于贯彻执行国家规定的货币资金管理制度。银行存款日记账是指用来核算和监督银行存款日常收、付和结存情况的序时账簿。银行存款日记账的账页格式与库存现金日记账的格式基本相同，但有些地方也有差别。

银行存款日记账与库存现金日记账的不同点如下：

（1）银行存款日记账应按企业在银行开立的账户和币种分别设置，每个银行存款账户都应设置一本银行存款日记账。

（2）在办理银行存款收、付业务时，均根据银行结算凭证办理，便于与银行对账，银行存款日记账还设有"结算凭证种类和号数"栏，单独列出每项存款收付所依据的结算凭证种类和号数。

（3）定期与银行对账单逐笔核对。

（二）银行存款日记账的登记方法

银行存款日记账是由出纳人员根据银行收款凭证、银行付款凭证和现金付款凭证或通用的记账凭证，按经济业务发生时间的先后顺序，逐日逐笔进行登记。银行存款日记账与库存现金日记账的登记方法基本相同，每日终了应结出余额，做到日清月结，以便检查、监督各项收支款项，避免出现透支现象，同时也便于同银行对账单进行核对。

【典型实例】

(1) 12月1日,收回货款存银行。

借:银行存款　　　　　　　　　　　　　5 000
　　贷:应收账款　　　　　　　　　　　　　5 000

(银行收款凭证1号)

(2) 12月1日,用银行存款支付办公费3 000元。

借:管理费用　　　　　　　　　　　　　3 000
　　贷:银行存款　　　　　　　　　　　　　3 000

(银行付款凭证2号)

(3) 12月1日,将现金存银行1 000元。

借:银行存款　　　　　　　　　　　　　1 000
　　贷:库存现金　　　　　　　　　　　　　1 000

(现金付款凭证2号)

表5-3　　　　　　　　　　银行存款日记账账页(三栏式)

年		凭证号	摘要	对方科目	收入	支出	结余
月	日						
12	01		期初余额				9 000
	01	银收1	收回货款	应收账款	5 000		14 000
	01	银付2	付办公费	管理费用		3 000	11 000
	01	现付2	存现	库存现金	1 000		12 000

三、总分类账簿的设置和登记方法

(一) 总分类账簿的设置

总分类账簿,简称总账,是单位按照总分类账户分类登记,以提供总括会计信息的账簿。总账根据总分类科目开设,能全面、总括的反映和记录经济业务引起的资金运动和财务收支情况,并为编制会计报表提供数据。因此,任何单位都必须设置总分类账。

总分类账一般采用订本式账。由于总账只进行货币度量的核算,因此最常用的格式为三栏式,设置借方、贷方和余额三个基本金额栏目,如图5-14所示。总账的对应科目栏,可以设置也可以不设置。

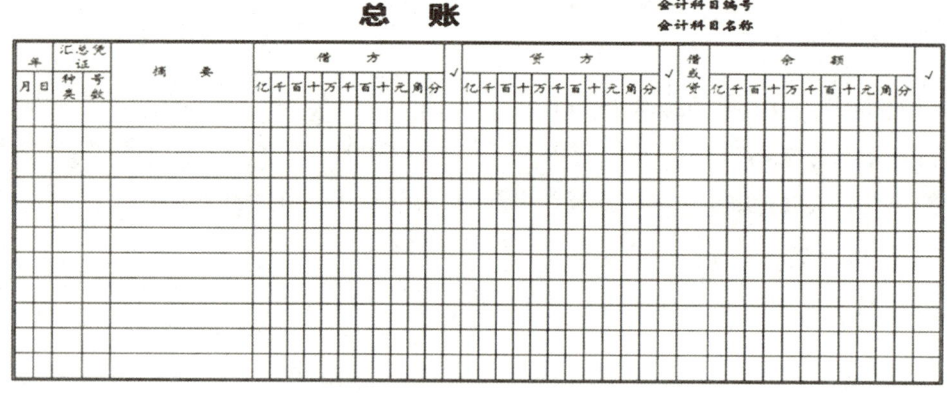

图 5-14

(二) 总分类账簿的登记方法

总分类账的登记方法因登记的依据不同而有所不同。可以根据记账凭证逐笔登记，也可以通过一定的方式分期或按月一次汇总成汇总记账凭证或科目汇总表，然后据以登记。总账登记的依据和方法，取决于企业采用的账务处理程序。如图 5-15 所示。

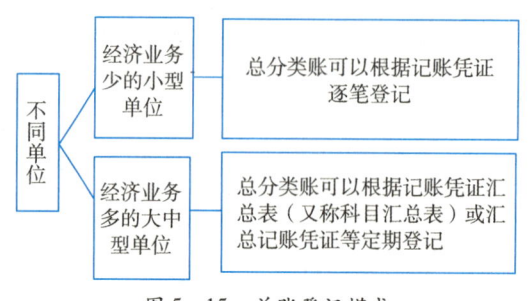

图 5-15 总账登记模式

三栏式总账的登记方法如下：

第一，会计科目：是指开设的总账账户名称。在实际工作中，单位可以把开设的账户填在口取纸上，依次粘贴到账页上方，作为总账目录。这样，既不妨碍查找账页页次，又便于检索翻阅。

第二，日期栏：指登记总账的凭证填制日期。如记账凭证核算形式下，是指编制记账凭证的日期；科目汇总表核算形式下，是指科目汇总表编制的日期。

第三，凭证栏：是指据以登记总账的凭证。如，记账凭证核算形式下，是指编制记账凭证的种类和编号；汇总记账凭证核算形式下，是指汇总记账凭证编制的种类和编号。

第四，摘要栏：是指所记经济业务或事项的简要说明。

第五，"借方""贷方"及"余额"三栏：是指所开设账户实际登记的增加数、减少数及余额。

第六，“借或贷”栏：是指开设账户所记余额的方向。

四、明细账的设置和登记方法

（一）明细账的设置

明细账是根据明细账户开设的，连续地分类登记经济业务，以提供明细核算资料的账簿。根据实际需要，各种明细账分别按二级科目或明细科目开设账户，并为每个账户预留若干张账页，用来连续地、分类记录有关资产、负债、所有者权益、收入、成本、费用、利润等详细资料。设置和运用明细账，有利于加强资金的管理和使用，并可为编制财务会计报表提供必要的资料。因此，各单位在设置总账的基础上，还要根据经营管理需要，按照总账科目设置若干必要的明细账，以形成既能提供经济活动总括情况，又能提供具体详细资料的账簿体系。

明细账的格式，应根据它所反映经济业务的特点，以及财产物资管理的不同要求来设计，一般有三栏式明细账、数量金额式明细账、多栏式明细账和横线登记式明细账四种。

（二）明细账的登记方法

1. 三栏式明细账的登记方法

三栏式明细账的登记依据是记账凭证及其所附的原始凭证或原始凭证汇总表。三栏式明细账分类账的账页设借方、贷方和余额三个金额栏，用以分类核算各项经济业务，提供详细核算资料。这种账页适用于只进行金额核算且内容相对单一的账户，如应收账款、应付账款、短期借款等债权债务类账户及资本类账户的明细核算。其格式如图 5－16 所示。

第　　页

一级科目

二级科目或明细科目

明细账

年		凭证		摘要	借方											贷方											借或贷	余额										
月	日	种类	号数		亿	千	百	十	万	千	百	十	元	角	分	亿	千	百	十	万	千	百	十	元	角	分		亿	千	百	十	万	千	百	十	元	角	分

图 5－16

三栏式明细账一般由会计人员根据记账凭证及其所附的原始凭证逐笔登记。其中，债权债务类明细账在每次记账后都要随时结计余额。

2. 数量金额式明细账的登记方法

数量金额式明细账的登记依据是涉及财产物资的记账凭证及其所附的收料单、领料单、限额领料单、产成品入库单、发货单等货物的收发凭证。数量金额式明细账账页的格式就是在收入、发出、结存三栏内,再分别设置"数量""单价"和"金额"等栏目,以分别登记财物的数量和金额。数量金额式明细账适用于既要进行金额明细核算,又要进行数量明细核算的账户,如"原材料""库存商品"等财产物资账户的明细核算。它能提供各种财产物资收入、发出、结存等数量和金额资料,便于开展业务和加强管理。

数量金额式明细账一般由会计人员根据记账凭证及其所附的收料单、领料单、限额领料单、产成品入库单、发货单等货物的收发凭证逐笔登记,每次记账后,都要随时结出结存数量;或者由财产物资仓库保管员根据收料单、领料单、限额领料单、产成品入库单、发货单等货物的收发凭证逐笔登记,随时结出结存数量,如图5-17所示。

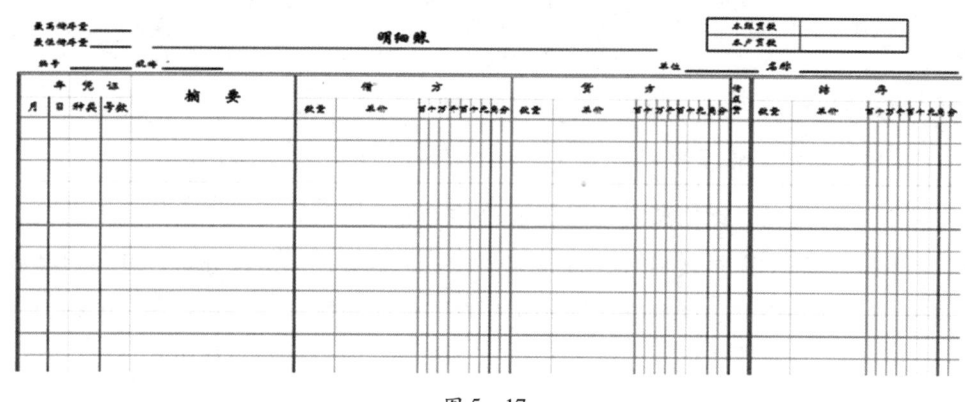

图5-17

3. 多栏式明细账的登记方法

多栏式明细账的登记依据是审核无误的记账凭证及其所附原始凭证或原始凭证汇总表。多栏式明细账账页是将属于同一个总账账户的各个明细账户合并在一张账页上进行登记,即在这种格式账页的借方或贷方金额栏内按照明细项目设若干专栏。

多栏式明细账适用于只记金额,不记数量的账户,而且这些账户在管理上需要了解构成内容的收入、成本、费用、利润,如"生产成本""制造费用""管理费用""主营业务收入""利润分配""本年利润""应交税费——应交增值税"等账户的明细分类账。

多栏式明细账的格式视管理需要而呈现多样性。通常情况下,主要有以下三种情况:

(1)只在借方栏下分设专栏的多栏式明细账。主要有"生产成本""制造费用""销售费用""管理费用""财务费用"等账户。例如,"制造费用"明细账,它在借方栏下，可分设工资、职工福利、折旧费、办公费等专栏，格式如图 5-18 所示。

生产成本明细账

图 5-18

（2）只在贷方栏下分设专栏的多栏式明细账。主要有"主营业务收入""其他业务收入""营业外收入"等账户。例如，"营业外收入"明细账，在贷方栏下可分设处置固定资产利得、处置无形资产利得、盘盈利得、接受捐赠利得、无法支付的应付款项等专栏，其格式如图 5-19 所示。

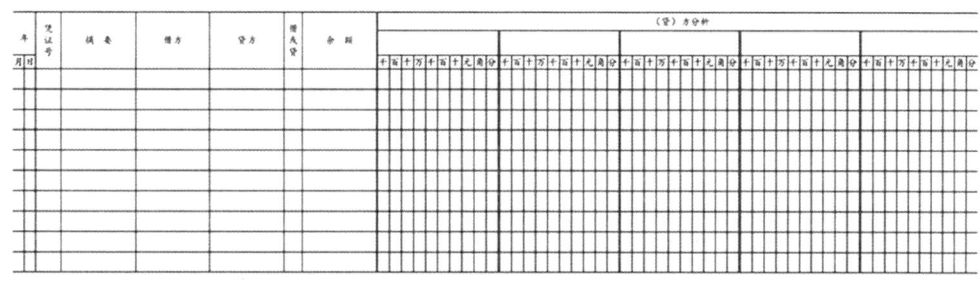

图 5-19

（3）借方栏和贷方栏下均分设专栏的多栏式明细账。主要有"本年利润""利润分配""应交税费——应交增值税"等账户。例如"本年利润"明细账，在借方栏下，可分设主营业务成本、其他业务成本、税金及附加、销售费用、管理费用、财务费用、营业外支出等专栏；在贷方栏下，可分设主营业务收入、其他业务收入、投资收益、营业外收入等专栏，其格式如图 5-20 所示。

应交税费-应交增值税明细账

总页 分页

××年		凭证		摘要	借方			贷方			借或贷	余额
月	日	字	号数		合计	进项税额	已交税金	合计	销项税额	进项税额转出		
1	1			上年结转							贷	942400
	8	记	10	采购材料	5440000	5440000					借	4497600
	10	记	20	销售商品				13600000	13600000		贷	9102400
	17	记	35	交纳税金	17440000		12000000				借	2897600
	21	记	55	采购材料	24240000	6800000					借	9697600
	24	记	71	销售商品				25840000	12240000		贷	2542400
				过次页								

图 5-20

多栏式明细分类账是由会计人员根据审核无误的记账凭证或原始凭证，按照经济业务发生的先后顺序逐日逐笔进行登记的。对于成本费类账户，只在借方设专栏，平时在借方登记费用、成本的发生额，如有贷方发生额，要用“红字”在借方有关栏内登记，表示从“借方”栏中冲减。同样。对于收入类账户，只在贷方设专栏，平时在贷方登记收入的发生额，若发生退货等借方发生额时，要用“红字”在贷方有关栏内登记，表示从贷方发生额中冲减。对于在借贷有分设专栏的明细账，其登记方法与三栏式明细账类似，只是要按具体的项目登记到对应的各栏中。

4. 横线登记式明细账的登记方法

横线登记式明细账也称平行式明细账。它的账页结构特点是，将前后密切相关的经济业务在同一横行内进行详细登记，以检查每笔经济业务的完成及变动情况。“材料采购”“在途物资”“应收票据”和“其他应收款——备用金”等明细账一般采用横线登记式账簿。

横线登记式明细账的借方一般在购料付款或借出备用金时按会计凭证的编号顺序逐日逐笔登记，其贷方则是在材料验收入库或者备用金使用后报销和收回时，在与借方记录的同一行进行登记。同一行内借方、贷方均有记录且相等时，表示该项经济业务已处理完毕，若一行内只有借方记录而无贷方记录的，表示该项经济业务尚未结束。材料采购明细账的格式如图 5-21 所示。

材 料 采 购

账户名：B材料

户名	借方												贷方												转销
	2017年		凭证号数	摘要	金额								2017年		凭证号数	摘要	金额								
	月	日			十万	万	千	百	十	元	角	分	月	日			十万	万	千	百	十	元	角	分	
红星材料厂	5	25	记58	购入			6	0	0	0	0	0													

图 5-21

任务三　错账的查找和更正方法

尽管我们在填制记账凭证、登记账簿之前对原始凭证、记账凭证进行过数次的复合，但由于种种原因，账簿登记有时候仍会出现错误，出现错误后，第一是要查找出来，第二是要更正。

一、错账的查找方法

查找错账的方法有很多，但每一种方法针对的错账类型是不同的。也就是说错账情况不同，使用的查找方法就不一样。具体有以下几种查找错账的方法：

（一）差数法

差数法是指按照错账的差数来查找错账的方法。主要适用于以下两种错账：

第一种是漏记或重记。因记账疏忽而漏记或重记一笔账，只要找到差数的账就查到了。若本期内同样数字的账发生了若干笔，就容易发生漏记或重记。例如错账差数是 1 000 元，本期内发生 1 000 元的账有十笔，重复查找这十笔账看是否有漏记或重记。

第二种是串户。串户可分为记账串户和科目汇总串户。首先说记账串户，如某公司在本单位有应收账款和应付账款两个账户，如记账凭证是借记"应收账款——某公司" 500 元，而记账时误记为借记"应付账款——某公司" 500 元，这就造成资产负债表双方是平衡的，但总账与分户明细账核对时，应收款与应付款各发生差数 500 元，此时可以运用差数法，到应收账款或应付账款账户中直接查找 500 元的账是否串户。还有一种是在科目汇总（合并）时，将借记"应收账款" 500 元误记为借记"应付账款"500元，进行汇总同样在总账与分类明细账核对时，这两科目同时发生差数500元，经过查对，如记账没有发生串户，那么，必定是科目汇总合并时科目汇总发生差错。

（二）尾数法

尾数法是指对于发生的差错只查找末位数，以提高查错效率的方法。这种方法适合于借贷方金额其他位数都一致，而只有末位数出现差错的情况。

如试算平衡时，发现借方的合计比贷方多0.78元，可查找是否有尾数是0.78元的业务有误。

（三）除2法

除2法是指以差数除以2来查找错账的方法。这种方法适用于把借贷方向记反的错账。当某个借方金额错记入贷方（或相反）时，出现错账的差数表现为错误的2倍，用2去除此差数，得出的商即是反向的金额，例如，原有原材料库存7 000元，又入库3 000元，应在"原材料"账户借方登记3 000元，期末余额应为10 000元，结果记在"原材料"贷方3 000元，致使期末余额只有4 000元，差额6 000元。这个差额数字6 000除以2，商数是3 000元，便是该错数。查找时应注意有无3 000元的业务方向记反了。

（四）除9法

除9法是指以差数除以9来查找错账的方法。此法适用于查找由数字错位和邻数倒置所引起的差错。

1. 在登账过程中可能会把数字的位数搞错

如把十位数记成百位数，把百位数记成千位数或者把千位数记成百位数。如果出现这种情况，差数均可被9整除，其商数就是要查找的差错数。例如，把600误记为60，差数是540，除以9后，商为60，你就可以在账簿上查找是否将600误记为60。再如，把300误记成3 000差数为2 700，除以9后，商为300，将300乘以10后得3 000，就可以在账簿中查找是否将3 000误记为300的情况。

2. 邻数倒置

记账时，如果将相邻两位数或数的数字顺序弄颠倒了，也可以采用"除9法"查找。例如将52误记为25，或将25误记为52，两个数子颠倒后，个位数变成了十位数，十位数变成了个位数，这就造成了其差数为9的倍数。

如果将前大后小的数颠倒，则正确数与错误数的差额就是一个正数，这个差数除以9所得商的有效数字便是相邻颠倒两数的差值。例如，将52错记为25，差数27除以9的商数为3，这就是相邻颠倒两数的差值（5-2）。如果将前小后大的数颠倒，正确数与错误数的差数则是一个负数，这个差数除以 9 所得商数的有效数字就是相邻颠倒两数的差值。如将 25 错误记为 52，差数 –27 除以 9 的商为 –3。这就是相邻颠倒两数差值（2 –5）。我们可以在与差值相同的两个相邻数范围内查找。

二、错账的更正方法

错账的更正方法主要有划线更正法、红字更正法和补充登记法。

（一）划线更正法

划线更正法，是指划红线注销原有错误记录，然后在错误记录的上方写上正确记录的方法。会计人员结账前发现账簿记录有误（包括文字错误和数字错误），而记账凭证并无错误时，可以采用划线更正法。更正时，先在前错误的文字或数字上划一条红色横线，表示注销，然后将正确的文字或数字用蓝色或黑字写在被注销文字或数字上方，并由会计人员和会计机构负责人（会计主管人员）在更正处盖章。以明确责任。对于错误数字应全部划销，不能只划销写错的个别数字；对于错误文字，可以只划去错误的部分。被划线注销的文字或数字应保持其原有字迹仍可辨认，用以备查。

（二）红字更正法

红字更正法，是指用红字冲销原有错误的凭证记录及账户记录，以更正或调整账簿记录的一种方法。适用于以下两种情形：

1. 记账后发现记账凭证中的应借、应贷会计科目有错误

更正方法是：用红字填制一张与原错误记录内容完全相同的记账凭证，在摘要栏注明"冲销第几号凭证"，并据以登记入账；然后用蓝字填制一张正确的记账凭证，在摘要栏内写明"更正第几号凭证"，并据以入账。

【例 5 –1】某企业以库存现金支付市内购货运费 2 000 元，编制会计分录并据以登记相关账簿。

借：在途物资　　　　　　　　　　　　2 000
　　贷：银行存款　　　　　　　　　　　　2 000

采用红字更正法的更正过程如下：

首先编制一张与原错误记账内容完全相同、金额为红字的记账凭证，并据以登记入账，冲销原错账。

借：在途物资　　　　　　　　　　　　2 000
　　贷：银行存款　　　　　　　　　　　　2 000

然后再编制一张完全正确的记账凭证，并据以登记入账。

借：在途物资　　　　　　　　　　　　2 000
　　贷：库存现金　　　　　　　　　　　　2 000

2. 记账后发现记账凭证和账簿记录中应借、应贷会计科目无误，只是所记金额大于应记金额

更正方法是：用红字填制一张与原记账凭证应借、应贷科目完全相同，金额为多记部分的记账凭证，在摘要中注明"冲销第几号记账凭证多记金额"，并据以入账。

【例 5-2】某企业以银行存款偿还前欠购货款 8 000 元，编制会计分录并据以登记相关账簿。

  借：应付账款　　　　　　　　　　　　80 000
    贷：银行存款　　　　　　　　　　80 000

采用红字更正法的更正过程如下：

编制一张与原错误记账凭证应借、应贷科目完全相同、金额为红字多记部分的记账凭证，并据以登记入账，冲减原错账。

  借：应付账款　　　　　　　　　　　　72 000
    贷：银行存款　　　　　　　　　　72 000

（三）补充登记法

补充登记法，是指用蓝字补记金额，以更正原错误账簿记录的一种方法。补充登记法适用的错账情况是：在记账后，发现记账凭证与账簿中所记金额小于应记金额，而科目对应关系无误。具体的更正方法是：用蓝字编制一张与原记账凭证应借、应贷科目完全相同，金额为少记部分的记账凭证，在摘要中注明"补记第几号凭证少记金额"，并据已入账，以补充登记少记的金额。

【例 5-3】某企业收到购货单位偿还前欠货款 6 666 元，编制会计分录并据以登记相关账簿。

  借：银行存款　　　　　　　　　　　　666
    贷：应收账款　　　　　　　　　　666

采用补充登记法的更正过程如下：

编制一张与原错误记账凭证应借、应贷科目完全相同，金额为蓝字少记部分的记账凭证，并据以登记入账，补充原错账。

  借：银行存款　　　　　　　　　　　　6 000
    贷：应收账款　　　　　　　　　　6 000

任务四 对账和结账

登记账簿作为会计核算的方法之一，除了记账外，还包括对账和结账两项工作。把账簿记载的资料进行账证核对、账账核对、账实核对，以保证会计账簿记录质量。并按照一定时期（月份、季度、年度）内发生的经济业务或事项登记入账，计算并记录本期发生额及期末余额，以便进一步根据账簿记录编制会计报表。

一、对账

会计凭证、各种实物资产及各账簿之间的有关数对账，就是核对账目，是对账簿记录所进行的核对工作。也就是在会计期末，结账之前或在财产清查之前，将账簿记录的有关数字与会计凭证、各种实物资产及各账簿之间的有关数字进行的核对工作。在会计工作中，由于种种原因，难免会发生记账、计算等差错，也难免会出现账实不符的现象。为了保证各账簿记录和财务会计报表的真实、完整和准确，如实地核算和监督经济活动，各单位必须做好对账工作。

账簿记录的准确与真实可靠，不仅取决于账簿记录的本身，还涉及账簿与凭证的关系，账簿记录与实际情况是否相符的问题等。所以，对账一般可以分为账证核对、账账核对和账实核对，把账簿记录的数字核对清楚，做到账证相符、账账相符和账实相符。对账工作至少每年进行一次。

（一）账证核对

账证核对是指对账簿记录与会计凭证包括记账凭证和原始凭证的时间、凭证字号、业务内容、记账方向及金额所进行的核对。由于会计凭证是登记账簿的依据，账簿是根据会计凭证登记的，两者之间存在勾稽关系，账簿与原始凭证核对，主要是对账簿记录的经济业务的真实性、合法性进行检查；账簿与记账凭证核对，主要是检查过账工作是否正确，即账簿记录是否按照记账凭证指明的账户名称、记账方向和金额进行登记。通过账证核对，可以检查、验证账簿记录与会计凭证的内容是否正确无误，如有不符之处，应当及时查明原因，予以更正，以保证账证相符。

（二）账账核对

账账核对是指对各种账簿之间相对应的记录及账簿内部记录的必然关系所进行的核对。由于账簿之间相对应的记录存在内在联系，通过账账核对，可以检查、验证账簿记录的正确性，以便及时发现错账，予以更正，保证账账相符。具体核对内容主要包括以下四个方面：

1. 总分类账簿之间的核对

对总分类账各账户本期借、贷方发生额合计数，期末借、贷方余额合计数，应当分别核对，以便检查总分类账户的登记是否正确。这种核对工作可以通过定期编制总分类账户试算平衡表进行。

2. 总分类账簿与所属明细分类账簿之间的核对

总分类账簿与所属明细分类账簿之间的核对是将总分类账户本期借、贷方发生额与所属明细分类账户的借、贷方发生额合计及余额合计数相核对，以检查总分类账户和明细分类账户登记是否正确。这种核对可以通过定期编制明细分类账本期发生额与余额对照表等形式进行。

3. 总账与日记账的核对

总账与日记账的核对即总账中的"库存现金"和"银行存款"账户余额与库存现金日记账和银行存款日记账的余额核对相符。

4. 财产物资明细账与财产物资保管账的核对

财产物资明细账与财产物资保管账的核对即会计部门有关财产物资的明细账数量、余额与财产物资保管或使用部门登记的明细账核对相符。

（三）账实核对

账实核对是指在账账核对的基础上，对各项财产物资、债权债务和款项的账面余额与实有数额所进行的核对。由于财产物资、债权债务的增减变化和款项的收付都要在有关账簿中如实记录。因此，通过账簿记录与财产物资、款项的实有数进行核对，可以检查、验证财产物资、债权债务和款项账簿记录的正确性，以便及时发现财产物资、债权债务和货币资金管理中存在的问题，查明原因、分清责任、改善管理，保证账实相符。账实核对的主要内容如下：

（1）库存现金日记账账面余额与库存现金实际库存数逐日核对是否相符。

（2）银行存款日记账账面记录与银行对账单的记录定期核对是否相符。

（3）各项财产物资明细账账面余额与财产物资的实有数额定期核对是否相符。

（4）有关债权债务明细账账面余额与对方单位的账面记录核对是否相符。

实际工作中，账实核对一般是通过财产清查进行。

二、结账

（一）结账的概念

结账是一项将账簿记录定期结算清楚的账务工作。在一定时期（如月末、季末或年末）结束时，为了编制财务报表，需要进行结账。结账的内容通常包括两个方面：一是结清各种损益类账户，并据以计算确定本期利润；二是结出各资产、负债和所有者权益账户的本期发生额合计和期末余额。

通过结账，可以正确反映一定时期内账簿记录的经济活动情况及其结果，为编制财务报表提供资料。结账必须在会计期末进行，不得为赶制财务报表而提前结账，更不得先编财务报表后结账。为保证结账的顺利进行，必须做好相应的准备工作。

（二）结账的程序

结账时，应按以下程序进行：

（1）结账前，将本期发生的经济业务全部登记入账，并保证其正确性。对于发现的错误，应采用适当的方法进行更正。

（2）在本期经济业务全面入账的基础上，根据权责发生制的要求，调整有关账项，合理确定应计入本期的收入和费用。

（3）将各损益类账户余额全部转入"本年利润"账户，结平所有所有损益类账户。

（4）结出资产、负债和所有者权益账户的本期发生额和余额，并转入下期。

上述工作完成后，就可以根据总分类账和明细分类账的本期发生额和期末余额，分别进行试算平衡。

（三）结账的方法

结账，即结出每个账户的本期发生额和期末余额。会计期间一般按日历时间划分为月度、季度和年度，结账也相应分为月度结账、季度结账和年度结账，并分别简称为月结、季结和年结。

需要结出当月（季、年）发生额的账户，如各项收入、费用账户等，应单列一行登记发生额，在摘要栏内注明"本月（季）合计"或"本年累计"。

结出余额后，应在余额前的"借或贷"栏内写"借"或"贷"字样，没余额的账户，应在余额栏前的"借或贷"栏内写"平"字，并在余额栏内"元"位置下用"ф"表示。对于没有标明"借或贷"余额方向的账户，如出现负数余额，则用红字书写。

为了突出本期发生额及期末余额，表示本会计期间的会计记录已经截止或者结束，将本期与下期的会计记录明显分开，结账一般都要划"结账线"。划线时，月结、季结用单红线，年结划双红线。划线应划通栏红线，不能只在账页中的金额部分划线。

结账时，应根据不同的账户记录，分别采用不同的结账方法。

1. 总账账户的结账方法

总账账户平时只需结出月末余额。年终结账时，为了总括地反映全年各项资金运动情况的全貌，便于核对账目，要结出所有总账账户全年发生额和年末余额。在摘要栏内注明"本年合计"字样，结计全年发生额和年末余额，并在"本年合计"行下划通栏双红线。

2. 日记账和需要按月结计发生额的明细账户的结账方法

库存现金日记账、银行存款日记账和需要按月结计发生额的各种明细账户，每月结账时，要在每月最后一笔经济业务的下面划通栏单红线，在摘要栏内注明"本月合计"字样，结出本月发生额和月末余额，并再在下面划通栏单红线。

3. 不需要按月结计发生额的账户的结账方法

不需要按月结计发生额的账户，每次记账后，都应在该行余额栏内随时结出余额，每月最后一笔余额即为月末余额。也就是说，月末余额就是本月最后一笔经济业务记录的同一行内的余额。月末结账时只需在最后一笔经济业务记录之下划通栏单红线即可，无须再结记计一次余额。

4. 需要结计本年累计发生额的明细账户的结账方法

需要结计本年累计发生额的明细账户，每月结账时，应在"本月合计"行下结出自年初起至本月末止的累计发生额，登记在月份发生额下面，在摘要栏内注明"本年累计"字样，并在下面划一条通栏单红线。12月月末的"本年累计"就是全年累计发生额，在全年累计发生额下划通栏双红线。

5. 年度终了结账时，对于有余额的账户的结账方法

年度终了结账时，对于有余额的账户，要将其余额结转到下一会计年度，并在摘要栏内注明"结转下年"字样。在下一个会计年度新建有关会计账簿的第一行余额栏内填写上年结转的余额，并在摘要栏内注明"上年结转"字样。结转下年时，既不需

要编制记账凭证,也不必将余额再记入本年账户的借方或贷方,使本年有余额的账户变为零,而是使年末有余额的账户的余额如实地反映在账户中,以免混淆有余额账户和无余额账户。

若由于会计准则或会计制度改变而需要在新账中改变原有账户名称及核算内容的,可将年末余额按新会计准则或会计制度的要求编制余额调节会计分录,或编制余额调整工作底稿,将调整后的账户余额抄入新账的有关账户余额栏内。

项目小结

1. 会计账簿是指由一定格式的账页组成的，以经过审核无误的会计凭证为依据，全面、系统、连续地记录各项经济业务的簿籍。设置和登记账簿，是编制财务会计报表的基础，是连接会计凭证和财务会计报表的中间环节。会计账簿具有记载、储存会计信息，分类、汇总会计信息，检查、校正会计信息，编报、输出会计信息的作用。

2. 会计账簿按其用途不同，可以分为序时账簿、分类账簿和备查账簿；按其外形特征可以分为订本式账簿、活页式账簿和卡片式账簿；按账页格式分为两栏式账簿、三栏式账簿、多栏式账簿、数量金额式账簿和横线登记式账簿。

3. 为了保证账簿记录的准确、规范，记账人员登记账簿时要根据审核无误的会计凭证登记账簿，并符合有关法律、行政法规和国家统一的会计准则制度的规定。

4. 错账的查找方法主要有：差数法、尾数法、除 2 法和除 9 法。错账的更正方法主要有：划线更正法、红字更正法、补充登记法。

5. 对账一般可以分为账证核对、账账核对和账实核对，要把账簿记录的数字核对清楚，做到账证相符、账账相符和账实相符。

6. 在一定时期（如月末、季末或年末）结束时，为了编制财务会计报表，需要进行结账。结账的内容通常包括两个方面：一是结清各种损益类账户，并据以计算确定本期利润；二是结出各资产、负债和所有者权益账户的本期发生额合计和期末余额。

项目六 财产清查

【项目介绍】

财产清查是对各项财产物资进行实物盘点以及对各项往来款项进行查询并与账面核对,以保证账实相符的一种专门方法。通过财产清查,可以查明各项财产物资、债权债务、所有者权益情况,加强物资管理,监督财产完整,并为核算损益提供正确的资料。本项目主要介绍财产清查的方法以及财产清查结果的账务处理。具体见图6-1所示。

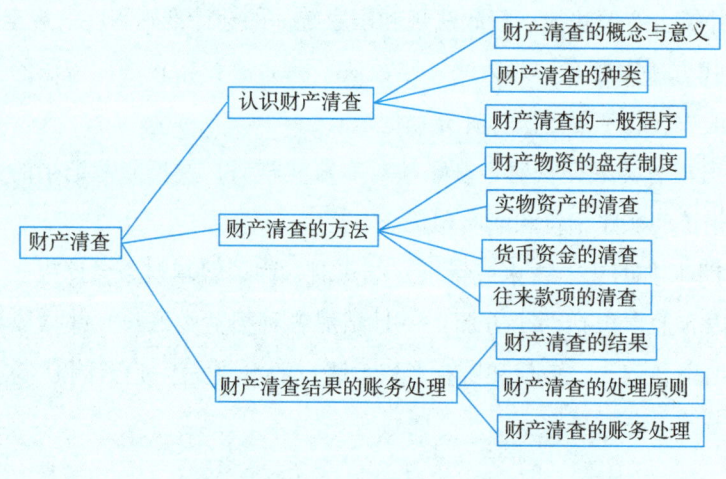

图6-1 财产清查概要

任务一 认识财产清查

距离父母给下次生活费还有一周,你会习惯性的数数钱包里还有多少钱。企业也会在期末对财产物资进行盘点,以查明账存数和实存数是否一致、财产保管及使用情况如何?本节任务主要介绍财产清查的概念、种类及清查的一般程序。

一、财产清查的概念与意义

(一) 财产清查的概念

财产清查是对各项财产物资进行实地盘点和核对,查明财产物资、货币资金和结算款项的实有数额与账面结存数额是否一致,以保证账实相符的一种会计核算方法。

(二) 财产清查的意义

1. 账实不符的原因

在实际工作中,由于各种客观原因常常导致账实不符。归纳起来,导致账实不符的具体原因主要有以下几种情况:

(1) 财产物资在运输途中、仓库保管过程中以及收发过程中发生自然损耗。

(2) 收发财产物资时由于计量、检验不准确而造成差错以及由于手续不齐全、计算或登记上发生差错。

(3) 由于保管不善,造成财产物资霉烂变质或短缺以及贪污盗窃、营私舞弊等,导致财产物资损失。

(4) 由于记录时间不一致,造成一方入账而另一方尚未入账,形成未达账项。

2. 财产清查的意义

鉴于上述账实不符原因，为确保账簿记录准确，单位定期或者不定期对财产物资进行清查具有非常重要的意义。

（1）保证账实相符，提高会计记录的准确性。通过对财产账面结存数与实存数的清查，可以掌握各项财产物资的溢余或短缺，及时根据财产物资实存数调整其账面的结存数，从而保证会计账簿记录的真实性、准确性。

（2）保证财产物资的安全、完整。通过财产清查，可以查明财产物资保管是否完好，有无短缺、毁损、霉变等，从而建立和健全各种财产物资管理制度。

（3）挖掘财产物资的潜力，提高财产物资的使用效率。通过财产清查可以及时查明各项财产物资的使用和结存情况，提高财产物资利用率、加速资金周转等，从而提高单位的经济效益。

（4）确保岗位责任的遵守。通过财产物资的清查，可以查明相关业务人员有无徇私舞弊、玩忽职守、挪用公款等情况，督促工作人员自觉恪守职业道德，维护财经纪律。

二、财产清查的种类

（一）按财产清查的范围，分为全面清查和局部清查

1. 全面清查

全面清查又称整体清查，是对单位的所有财产物资进行的全面清查、盘点和核对。全面清查覆盖面广，消耗人力多，耗费时间长，一般在下列情况下进行：

（1）年终编制决算会计报表前。

（2）企业合并、分立、解散时。

（3）变更主要负责人时。

（4）企业改制需要对资产进行评估时。

2. 局部清查

局部清查也称重点清查，是指根据需要对重要的部分财产物资进行的清查。通常，企业需要对那些流动性较大的财产物资按制度规定和实际需要进行的清查，越是贵重物资，财产清查的频率越高。局部清查具体情况如下：

（1）库存现金应于每日终了进行盘点清查。

（2）企业银行存款日记账与银行对账单至少每月核对一次。

（3）贵重物资应进行经常性的盘点，每月至少清查一次。

（4）存货应有计划、有重点的清查。

（5）债权债务每年至少核对一到两次。

(二）按财产清查的时间，分为定期清查和不定期清查

1. 定期清查

定期清查是指根据管理制度的规定或预先计划安排的时间对财产进行的清查。一般是在财务会计报告期期末进行。定期清查可以是全面清查，也可以是局部清查。

2. 不定期清查

不定期清查也叫临时清查，是指根据实际需要所进行的临时性清查。不定期清查一般是局部清查。企业在更换出纳员、仓库保管员，发生自然灾害或意外灾害时，通常进行临时清查。

三、财产清查的一般程序

财产清查涉及面广，为保证财产清查工作的顺利进行，进行财产清查要严格按照下列步骤进行。

（一）成立清查小组

单位应根据清查性质、种类和范围成立清查小组。清查小组由单位领导、财务会计人员、仓库保管人员、相关技术人员及职工代表等组成。必要时，可将清查小组分为清查领导小组和清查工作小组。

（二）清查前准备

清查前的准备工作由清查小组安排，主要包括：财务部门清查前要提供完整、正确的会计记录，做到账证相符、账账相符；财产物资管理部门对于准备清查的财产物资应将手续办理齐全并分门别类整理整齐；清查前应准备好所需的各种度量衡器具并校正；准备好财产清查所需的登记表。

（三）实施财产清查

清查人员应按清查小组的计划和要求进行清查。清查现金时，应有出纳员在场，并登记"库存现金盘点报告表"；清查银行存款时，应将银行存款日记账与银行对账单核对，并记录"未达账项登记表"，必要时还要到银行进行查证；清查财产物资时，应有保管员在场，并登记"财产物资盘存单"；清查债权债务可通过询证、函证方式进行核实，并登记"往来款项清查表"。

（四）财产清查结果的处理

财产清查任务完成后，财产清查小组应将相关资料整理齐全并由有关人员签章；财产清查小组应根据清查结果分析账面余额与实有数额产生差异的原因和性质，提出处理意见并报给领导及相关部门；及时调整账簿记录，保证账实相符；总结经验教训，建立健全各项财产物资管理制度。

任务二 财产清查的方法

文秘专业的总经理助理小李有幸成为本公司财产清查小组中的一员,主要负责财产清查的监督工作。整个过程一结束,他感觉收获不小:一是他明白了在清查过程中,对不同的清查对象所采用的清查方法是不同的;二是他能解释以前从没接触过的新名词——"未达账项",而且明白了"未达账项"产生的原因。本任务学会针对不同的清查对象选择采用不同的清查方法。

一、财产物资的盘存制度

在会计实务中,实物资产有两种盘存制度,即永续盘存制和实地盘存制。

(一) 永续盘存制

永续盘存制也叫账面盘存制,即会计人员平时对各项财产物资的增减变动根据会计凭证逐笔记入有关账簿,随时结出账面余额的一种核算方法。在永续盘存制下,财产物资的期末余额计算公式如下:

期末余额 = 期初账面余额 + 本期增加额 − 本期减少额

【例6-1】某公司A材料月初结存100千克,单价5元,结存成本为500元,本月A材料收发情况如下:

(1) 5日购入2 000千克　　单价5元　　计价10 000元
(2) 10日发出100千克　　单价5元　　计价500元
(3) 15日购入4 000千克　　单价5元　　计价20 000元
(4) 20日发出4 000千克　　单价5元　　计价20 000元

(5) 25 日购入 1 000 千克　　单价 5 元　　计价 5 000 元

该公司对其库存材料采用永续盘存制，月末实地盘点结果为：

A 材料实存 2 000 千克；结存成本为 10 000 元。

按永续盘存制的要求，A 材料在材料明细账上的记录见表 6-1。

表 6-1　　　　　　　　　　　材料明细账（永续盘存制）

材料名称：A 材料　　　　　　　　　　　　　　　　　　　计量单位：千克

年		凭证号数	摘要	收　入			发　出			结　存		
月	日			数量	单价	金额	数量	单价	金额	数量	单价	金额
10	1		上期结存							100	5	500
	5		购入	2 000	5	10 000				2 100	5	10 500
	10		发出				100	5	500	2 000	5	10 000
	15		购入	4 000	5	20 000				5 000	5	25 000
	20		发出				4 000	5	2 000	1 000	5	5 000
	25		购入	1 000	5	5 000				2 000	5	10 000
	31		本月合计	7 000	5	35 000	4 100	5	20 500	2 000	5	10 000

优点：可以及时反映财产物资收发存的数量和金额，随时了解财产物资的变动情况，有利于加强资产的控制管理。

缺点：核算工作量较大，需要投入较多的人力、物力和财力。

采用永续盘存制，需要对各项财产物资定期进行实地盘点，以查明账实是否相符，以及账实不符的原因。一般企业应根据本单位实际情况，对财产物资的核算采用永续盘存制。

（二）实地盘存制

实地盘存制也叫以存计耗制，即平时只在账簿中登记财产物资的增加数，不登记减少数，月末对财产物资进行实地盘点，将盘点的实存数作为账面结存数，再倒挤出本期减少数，据以登记账簿的一种盘存制度。倒挤公式如下：

本期资产减少额 = 期初账面结存余额 + 本期增加额 - 期末资产结存额

【想一想】

实地盘存制下期末实地盘点的目的是什么？与永续盘存制下期末实地盘点的目的相同吗？

扫码看答案

【例6-2】某公司A材料月初结存100千克,单价5元,结存成本为500元,本月A材料收发情况如下:

(1) 5日购入2 000千克　　　　单价5元　　　　计价10 000元
(2) 10日发出100千克　　　　　单价5元　　　　计价500元
(3) 15日购入4 000千克　　　　单价5元　　　　计价20 000元
(4) 20日发出4 000千克　　　　单价5元　　　　计价20 000元
(5) 25日购入1 000千克　　　　单价5元　　　　计价5 000元

该公司对原材料采用实地盘存制,月末实地盘点结果为:

A材料实存2 000千克;结存余额为10 000元。

按实地盘存制的要求,A材料在明细账上的记录见表6-2。

表6-2　　　　　　　　材料明细分类账(实地盘存制)

材料名称:A材料　　　　　　　　　　　　　　　　　　　　计量单位:千克

年		凭证号数	摘要	收入			发出			结存		
月	日			数量	单价	金额	数量	单价	金额	数量	单价	金额
10	1		上期结存							100	5	500
	5		购入	2 000	5	10 000				2 100	5	10 500
	15		购入	4 000	5	20 000				6 100	5	30 500
	25		购入	1 000	5	5 000				7 100	5	35 500
	31		本月发出				4 100	5	20 500	2 000	5	10 000
	31		本月合计	7 000	5	35 000	4 100	5	20 500	2 000	5	10 000

采用实地盘存制,会计人员平时只要登记材料的增加数,月末通过实地盘点倒挤出材料发出数,即:

本期减少数=500+(10 000+15 000+5 000)-10 000=20 500(元)

优点:平时只登记财产物资的增加数,不登记减少数,工作程序比较简单,简化了日常的核算工作。

缺点:由于平时不登记财产物资的减少数,不能随时反映财产物资的收发及结存情况,所以很难通过账簿记录加强财产物资的管理工作;倒挤出的财产减少数成份复杂,除了正常耗用外,还可能有毁损、浪费、丢失等情况。

实地盘存制适用于鲜活商品或收发频繁、单位价值较低的财产物资。如饭店食材的收发、锅炉房耗用的煤炭等。

【想一想】

"永续盘存制"和"实地盘存制"分别适用于什么样的财产管理？

扫码看答案

二、实物资产的清查

实物资产的清查要从数量和质量上进行清查，主要包括固定资产、原材料、在产品、周转材料、库存商品等实物资产的清查。由于实物资产的形态、体积、重量、堆放方式等的不同，清查方法也不相同。常用清查方法主要有以下几种：

（一）实地盘点法

实地盘点法是通过逐一清点或者用计量器具来确定实物数量的一种方法。机器设备、原材料、产成品、周转材料和库存商品等大多数资产都可以采用这种方法，使用范围比较广泛。

（二）技术推算法

技术推算法是通过器具量方、记尺等技术推算财产物资结存数量的方法。这种方法适用于化肥、水泥、沙石等露天堆放、价值低廉、不便逐一盘点的实物资产。从本质上讲，它是实地盘点法的一种补充方法。

在对实物进行清查时，实物保管人员和盘点人员必须同时在场。必须要有相关人员认真核实，及时记录。对清查中发现的异常情况，如财产的腐烂、破损、过期、变质等致使不能销售使用的实物资产，应详细提出处理意见。盘点的相关人员如实填制"盘存单"，并由实物保管人签字或盖章。其格式见表6-3。

表6-3　　　　　　　　　　　　盘存单

单位名称：　　　　　　　盘点时间：　　　　　　　编号：
财产类别：　　　　　　　存放地点：　　　　　　　金额单位：

编号	名称	计量单位	数量	单价	金额	备注

盘点人签章：　　　　　　　　　　　　　　保管人：

为了查明账存数与实存数是否相符，确定资产盘点的盈亏情况，应根据盘存单和相关账簿，编制实存账存对比表。实存账存对比表是调整账簿记录的重要原始凭证，也是分析差异产生原因、明确经济责任的依据。实存账存对比表格式见表6-4。

表 6-4　　　　　　　　　　　　　　　　实存账存对比表

编号	类别及名称	计量单位	单价	对比结果								备注
				实存		账存		盘盈		盘亏		
				数量	金额	数量	金额	数量	金额	数量	金额	

主管人员：　　　　　　　　　　会计：　　　　　　　　　　制表：

三、货币资金的清查

（一）库存现金的清查

库存现金（包括人民币和各种外币）的清查主要采用实地盘点法，一般由出纳人员和清查小组共同进行。盘点时，出纳人员应将全部收付记账凭证登记入账，结出库存现金余额并填列库存现金盘点报告表，一方面要注意查证是否账实相符，另一方面还要检查是否遵守库存现金限额、有无白条抵库、挪用、舞弊、坐支等违反现金管理制度的情况。暂未领取的代保管现金不得计入实存数，存放于不同地点的现金备用金应同时盘点，盘点后编制"库存现金盘点报告表"。其格式见表 6-5。

表 6-5　　　　　　　　　　　　　　　　库存现金盘点报告表
单位名称：　　　　　　　　　　　　年　月　日

实存金额	账存金额	对比结果		备注
		盘盈	盘亏	

清查小组应当对库存现金进行定期和不定期清查。其他金融债券、公司债券、股票等有价证券的清查方法与库存现金相同。

（二）银行存款的清查

与现金的清查方法不同，银行存款的清查采用核对账目法，单位通过将开户银行定期转来的银行存款对账单与本单位的银行存款日记账逐笔核对，以掌握银行存款实有金额，防止银行存款账目发生差错。在同银行核对账目之前，单位应将全部收付记账凭证登记入账，并检查其正确性。

【问一问】

银行存款的清查与库存现金的清查，所使用的方法相同吗？

银行存款日记账与银行存款对账单核对后，若两者数额一致，则说明银行存款金额无误。若两者存在差异，主要因记账错误或未

扫码看答案

达账项所致。

1. 记账错误

银行或单位登记账簿时多记、漏记或错记，也包括遗失的、发现待补的结算凭证。

2. 正常的"未达账项"

未达账项是指由于单位与银行取得凭证的实际时间不同而导致记账时间不一致，发生一方已取得结算凭证并登记入账而另一方尚未取得结算凭证还未入账的款项。未达账项主要有以下四种情况：

（1）企业已收，银行未收。企业已经将银行存款记入银行存款日记账；而银行由于时间原因尚未办理存款手续，未增加企业的银行存款户头金额。

（2）企业已付，银行未付。企业已经开出支票等支付凭证后，已经减少银行存款日记账；而银行由于时间原因未将款项付出，尚未减少企业银行存款户头金额。

（3）银行已收，企业未收。银行代企业收取款项，银行已增加企业银行存款户头金额，但企业尚未收到通知，因而还未入账。

（4）银行已付，企业未付。银行已代企业支付的款项（如水电费、电话费），银行已减少企业银行存款户头金额，但企业尚未收到通知，因而未入账。

上述第一、四种情况都会造成银行存款日记账金额大于银行对账单金额，第二、三种情况会造成企业银行存款日记账小于银行对账单金额。

【想一想】

未达账项是否是错账？

扫码看答案

银行存款日记账与银行存款对账单不相符时，企业必须将银行存款日记账和银行对账单逐笔核对，即企业把银行存款日记账中借方和贷方的每笔记录分别与银行对账单中贷方和借方的每笔记录从凭证种类、编号、摘要内容、记账方向和金额等方面进行逐笔核对。经核对相符时，分别在各自有关增减数额旁边用铅笔划"√"以作标记。在双方账单中没有划"√"标记的，不是"未达账项"就是双方账目记录有错误。

对于已查出的错账、漏账，有过错的一方应及时加以更正；对于"未达账项"，则应编制"银行存款余额调节表"进行调整，以便切实查清双方账目是否相符，查明企业银行存款的实有数额，经会计主管签章后呈报开户银行。

有多个户头以及开设外币存款户头的单位，应分别按户头开设"银行存款日记账"。月末，应将各户头的"银行存款日记账"与各户头的"银行对账单"进行核对，分别编制各户头的"银行存款余额调节表"。

【想一想】

"银行存款余额调节表"所起的作用是什么？

"银行存款余额调节表"编制时采用补充登记法，即把未登记的收支在调节表中进行补充登记，原理如下：

银行存款日记账余额＋银行已收企业未收金额－银行已付企业未付金额＝银行对账单金额＋企业已收银行未收金额－企业已付银行未付金额

扫码看答案

【例6－3】2017年12月31日，W公司银行存款日记账余额为773 000元，银行转来的银行存款对账单余额为703 000元，经逐笔核对有如下未达账项：

（1）企业收到销货款88 000元，银行存款日记账已登记增加，而银行尚未登记增加；

（2）企业开出现金支票支付购料款3 000元，银行存款日记账已登记减少，而银行尚未登记减少；

（3）企业委托银行收款40 000元，银行已登记增加，而企业银行存款日记账尚未登记增加；

（4）银行代企业支付水电费25 000元，银行已登记减少，而企业银行存款日记账尚未登记减少。

要求：根据以上资料编制"银行存款余额调节表"，调整双方余额。

根据上例中的数据计算得：

调整后存款余额＝773 000＋40 000－25 000＝703 000＋88 000－3 000

"银行存款余额调节表"编制方法，见表6－6。

表6－6　　　　　　　　　　　　银行存款余额调节表

2017年12月31日　　　　　　　　　　　　　　　　　　单位：元

项目	金额	项目	金额
企业银行存款日记账余额	773 000	银行对账单余额	703 000
加：银行已收，企业未收款 减：银行已付，企业未付款	40 000 25 000	加：企业已收，银行未收款 减：企业已付，银行未付款	88 000 3 000
调整后银行存款余额	788 000	调整后银行存款余额	788 000

调节后银行日记账余额与银行对账单余额相等，说明双方账簿记录一般没错误，但不能说明一定没错误。如果调节后余额不相等，需进一步检查不一致的原因，及时处理。经过调节后的余额，属于企业银行存款实有数。该银行存款余额调节表只起验算作用，它不是原始凭证，不能据以登记银行存款日记账，账簿记录要依据日后到达

的结算凭证处理。

【想一想】

银行存款的清查方法是否也适用于银行借款的清查?

四、往来款项的清查

扫码看答案

往来款项主要包括应收账款、其他应收款、应付账款、其他应付款、预收账款、预付账款等。往来款项的清查主要是对应收账款和应付账款的清查,一般通过询征核对法与债权债务单位核对账目。询证核对法即通过对经济往来单位发送函件进行核对询证,或派人前往对方单位当面查核询问的一种方法。此方法适用于出租出借包装物、委托加工物资、出租固定资产、应收应付款项的清查。单位应将有关结算凭证在清查日全部登记入账,在确保本单位应收应付款项余额正确的基础上,编制一式两联的对账单,送交对方单位进行核对。对方单位核对后,应将核对结果在对账单上注明,并加盖公章后退回清查单位。格式见表6-7。

表6-7　　　　　　　　　　往来结算款项对账单

单位:	地址:	编号:	
会计科目名称	截止日期	经济事项摘要	账面余额
应收账款			
应付账款			
其他应收款			
其他应付款			

××公司(公章)　　　　　　　　　　　　　　　　　　　　　　　年　月　日

清查单位根据各单位返回的回单,编制"往来款项清查表"。如确系错误,应按规定手续及时更正;如有未达账项,账簿记录要依据日后到达的凭证处理;对于有争议或回收无望的款项,应及时采取措施,积极处理,减少损失。"往来款项清查表"格式见表6-8。

表6-8　　　　　　　　　　　往来款项清查表

总分类账户名称:　　　　　　　　　年　月　日

明细分类账户		清查结果		核对不一致原因分析			备注
名称	账面金额	核对一致金额	核对不一致金额	未达账项金额	有争议款项金额	其他	

任务三 财产清查结果的账务处理

任务描述

出纳员王悦在接管出纳工作时,对库存现金管理规定了解不多。某天清点库存现金时发现短款400元,费了好多周折无法查明原因,王悦便自己掏腰包将短款补上。想一想:王悦的做法对吗?通过本任务学习应知道财产清查结果的处理原则,学会财产清查的账务处理。

知识准备

一、财产清查的结果

财产清查的结果主要有三种情况:实存数大于账存数,即盘盈;实存数小于账存数,即盘亏;实存数等于账存数,即账实相符。

财产清查结果的处理一般指对账实不符(盘盈、盘亏)情况的处理。但如果资产发生变质、霉烂及毁损等特殊情况,即便账实相符,也应对其清查。

财产清查工作结束后,必须分析产生差异的原因和性质,提出处理意见;及时调整账簿记录,保证账实相符;积极处理积压的资产;总结经验教训,建立健全各项管理制度。

财产清查的账务处理分两步进行:

第一,根据实存账存对比表、库存现金盘点报告表反映的各项资产的盘盈、盘亏及毁损数,编制记账凭证并登记入账,使调整后的账存数和资产的实存数相符,并将盈亏数计入"待处理财产损溢"账户。企业清查的各种财产损溢应于期末结账前查明原因,将处理意见报股东大会或董事会或经理(厂长)会议或类似机构批准。

第二,接到批复意见后,根据批示编制记账凭证并记入有关账簿,同时核销"待处理财产损溢"的账户记录。批准处理意见在期末结账前应处理完毕,处理后"待处理财产损溢"账户应无余额。如在期末结账前尚未批准，在对外提供财务报表时，先按上述规定处理，并在附注中加以说明；其后批准处理的金额与已处理金额不一致的，调整财务报表相关项目的年初数。

二、财产清查的处理原则

（一）现金缺失的处理

现金短缺，也称为现金短款：应由责任人（出纳人员）或保险公司赔偿部分记入"其他应收款"账户；无法查明原因的，记入"管理费用"账户。

（二）现金溢余的处理

现金溢余，也称为现金长款：属于应支付给有关人员或单位的，记入"其他应付款"账户；无法查明原因的，记入"营业外收入"账户。

（三）存货盘亏的处理

存货盘亏：应由过失人或保险公司赔偿的部分，记入"其他应收款"账户；扣除残料价值和应由过失人、保险公司赔款后的净损失，属于计量收发差错和管理不善等原因造成的一般经营损失部分，记入"管理费用"账户；属于自然灾害等非常原因造成的非常损失部分记入"营业外支出"账户。

（四）存货盘盈的处理

存货盘盈：一般属于收发计量错误所致，应冲减"管理费用"账户。

（五）固定资产盘亏的处理

固定资产盘亏：应由保险公司或过失人赔偿的部分计入"其他应收款"账户，扣除保险公司或过失人赔款后的部分，计入"营业外支出"账户。

（六）固定资产盘盈的处理

固定资产盘盈：作为前期差错处理，通过"以前年度损益调整"账户核算。

为了按照财产清查结果的处理原则正确反映和监督财产物资的盘盈、盘亏及处理情况，企业应设置"待处理财产损溢"账户。"待处理财产损溢"账户借方登记发生的待处理盘亏、毁损的金额，待盘亏毁损的原因查明并审批后再从该账户贷方转入相关账户的借方。"待处理财产损溢"账户的贷方登记发生的待处理的盘盈金额，待查明盘盈的原因审批后，从"待处理财产损溢"账户借方转入相关账户的贷方。"待处理财产损溢"账户的结构和核算内容见表6-9。

表 6-9　　　　　　　　　　"待处理财产损溢"总分类账户

借方	待处理财产损溢	贷方
发生额： 1. 发生的待处理财产盘亏和毁损数 2. 结转批准处理流动财产的盘盈数		发生额： 1. 发生的待处理流动财产盘盈数 2. 结转批准处理财产的盘亏毁损数
结余额：尚未批准处理的盘亏和毁损数与盘盈数的差额		结余额：尚未处理的盘盈数与盘亏或毁损差额

【说一说】

"待处理财产损溢"账户的结构和用途。

扫码看答案

三、财产清查的账务处理

（一）库存现金清查结果的处理

1. 盘亏的账务处理。

（1）审批前的账务处理。

根据"库存现金盘点报告单"确定的盘亏金额，借记"待处理财产损溢——待处理流动资产损溢"账户，贷记"库存现金"账户。

（2）审批后的账务处理。

应由责任人（出纳人员）或保险公司赔偿部分，借记"其他应收款"账户，贷记"待处理财产损溢——待处理流动资产损溢"账户；无法查明原因的，借记"管理费用"账户，贷记"待处理财产损溢——待处理流动资产损溢"账户。

【例 6-4】2017 年 10 月 31 日，某公司进行库存现金清查，清查结果发现库存现金短缺 500 元。

借：待处理财产损溢——待处理流动资产损溢　　　　500
　　贷：库存现金　　　　　　　　　　　　　　　　　　　500

经调查，该短缺款 200 元中属于出纳人员的责任，应由出纳人员赔偿。另外 300 元无法查明原因，则编制会计分录如下：

借：其他应收款——出纳员　　　　　　　　　　　200
　　管理费用　　　　　　　　　　　　　　　　　　300
　　贷：待处理财产损溢——待处理流动资产损溢　　　　500

2. 盘盈的账务处理

（1）审批前的账务处理。

根据"库存现金盘点报告单"确定的盘盈金额,借记"库存现金"账户,贷记"待处理财产损溢——待处理流动资产损溢"账户。

(2)审批后的账务处理。

属于应支付给有关人员或单位的,借记"待处理财产损溢——待处理流动资产损溢"账户,贷记"其他应付款"账户;若无法查明原因,则借记"待处理财产损溢——待处理流动资产损溢"账户,贷记"营业外收入"账户。

【例6-5】2017年10月31日,某公司进行库存现金清查,清查结果发现库存现金多出账面500元,原因待查。

借:库存现金 500
　　贷:待处理财产损溢——待处理流动资产损溢 500

经核查,其中200元是出纳人员个人现金放入保险柜后忘记取回,另外300元无法查明原因,报经批准作为营业外收入处理:

借:待处理财产损溢——待处理流动资产损溢 500
　　贷:营业外收入 300
　　　　其他应付款——出纳员 200

(二)存货清查结果的账务处理

1. 盘亏的账务处理

(1)审批前的账务处理。

根据"实存账存对比表"确定的原材料、在产品、产成品盘亏金额,借记"待处理财产损溢——待处理流动资产损溢"账户,贷记"原材料""生产成本""库存商品"等账户。对于购进的货物、在产品、产成品发生正常损失引起盘亏存货应负担的增值税,应一并转入"待处理财产损溢"账户,即借记"待处理财产损溢——待处理流动资产损溢"账户,贷记"应交税费——应交增值税(进项税额转出)"账户。

按税法规定,增值税一般纳税人企业由于管理不善造成的损失,其进项税额不得从销项税额中抵扣,应从当期发生的进项税额中转出;因自然灾害造成的损失,无需做进项税额转出。

(2)审批后的账务处理。

经领导审批后应根据不同的盘亏或毁损原因做出不同处理:应收保险公司或过失人的赔款,借记"其他应收款"账户,贷记"待处理财产损溢——待处理流动资产损溢"账户;收取的残料,借记"原材料""生产成本""库存商品"等账户,贷记

"待处理财产损溢——待处理流动资产损溢"账户;扣除保险公司或过失人赔款与残料作价后的部分,属于计量收发差错和管理不善等原因造成的损失部分,借记"管理费用"账户,贷记"待处理财产损溢——待处理流动资产损溢"账户;属于自然灾害等非常损失的部分,借记"营业外支出"账户,贷记"待处理财产损溢——待处理流动资产损溢"账户。

【例6-6】甲公司在财产清查时发现盘亏A材料500克,实际单位成本为200元,经查属合理损耗,该批购进货物适用增值税税率为16%。

(1) 批准处理前:

借:待处理财产损溢——待处理流动资产损溢　　11 600
　　贷:原材料——A材料　　　　　　　　　　　　10 000
　　　　应交税费——应交增值税(进项税额转出)　　1 600

(2) 批准处理后:

借:管理费用　　　　　　　　　　　　　　　　11 600
　　贷:待处理财产损溢——待处理流动资产损溢　　11 600

【例6-7】甲公司在财产清查时发现毁损B材料200千克,实际单位成本为100元,经查属于材料保管员过失造成,按规定由其个人赔偿10 000元,残料已办理入库手续,价值2 000元。假定不考虑相关税费。

(1) 批准处理前:

借:待处理财产损溢——待处理流动资产损溢　　20 000
　　贷:原材料——B材料　　　　　　　　　　　　20 000

(2) 批准处理后:

①由过失人赔偿的部分:

借:其他应收款——××　　　　　　　　　　　10 000
　　贷:待处理财产损溢——待处理流动资产损溢　　10 000

②残料入库:

借:原材料——B材料　　　　　　　　　　　　　2 000
　　贷:待处理财产损溢——待处理流动资产损溢　　2 000

③毁损净损失:

借:管理费用　　　　　　　　　　　　　　　　8 000
　　贷:待处理财产损溢——待处理流动资产损溢　　8 000

【例6-8】甲公司因地震造成一批库存材料毁损,实际成本100 000元,保险公司赔偿70 000元。

(1) 批准处理前：

借：待处理财产损溢——待处理流动资产损溢　　　　100 000
　　　贷：原材料　　　　　　　　　　　　　　　　　　　100 000

(2) 批准处理后：

借：其他应收款——××保险公司　　　　　　　　　　70 000
　　营业外支出　　　　　　　　　　　　　　　　　　　30 000
　　　贷：待处理财产损溢——待处理流动资产损溢　　　　100 000

2. 盘盈的账务处理

(1) 审批前的账务处理。

根据"实存账存对比表"，将盘盈的原材料、在产品、产成品等金额，借记"原材料""生产成本""库存商品"等账户，贷记"待处理财产损溢——待处理流动资产损溢"账户。

(2) 审批后的账务处理。

盘盈的材料物资，报经批准后冲减管理费用，借记"待处理财产损溢——待处理流动资产损溢"账户，贷记"管理费用"账户。

【例6-9】2018年12月31日，甲公司财产清查时，盘盈C材料10千克，材料单位成本50元。

(1) 批准处理前：

借：原材料——C材料　　　　　　　　　　　　　　　500
　　　贷：待处理财产损溢——待处理流动资产损溢　　　　500

(2) 批准处理后：

借：待处理财产损溢——待处理流动资产损溢　　　　500
　　　贷：管理费用　　　　　　　　　　　　　　　　　　500

(三) 固定资产清查结果的账务处理

1. 盘亏的账务处理

按盘亏固定资产的账面价值，借记"待处理财产损溢"账户，按账面计提的折旧，借记"累计折旧"账户，按固定资产的原价，贷记"固定资产"账户；根据管理权限报经批准后，按可收回的保险公司或责任人赔偿，借记"其他应收款——××保险公司"账户，扣除保险公司或责任人赔款后的部分，借记"营业外支出——固定资产盘亏"账户，贷记"待处理财产损溢——待处理固定资产损溢"账户。

【例6-10】甲公司在财产清查时发现短缺设备一台，原价50 000元，已计提折旧30 000元。

(1) 批准处理前：

借：待处理财产损溢——待处理固定资产损溢　　　　　20 000
　　累计折旧　　　　　　　　　　　　　　　　　　　30 000
　　　贷：固定资产　　　　　　　　　　　　　　　　　　　50 000

(2) 批准处理后：

借：营业外支出——固定资产盘亏　　　　　　　　　　20 000
　　　贷：待处理财产损溢——待处理固定资产损溢　　　　　20 000

2. 盘盈的账务处理

企业在财产清查中由于无法控制的因素造成固定资产盘盈的可能性极小，出现固定资产的盘盈一般因以前会计期间少记或漏记造成的，应当作为前期差错处理。按管理权限报经批准处理前，通过"以前年度损益调整"账户处理，不再通过"待处理财产损溢——待处理固定资产损溢"账户核算。按固定资产的入账价值，借记"固定资产"账户，贷记"以前年度损益调整"账户。按管理权限报经批准后，按交纳的所得税，借记"以前年度损益调整"账户，贷记"应交税费——应交所得税"账户；将"以前年度损益调整"账户的差额转到留存收益账户，借记"以前年度损益调整"账户，贷记"利润分配——未分配利润"账户和"盈余公积"账户。

【例6-11】 嘉禾科技公司在财产清查中发现账外新设备一台，该设备同类产品市场价格为6 000元，公司适用所得税税率为25%，按净利润的10%计提法定盈余公积。

(1) 批准处理前：

借：固定资产　　　　　　　　　　　　　　　　　　6 000
　　　贷：以前年度损益调整　　　　　　　　　　　　　　6 000

(2) 批准处理后：

借：以前年度损益调整　　　　　　　　　　　　　　1 500
　　　贷：应交税费——应交所得税　　　　　　　　　　　1 500
借：以前年度损益调整　　　　　　　　　　　　　　4 500
　　　贷：利润分配——未分配利润　　　　　　　　　　　4 050
　　　　　盈余公积　　　　　　　　　　　　　　　　　　450

(四) 往来款项清查的处理

1. 应收款项清查结果的账务处理

在财产清查过程中，如果有长期未清的往来款项应及时处理。坏账损失的转销在按管理权限报经批准处理前不做账务处理，即不需要通过"待处理财产损溢"账户核算。对于确实无法收回的应收账款，按管理权限报经批准后，作为坏账损失，借记

"坏账准备"账户，贷记"应收账款""其他应收款"等账户。

借：坏账准备
　　贷：应收账款——××单位
　　　　其他应收款——××单位
　　　　　　　　　——××个人

【想一想】

已确认并转销的坏账又收回时，该如何进行相关的账务处理？

2. 应付款项清查结果的账务处理

对于无法支付的应付款项，在按管理权限报经批准处理后，转入"营业外收入"账户。

扫码看答案

借：应付账款——××单位
　　其他应付款——××单位
　　　　　　　——××个人
　　贷：营业外收入

项目小结

财产清查是会计核算体系中一个有机组成部分,它是查明库存现金、银行存款、库存商品、原材料、固定资产等账存数与实存数是否相符的一种专门的方法。为会计核算和监督账簿的真实性、可靠性做了充分准备。

财产清查是内部牵制制度的一个部分,其目的在于定期确定内部牵制制度执行是否有效。在企业日常工作中,在考虑成本、效益的前提下,可选择范围大小适宜、时机恰当的财产清查类型。

项目七 账务处理程序

【项目介绍】

账务处理程序也称会计核算组织程序。本项目主要介绍账务处理程序的概念及其种类、记账凭证账务处理程序、科目汇总表账务处理程序和汇总记账凭证账务处理程序。具体见图7-1所示。

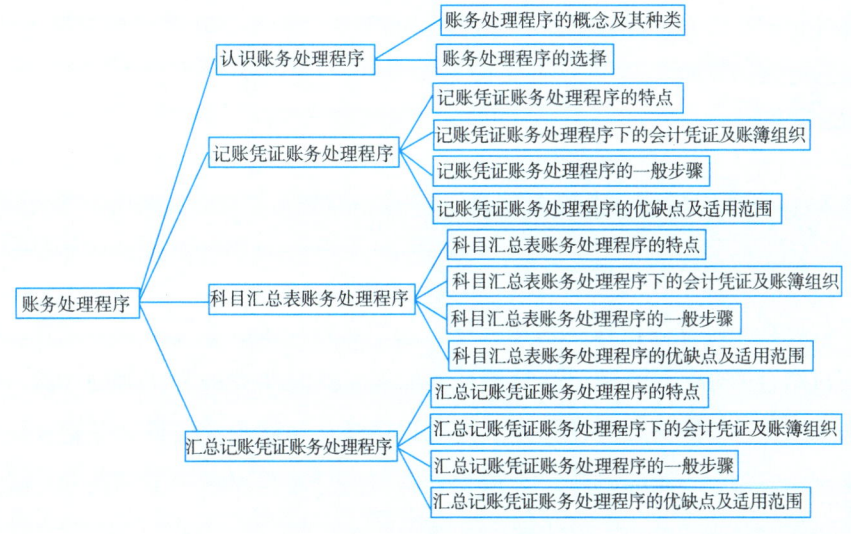

图7-1 账务处理程序概要

任务一 认识账务处理程序

新华公司过去一直采用记账凭证账务处理程序,由于公司规模逐步扩大,经济业务日益复杂,产生的原始凭证和记账凭证越来越多。若继续根据记账凭证直接登记总账,总账会计的工作量太大,公司决定从明年起采用科目汇总表账务处理程序。

为什么在经济业务比较多的情况下,新华公司要以科目汇总表核算形式取代记账凭证账务处理程序?本任务介绍账务处理程序的概念、种类及账务处理程序选择。

一、账务处理程序的概念及其种类

(一)账务处理程序的概念

账务处理程序也称会计核算组织程序,是指会计凭证、账簿组织、记账程序和记账方法有机结合的方法和步骤。会计凭证和账簿组织是指凭证和账簿的种类、格式和凭证与账簿、账簿与账簿之间的关系。记账程序指从填制会计凭证、登记会计账簿到根据账簿记录编制会计报表的顺序和过程。不同的记账程序规定了填制会计凭证、登记账簿、编制会计报表的不同方法和步骤。

(二)账务处理程序的种类

账务处理程序有多种形式,各单位采用何种账务处理程序,由各单位自主选择和设计。目前,我国各单位会计核算采用的账务处理程序主要有三种:记账凭证账务处理程序、科目汇总表账务处理程序和汇总记账凭证账务处理程序。这三种账务处理程序有许多共同之处,但也存在差别。它们的不同之处在于登记总分类账的依据和程序不同。

二、账务处理程序的选择

选择适合本单位实际的账务处理程序是各单位做好会计工作的前提。因此,各单位都应当从实际出发,结合自身特点选择、设计、制定合理的账务处理程序。合理的账务处理程序应满足以下要求:

(1) 要适应本单位经济活动的特点、规模大小和经济业务的繁简情况,有利于会计核算的分工,建立岗位责任制。

(2) 要求能正确、及时、全面地提供本单位各方面信息,在保证会计信息质量的前提下,满足信息使用者对会计信息的需求。

(3) 要在保证账务处理程序完备的前提下,减少不必要的环节,提高会计工作效率,尽量杜绝人力、财力和物力的浪费。

任务二 记账凭证账务处理程序

记账凭证账务处理程序是指根据记账凭证登记总分类账的一种会计核算程序。学生学习时,应掌握记账凭证账务处理程序的特点、一般步骤和它的优缺点及适用范围。

一、记账凭证账务处理程序的特点

记账凭证账务处理程序直接根据记账凭证逐笔登记总分类账,是最基本的账务处理程序,从中可以体现出账务处理基本原理和程序。其他账务处理程序都是在此基础上,根据经济管理的需要发展所形成的。

二、记账凭证账务处理程序下的会计凭证及账簿组织

在记账凭证账务处理程序下,记账凭证一般采用收款凭证、付款凭证和转账凭证三种格式。但对于经济业务较少的单位,也可采用通用记账凭证。

账簿一般设置库存现金日记账、银行存款日记账、总账和明细账。其中库存现金日记账、银行存款日记账格式采用三栏式订本账,总账采用三栏式订本账,明细账根据不同的需要可以采取三栏式、数量金额式或多栏式账簿。

三、记账凭证账务处理程序的一般步骤

记账凭证账务处理程序的一般步骤如下:

第一,根据原始凭证或原始凭证汇总表填制记账凭证(收款凭证、付款凭证、转账凭证);

第二,根据收款凭证和付款凭证逐笔登记库存现金日记账和银行存款日记账;

第三,根据原始凭证(或原始凭证汇总表)和记账凭证逐笔登记各种明细账;

第四,根据记账凭证逐笔登记总账;

第五,月终,将库存现金日记账、银行存款日记账的余额及各种明细账余额的合计数,分别与总账中有关账户的余额核对相符;

第六,月终,根据总账、日记账及明细账编制会计报表。

上述记账凭证账务处理程序的一般步骤如图7-2所示:

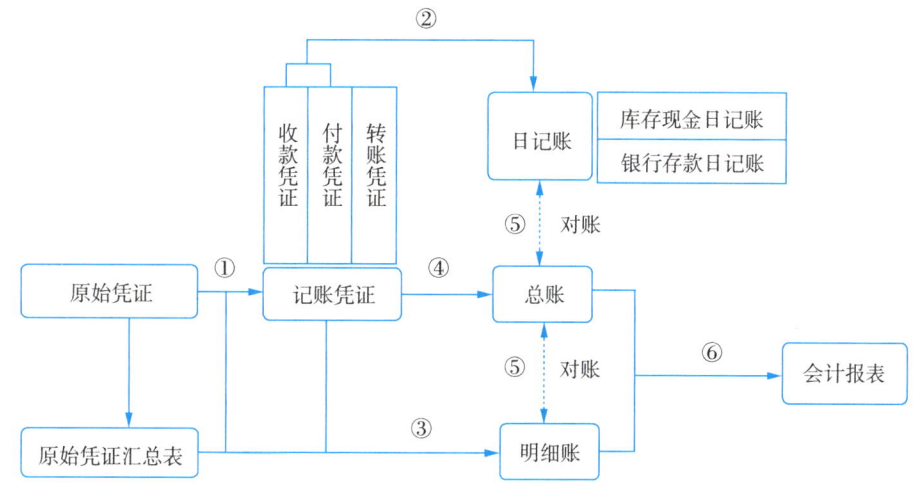

图7-2 记账凭证账务处理程序

说明:图中——→表示记账程序,◄┈┈┈►表示核对,下同。

四、记账凭证账务处理程序的优缺点及适用范围

记账凭证账务处理程序优点:根据记账凭证登记总账,程序简便、易于掌握和理解。可以较为详细地反映企业经济业务发生情况,直观反映账务处理的全过程,便于查账和用账。

记账凭证账务处理程序缺点:由于该处理程序需要根据记账凭证逐笔登记总账,登记总账的工作量较大,也不便于会计分工。

适用范围:一般适用于规模较小、经济业务较少、记账凭证数量不多的单位。

【想一想】

举例说出哪些单位适用记账凭证会计核算程序。

扫码看答案

记账凭证账务处理程序案例

一、资料

嘉和科技有限公司是一家机械加工制造业企业,为一般纳税人,产品适用增值税

税率为16%。其有关会计政策及相关会计信息如下：

（1）公司日常存货收发核算采用先进先出法；

（2）公司应收账款期末余额按5‰计提坏账准备；

（3）库存数量：A材料：500吨；B材料：200吨；M产品：3 000吨；N产品：300吨。

（4）公司按所得税税率25%计算缴纳所得税。

二、账户余额

2018年12月1日，嘉和科技有限公司有关账户期初余额见表7-1。

表7-1　　　　　　　　　嘉和科技有限公司账户余额表

会计科目	借方余额	贷方余额
库存现金	8 000	
银行存款——工行	530 000	
交易性金融资产——成本	15 000	
应收账款——安居公司	200 000	
坏账准备		1 000
原材料——A材料	100 000	
——B材料	100 000	
周转材料	50 000	
库存商品——M产品	300 000	
——N产品	180 000	
长期股权投资	300 400	
固定资产	500 000	
累计折旧		200 000
在建工程	300 000	
无形资产	100 000	
累计摊销		10 000
短期借款		300 000
长期借款		900 000
应付账款		300 000
其他应付款		57 400
应付利息		15 000
实收资本		800 000
盈余公积		100 000

三、编制记账凭证

根据嘉和科技有限公司 2018 年 12 月发生的如下业务,编制记账凭证。

1. 12 月 1 日,嘉和科技有限公司购入 B 材料 250 吨,单价 600 元,增值税进项税额 24 000 元,用工行存款支付,共计 174 000 元,材料全部验收入库。编制记账凭证如下:

表 7-2　　　　　　　　　　　　　　付款凭证

贷方科目:银行存款　　　　　　　2018 年 12 月 1 日　　　　　　　付字 01 号

摘要	借方科目		金额
	总账科目	明细科目	
购买 B 材料	原材料	B 材料	150 000
	应交税费	应交增值税(进项税额)	24 000
合计			174 000

主管:李芳　　复核:向欣　　记账:李广　　出纳:李梦洁　　制单:谢杏芳

2. 12 月 5 日,销售给安居公司 N 产品 300 吨,价款 300 000 元,销项税额 48 000 元,产品实际成本 180 000 元,货款尚未收到。编制记账凭证如下:

表 7-3　　　　　　　　　　　　　　转账凭证

　　　　　　　　　　　　　　2018 年 12 月 5 日　　　　　　　　　　　　转字 01 号

摘要	会计科目		借方金额	贷方金额
	总账科目	明细科目		
销售安居公司 N 产品	应收账款	安居公司	348 000	
	主营业务收入			300 000
	应交税费	应交增值税(销项税额)		48 000
合计			348 000	348 000

主管:李芳　　复核:向欣　　记账:李广　　制单:谢杏芳

3. 12 月 10 日,基本生产车间领用周转材料一批,实际成本 10 000 元,采用一次摊销法摊销。编制记账凭证如下:

表 7-4　　　　　　　　　　　　　　转账凭证

　　　　　　　　　　　　　　2018 年 12 月 10 日　　　　　　　　　　　转字 02 号

摘要	会计科目		借方金额	贷方金额
	总账科目	明细科目		
结转已领周转材料成本	制造费用	基本车间	10 000	
	周转材料			10 000
合计			10 000	10 000

主管:李芳　　复核:向欣　　记账:李广　　制单:谢杏芳

4. 12月10日，销售M产品1 800吨，价款200 000元，销项税额32 000元，产品实际成本为180 000元，货款由工商银行收妥。编制记账凭证如下：

表7-5 收款凭证

借方科目：银行存款　　　　　2018年12月10日　　　　　　　　收字01号

摘　要	贷方科目		金　额
	总账科目	明细科目	
销售M产品	主营业务收入	M产品	200 000
	应交税费	应交增值税（销项税额）	32 000
合　计			232 000

主管：李芳　　复核：向欣　　记账：李广　　出纳：李梦洁　　制单：谢杏芳

5. 12月10日，出售不需用设备一台，工商银行收妥价款250 000元，增值税40 000元，共计290 000元。设备原价300 000元，已计提折旧100 000元。编制记账凭证如下：

表7-6 收款凭证

借方科目：银行存款　　　　　2018年12月10日　　　　　　　　收字02号

摘　要	贷方科目		金　额
	总账科目	明细科目	
转让不需用设备	固定资产清理		250 000
	应交税费	应交增值税（销项税额）	40 000
合　计			290 000

主管：李芳　　复核：向欣　　记账：李广　　出纳：李梦洁　　制单：谢杏芳

表7-7 转账凭证

2018年12月10日　　　　　　　　转字03号

摘　要	会计科目		借方金额	贷方金额
	总账科目	明细科目		
注销已转让不需用设备	固定资产清理		200 000	
	累计折旧		100 000	
	固定资产			300 000
合　计			300 000	300 000

主管：李芳　　复核：向欣　　记账：李广　　制单：谢杏芳

表7-8

转账凭证

2018年12月10日　　　　　　　　　　　　　　　　　　　　　转字04号

摘　要	会　计　科　目		借方金额	贷方金额
	总账科目	明细科目		
清偿转让设备净收益	固定资产清理		50 000	
	营业外收入	处置收入		50 000
合　计			50 000	50 000

主管：李芳　　　复核：向欣　　　记账：李广　　　制单：谢杏芳

6. 12月10日，用工商银行存款支付短期借款本金300 000元，利息15 000元，利息通过"应付利息"账户支付。编制记账凭证如下：

表7-9

付款凭证

贷方科目：银行存款　　　　　　2018年12月10日　　　　　　　　付字02号

摘　要	借方科目		金　额
	总账科目	明细科目	
支付短期借款本息	短期借款		300 000
	应付利息		15 000
合　计			315 000

主管：李芳　　复核：向欣　　记账：李广　　出纳：李梦洁　　制单：谢杏芳

7. 12月11日，从工行提取库存现金20 000元，备发工资。编制记账凭证如下：

表7-10

付款凭证

贷方科目：银行存款　　　　　　2018年12月11日　　　　　　　　付字03号

摘　要	借方科目		金　额
	总账科目	明细科目	
提取现金	库存现金		20 000
合　计			20 000

主管：李芳　　复核：向欣　　记账：李广　　出纳：李梦洁　　制单：谢杏芳

8. 12月11日，发放职工工资20 000元。编制记账凭证如下：

表7-11 付款凭证

贷方科目：库存现金　　　　　　2018年12月11日　　　　　　付字04号

摘要	借方科目		金额
	总账科目	明细科目	
发放职工薪酬	应付职工薪酬	应付工资	20 000
合计			20 000

主管：李芳　　复核：向欣　　记账：李广　　出纳：李梦洁　　制单：谢杏芳

9. 12月25日，分配职工工资。其中，生产工人工资10 000元（本月只生产M产品），车间管理人员工资5 000元，行政管理人员工资5 000元。编制记账凭证如下：

表7-12 转账凭证

2018年12月25日　　　　　　转字05号

摘要	会计科目		借方金额	贷方金额
	总账科目	明细科目		
分配工资费用	生产成本	M产品	10 000	
	制造费用		5 000	
	管理费用		5 000	
	应付职工薪酬	工资		20 000
合计			20 000	20 000

主管：李芳　　复核：向欣　　记账：李广　　制单：谢杏芳

10. 12月25日，公司发放职工"元旦"过节费2 800元。其中，生产工人1 400元（只生产M产品），车间管理人员700元，行政管理人员700元。并于当日发放。编制记账凭证如下：

表7-13 转账凭证

2018年12月25日　　　　　　转字06号

摘要	会计科目		借方金额	贷方金额
	总账科目	明细科目		
分配福利费用	生产成本	M产品	1 400	
	制造费用		700	
	管理费用		700	
	应付职工薪酬	应付福利费		2 800
合计			2 800	2 800

主管：李芳　　复核：向欣　　记账：李广　　制单：谢杏芳

表 7-14　　　　　　　　　　　　　　**付款凭证**

贷方科目：库存现金　　　　　　2018 年 12 月 25 日　　　　　　付字 05 号

摘　要	借方科目		金　额
	总账科目	明细科目	
发放货币性福利	应付职工薪酬	应付福利费	2 800
合　计			2 800

主管：李芳　　复核：向欣　　记账：李广　　出纳：李梦洁　　制单：谢杏芳

11. 12 月 25 日，生产车间领用 A 材料 300 吨，用于生产 M 产品，实际成本 60 000 元。编制记账凭证如下：

表 7-15　　　　　　　　　　　　　　**转账凭证**

　　　　　　　　　　　　　　2018 年 12 月 25 日　　　　　　　　转字 07 号

摘　要	会 计 科 目		借方金额	贷方金额
	总账科目	明细科目		
生产 M 产品领料	生产成本	M 产品	60 000	
	原材料	A 材料		60 000
合　计			60 000	60 000

主管：李芳　　　复核：向欣　　　记账：李广　　　制单：谢杏芳

12. 12 月 30 日，公司将交易性金融资产全部兑现，收到本金 15 000 元，投资收益 1 500 元，存入工行。编制记账凭证如下：

表 7-16　　　　　　　　　　　　　　**收款凭证**

借方科目：银行存款　　　　　　2018 年 12 月 30 日　　　　　　收字 03 号

摘　要	贷方科目		金　额
	总账科目	明细科目	
收回	交易性金融资产	成本	15 000
交易性金融资产本息	投资收益		1 500
合　计			16 500

主管：李芳　　复核：向欣　　记账：李广　　出纳：李梦洁　　制单：谢杏芳

13. 12 月 31 日，公司摊销无形资产 10 000 元。编制记账凭证如下：

表 7-17

转账凭证

2018 年 12 月 31 日　　　　　　　　　　　　　转字 08 号

摘要	会计科目		借方金额	贷方金额
	总账科目	明细科目		
摊销无形资产	管理费用	无形资产摊销	10 000	
	累计摊销			10 000
合计			10 000	10 000

主管：李芳　　　复核：向欣　　　记账：李广　　　制单：谢杏芳

14. 12 月 31 日，公司收到销售给安居公司 M 产品货款 48 000 元，存入工商银行。编制记账凭证如下：

表 7-18

收款凭证

借方科目：银行存款　　　　2018 年 12 月 31 日　　　　　　收字 04 号

摘要	贷方科目		金额
	总账科目	明细科目	
收回已销 M 产品货款	应收账款	安居公司	48 000
合计			48 000

主管：李芳　　复核：向欣　　记账：李广　　出纳：李梦洁　　制单：谢杏芳

15. 12 月 31 日，公司按规定计提坏账准备 1 500 元。编制记账凭证如下：

表 7-19

转账凭证

2018 年 12 月 31 日　　　　　　　　　　　　　转字 09 号

摘要	会计科目		借方金额	贷方金额
	总账科目	明细科目		
计提坏账准备	资产减值损失	坏账准备	1 500	
	坏账准备			1 500
合计			1 500	1 500

主管：李芳　　　复核：向欣　　　记账：李广　　　制单：谢杏芳

16. 12月31日,公司按规定计提固定资产折旧50 000元。其中,计入"制造费用"账户20 000元,计入"管理费用"账户30 000元。编制记账凭证如下:

表 7–20   **转账凭证**

2018 年 12 月 31 日   转字 10 号

摘 要	会 计 科 目		借方金额	贷方金额
	总账科目	明细科目		
计提固定资产折旧	制造费用	折旧费	20 000	
	管理费用	折旧费	30 000	
	累计折旧			50 000
合 计			50 000	50 000

主管:李芳   复核:向欣   记账:李广   制单:谢杏芳

17. 12月31日,用工行存款支付广告费1 000元。编制记账凭证如下:

表 7–21   **付款凭证**

贷方科目:银行存款   2018 年 12 月 31 日   付字 06 号

摘 要	借方科目		金 额
	总账科目	明细科目	
支付广告费	销售费用	广告费	1 000
合 计			1 000

主管:李芳   复核:向欣   记账:李广   出纳:李梦洁   制单:谢杏芳

18. 12月31日,从工商银行提取库存现金10 000元,准备支付社会保险费。编制记账凭证如下:

表 7–22   **付款凭证**

贷方科目:银行存款   2018 年 12 月 31 日   付字 07 号

摘 要	借方科目		金 额
	总账科目	明细科目	
提取库存现金	库存现金		10 000
合 计			10 000

主管:李芳   复核:向欣   记账:李广   出纳:李梦洁   制单:谢杏芳

19. 12月31日,用工行存款支付展览费10 000元。编制记账凭证如下:

表 7-23   付款凭证

贷方科目:银行存款   2018年12月31日   付字08号

摘 要	借方科目		金 额
	总账科目	明细科目	
支付展览费	销售费用	展览费	10 000
合 计			10 000

主管:李芳   复核:向欣   记账:李广   出纳:李梦洁   制单:谢杏芳

20. 12月31日,支付社会保险费10 000元。编制记账凭证如下:

表 7-24   转账凭证

                    2018年12月31日   转字11号

摘 要	会计科目		借方金额	贷方金额
	总账科目	明细科目		
支付社会保险费	管理费用	社会保险费	10 000	
	应付职工薪酬	社会保险费		10 000
合 计			10 000	10 000

主管:李芳   复核:向欣   记账:李广   制单:谢杏芳

表 7-25   付款凭证

贷方科目:库存现金   2018年12月31日   付字09号

摘 要	借方科目		金 额
	总账科目	明细科目	
支付社会保险费	应付职工薪酬	社会保险费	10 000
合 计			10 000

主管:李芳   复核:向欣   记账:李广   出纳:李梦洁   制单:谢杏芳

21. 12月31日，结转分配制造费用35 700元，全部计入M产品成本（本月只生产M产品）。编制记账凭证如下：

表7-26

转账凭证

2018年12月31日　　　　　　　　　　　　　　　　转字12号

摘要	会计科目		借方金额	贷方金额
	总账科目	明细科目		
结转分配制造费用	生产成本	M产品	35 700	
	制造费用			35 700
合计			35 700	35 700

主管：李芳　　　复核：向欣　　　记账：李广　　　制单：谢杏芳

22. 12月31日，结转完工入库M产品1 000吨，总成本107 100元。编制记账凭证如下：

表7-27

转账凭证

2018年12月31日　　　　　　　　　　　　　　　　转字13号

摘要	会计科目		借方金额	贷方金额
	总账科目	明细科目		
结转入库M产品成本	库存商品	M产品	107 100	
	生产成本	M产品		107 100
合计			107 100	107 100

主管：李芳　　　复核：向欣　　　记账：李广　　　制单：谢杏芳

23. 12月31日，计算并结转应缴纳的教育费附加2 000元，应缴城市维护建设税5 000元。编制记账凭证如下：

表7-28

转账凭证

2018年12月31日　　　　　　　　　　　　　　　　转字14号

摘要	会计科目		借方金额	贷方金额
	总账科目	明细科目		
结转城建税及教育费附加	税金及附加		7 000	
	应交税费	应交城建税		5 000
		应交教育费附加		2 000
合计			7 000	7 000

主管：李芳　　　复核：向欣　　　记账：李广　　　制单：谢杏芳

24. 12月31日，用工行存款缴纳教育附加费2 000元。编制记账凭证如下：

表7-29　　　　　　　　　　　　　　付款凭证

贷方科目：银行存款　　　　　2018年12月31日　　　　　　　　　付字10号

摘要	借方科目		金额
	总账科目	明细科目	
缴纳教育附加费	应交税费	应交教育费附加	2 000
合计			2 000

主管：李芳　　复核：向欣　　记账：李广　　出纳：李梦洁　　制单：谢杏芳

25. 12月31日，结转本期已销产品成本360 000元。编制记账凭证如下：

表7-30　　　　　　　　　　　　　　转账凭证

　　　　　　　　　　　　　　2018年12月31日　　　　　　　　　转字15号

摘要	会计科目		借方金额	贷方金额
	总账科目	明细科目		
结转已销产品成本	主营业务成本		360 000	
	库存商品	M产品		180 000
		N产品		180 000
合计			360 000	360 000

主管：李芳　　复核：向欣　　记账：李广　　制单：谢杏芳

26. 12月31日，用工行存款偿还长期借款100 000元。编制记账凭证如下：

表7-31　　　　　　　　　　　　　　付款凭证

贷方科目：银行存款　　　　　2018年12月31日　　　　　　　　　付字11号

摘要	借方科目		金额
	总账科目	明细科目	
偿还长期借款	长期借款		100 000
合计			100 000

主管：李芳　　复核：向欣　　记账：李广　　出纳：李梦洁　　制单：谢杏芳

27. 12月31日，将所有损益类账户（包括费用成本类账户和收入类账户）转入"本年利润"账户。编制记账凭证如下：

表 7-33

转账凭证

2018年12月31日　　　　　　　　　　　　　　　转字 16 号

摘要	会计科目		借方金额	贷方金额
	总账科目	明细科目		
结转费用成本类账户	本年利润		435 200	
	主营业务成本			360 000
	税金及附加			7 000
	销售费用			11 000
	管理费用			55 700
	资产减值损失			1 500
合　计			435 200	435 200

主管：李芳　　　复核：向欣　　　记账：李广　　　制单：谢杏芳

表 7-33

转账凭证

2018年12月31日　　　　　　　　　　　　　　　转字 17 号

摘要	会计科目		借方金额	贷方金额
	总账科目	明细科目		
结转收入类账户	主营业务收入		500 000	
	营业外收入		50 000	
	投资收益		1 500	
	本年利润			551 500
合　计			551 500	551 500

主管：李芳　　　复核：向欣　　　记账：李广　　　制单：谢杏芳

28. 12月31日，计算并结转所得税费用29 075元。编制记账凭证如下：

表 7-34

转账凭证

2018年12月31日　　　　　　　　　　　　　　　转字 18 号

摘要	会计科目		借方金额	贷方金额
	总账科目	明细科目		
结转所得税费用	所得税费用		29 075	
	应交税费	应交所得税		29 075
合　计			29 075	29 075

主管：李芳　　　复核：向欣　　　记账：李广　　　制单：谢杏芳

表 7-35   转账凭证

2018 年 12 月 31 日   转字 19 号

摘要	会计科目		借方金额	贷方金额
	总账科目	明细科目		
将所得税费用转入	本年利润		29 075	
"本年利润"账户	所得税费用			29 075
合 计			29 075	29 075

主管：李芳   复核：向欣   记账：李广   制单：谢杏芳

29. 12 月 31 日，结转本年利润。编制记账凭证如下：

表 7-36   转账凭证

2018 年 12 月 31 日   转字 20 号

摘要	会计科目		借方金额	贷方金额
	总账科目	明细科目		
结转本年利润	本年利润		87 225	
	利润分配	未分配利润		87 225
合 计			87 225	87 225

主管：李芳   复核：向欣   记账：李广   制单：谢杏芳

30. 12 月 31 日，分别提取法定盈余公积金 8 722.5 元，提取任意公积金 8 722.5 元。编制记账凭证如下：

表 7-37   转账凭证

2018 年 12 月 31 日   转字 21 号

摘要	会计科目		借方金额	贷方金额
	总账科目	明细科目		
提取法定盈余公积	利润分配	提取法定盈余公积	8 722.5	
提取任意公积金		提取任意公积金	8 722.5	
	盈余公积	法定盈余公积		8 722.5
		任意公积金		8 722.5
合 计			17 445	17 445

主管：李芳   复核：向欣   记账：李广   制单：谢杏芳

31. 12月31日,将利润分配各明细账户转入"未分配利润"账户。编制记账凭证如下:

表 7-38

转账凭证

2018 年 12 月 31 日　　　　　　　　　　　　　　　　　转字 22 号

摘　要	会计科目		借方金额	贷方金额
	总账科目	明细科目		
将利润分配各明细账户	利润分配	未分配利润	17 445	
转入"未分配利润"账户	利润分配	提取法定盈余公积		8 722.5
		提取任意公积金		8 722.5
合　计			17 445	17 445

主管:李芳　　　　　复核:向欣　　　　　记账:李广　　　　　制单:谢杏芳

四、登记日记账

嘉和科技有限公司根据上述业务编制的收、付款凭证登记库存现金日记账和银行存款日记账,见表 7-39、表 7-40。

表 7-39　　　　　　　　　　　**库存现金日记账**

2018 年		凭证		摘　要	对方科目	借　方	贷　方	余　额
月	日	字	号					
12	1			期初余额				8 000
	11	付	3	提取现金	银行存款	20 000		
	11	付	4	发放工资	应付职工薪酬		20 000	
	11	付	5	发放货币性福利费	应付职工薪酬		2 800	
	11			本日合计		20 000	22 800	5 200
	31	付	7	提取现金	银行存款	10 000		
	31	付	9	支付社会保险费	应付职工薪酬		10 000	
	31			本日合计		10 000	10 000	5 200
	31			本月合计		30 000	32 800	5 200

表 7-40　　　　　　　　　　　**银行存款日记账**

2018 年		凭证		摘　要	对方科目	借　方	贷　方	余　额
月	日	字	号					
12	1			期初余额				530 000
	1	付	1	购买 B 材料	原材料等		174 000	356 000
	10	收	1	销 M 产品	主营业务收入等	232 000		
	10	收	2	转让设备	固定资产清理	290 000		

(续表)

2018年		凭证		摘 要	对方科目	借 方	贷 方	余 额
月	日	字	号					
	10	付	2	兑付借款本息	短期借款等		315 000	
	10			本日合计		522 000	489 000	563 000
	11	付	3	提取现金	库存现金		20 000	543 000
	30	收	3	兑付本息	交易性金融资产等	16 500		559 500
	31	收	4	收回安居公司欠款	应收账款	48 000		
	31	付	6	支付广告费	销售费用		1 000	
	31	付	7	提取现金	库存现金		10 000	
	31	付	8	支付展览费	销售费用		10 000	
	31	付	10	支付教育费附加	应交税费		2 000	
	31	付	11	偿还长期借款	长期借款		100 000	
	31			本日合计		586 500	632 000	484 500
	31			本月合计		586 500	632 000	484 500

五、登记明细账

根据原始凭证、原始凭证汇总表及记账凭证登记明细账。为说明问题，节省篇幅起见，本例只列举"应收账款明细账""库存商品明细账"的登记，见表7-41、表7-42和表7-43。

表7-41　　　　　　　　　　应收账款明细账

明细账户：安居公司

2018年		凭证		摘 要	借 方	贷 方	借或贷	余 额
月	日	字	号					
12	1			期初余额			借	200 000
	5	转	1	销售N产品	348 000		借	548 000
	31	收	4	收回欠款		48 000	借	500 000

表 7-42　　　　　　　　　　　　　　库存商品明细账

明细账户：M 产品

2018 年		凭证		摘　要	借方			贷方			余额		
月	日	字	号		数量	单价	金额	数量	单价	金额	数量	单价	金额
12	1			期初余额							3 000	100	300 000
	31	转	15	销售 1 800 吨				1 800	100	180 000	1 200	100	120 000
	31	转	13	入库 1 000 吨	1 000	107.1	107 100				1 200	100	120 000
											1 000	107.1	107 100

表 7-43　　　　　　　　　　　　　　库存商品明细账

明细账户：N 产品

2018 年		凭证		摘　要	借方			贷方			余额		
月	日	字	号		数量	单价	金额	数量	单价	金额	数量	单价	金额
12	1			期初余额							300	600	180 000
	31	转	15	销售 300 吨				300	600	180 000			

六、登记总分类账

根据记账凭证逐笔登记总分类账。为说明问题，节省篇幅起见，本例只列举"库存现金总分类账""银行存款总分类账""应收账款总分类账""库存商品总分类账"的登记，见表 7-44、表 7-45、表 7-46 和表 7-47。

表 7-44　　　　　　　　　　　　　　库存现金总分类账

2018 年		凭证		摘　要	借（　）方	贷（　）方	借或贷	余额
月	日	字	号					
12	1			期初余额			借	8 000
	11	付	3	提取现金	20 000		借	
	11	付	4	发放工资		20 000	借	
	11	付	5	发放货币性福利费		2 800	借	5 200
	31	付	7	提取现金	10 000		借	
	31	付	9	支付社会保险费		10 000	借	5 200
	31			本月合计	30 000	32 800	借	5 200

表 7-45　　　　　　　　　　　　　银行存款总分类账

2018年		凭证		摘要	借( )方	贷( )方	借或贷	余额
月	日	字	号					
12	1			期初余额			借	530 000
	1	付	1	购买B材料		174 000	借	356 000
	10	收	1	销M产品	232 000		借	
	10	收	2	转让设备	290 000		借	
	10	付	2	兑付借款本息		315 000	借	563 000
	11	付	3	提取现金		20 000	借	543 000
	30	收	3	兑付本息	16 500		借	561 500
	31	收	4	收回安居公司欠款	48 000		借	
	31	付	6	支付广告费		1 000	借	
	31	付	7	提取现金		10 000	借	
	31	付	8	支付展览费		10 000	借	
	31	付	10	交教育费附加		2 000	借	
	31	付	11	偿还长期借款		100 000	借	484 500
	31			本月合计	586 500	632 000	借	484 500

表 7-46　　　　　　　　　　　　　应收账款总分类账

2018年		凭证		摘要	借( )方	贷( )方	借或贷	余额
月	日	字	号					
12	1			期初余额			借	200 000
	5	转	1	销N产品	348 000		借	548 000
	31	收	4	收回欠款		48 000	借	500 000

表 7-47　　　　　　　　　　　　　库存商品总分类账

2018年		凭证		摘要	借( )方	贷( )方	借或贷	余额
月	日	字	号					
12	1			期初余额			借	480 000
	31	转	15	销售300吨N产品		180 000	借	300 000
	31	转	15	销售1 800吨M产品		180 000	借	120 000
	31	转	13	入库1 000吨M产品	107 100		借	227 100

七、编制试算平衡表

月末,办理结账,编制试算平衡表,并将库存现金、银行存款日记账和各种明细账的余额与有关总分类账的余额核对相符。试算平衡表见表7-48。

表7-48　　　　　　　　　　　　　试算平衡表

2018年12月

会计科目	期初余额		本期发生额		期末余额	
	借方	贷方	借方	贷方	借方	贷方
库存现金	8 000		30 000	32 800	5 200	
银行存款	530 000		586 500	632 000	484 500	
交易性金融资产	15 000			15 000		
应收账款	200 000		348 000	48 000	500 000	
坏账准备		1 000		1 500		2 500
原材料	200 000		150 000	60 000	290 000	
周转材料	50 000			10 000	40 000	
库存商品	480 000		107 100	360 000	227 100	
生产成本			107 100	107 100		
制造费用			35 700	35 700		
长期股权投资	300 400				300 400	
固定资产	500 000			300 000	200 000	
累计折旧		200 000	100 000	50 000		150 000
在建工程	300 000				300 000	
固定资产清理			250 000	250 000		
无形资产	100 000				100 000	
累计摊销		10 000		10 000		20 000
短期借款		300 000	300 000			
长期借款		900 000	100 000			800 000
应付账款		300 000				300 000
其他应付款		57 400				57 400
应付职工薪酬			32 800	32 800		
应付利息		15 000	15 000			
实收资本		800 000				800 000
盈余公积		100 000		17 445		117 445
应交税费			27 500	121 075		93 575

（续表）

会计科目	期初余额		本期发生额		期末余额	
	借方	贷方	借方	贷方	借方	贷方
主营业务收入			500 000	500 000		
主营业务成本			360 000	360 000		
税金及附加			7 000	7 000		
销售费用			11 000	11 000		
管理费用			55 700	55 700		
营业外收入			50 000	50 000		
投资收益			1 500	1 500		
所得税费用			29 075	29 075		
资产减值损失			1 500	1 500		
本年利润			551 500	551 500		
利润分配			34 890	104 670		69 780
合　计	2 683 400	2 683 400	3 756 865	3 756 865	2 410 700	2 410 700

八、编制财务会计报告

月末，根据总分类账及有关明细分类账编制财务会计报告（略）。

【解析】上述实例，应有至少两个以上的会计人员完成。其中，出纳员只负责库存现金日记账和银行存款日记账的登记，不能兼管应收账款明细账、应付账款明细账等往来账及总账的登记。

另外，上述【典型实例】是制造业企业的账务处理程序案例。实际工作中，记账凭证账务处理程序也适用于行政机关事业单位。

任务三 科目汇总表账务处理程序

任务描述

科目汇总表账务处理程序是指根据科目汇总表登记总分类账的一种会计核算程序，它是对记账凭证账务处理程序的改良。学生学习时，应掌握科目汇总表账务处理程序的特点、一般步骤和它的优缺点及适用范围。

知识准备

一、科目汇总表账务处理程序的特点

科目汇总表，又称记账凭证汇总表，是单位定期对全部记账凭证进行汇总后，按照不同的会计科目分别列示各账户借方发生额和贷方发生额的一种汇总凭证。

科目汇总表账务处理程序，又称记账凭证汇总表账务处理程序，是指根据记账凭证定期编制科目汇总表，再根据科目汇总表登记总分类账的一种账务处理程序。

科目汇总表账务处理程序主要特点：根据记账凭证编制科目汇总表，然后根据科目汇总表登记总分类账。

二、科目汇总表账务处理程序下的会计凭证及账簿组织

科目汇总表账务处理程序在会计凭证、账簿组织上与记账凭证账务处理程序相同。在记账凭证方面，可设置收款凭证、付款凭证和转账凭证。账簿组织方面，需设置现金日记账、银行存款日记账、各种明细账和总账。但科目汇总表账务处理程序为了定期将记账凭证汇总，还设置了科目汇总表。科目汇总表是根据相同的会计科目进行汇总而编制的一种汇总表，其编制方法是：

（1）将既定汇总期内的全部记账凭证按照相同的科目归类汇总（可借助"T"形账户作为工作底稿）；

(2) 计算出每一会计科目的本期借方发生额和本期贷方发生额；

(3) 将计算结果填入"科目汇总表"的"本期借方发生额"和"本期贷方发生额"栏内。

科目汇总表应根据单位自身经济业务量的多少来确定编制时间，业务量较多可设置每日、每月汇总表；业务量较少可设置半个月或者一个月科目汇总表。科目汇总表的格式如下：

编号：1号		附件共　张	
凭证号数	收款	第　号至第　号共　张	
	付款	第　号至第　号共　张	
	转账	第　号至第　号共　张	

表 7-49　　　　　　　　　　　科目汇总表

年　月　日至　日

会计科目	本期发生额		会计科目	本期发生额	
	借方	贷方		借方	贷方
库存现金			应付职工薪酬		
银行存款			实收资本		
交易性金融资产			资本公积		
应收票据			制造费用		
应收账款			主营业务收入		
坏账准备			其他业务收入		
其他应收款			投资收益		
原材料			销售费用		
固定资产			管理费用		
固定资产清理			营业外收入		
累计折旧					
在建工程					
无形资产					
短期借款					
应付票据					
应付账款					
应交税费			合　计		

三、科目汇总表账务处理程序的一般步骤

科目汇总表账务处理程序的一般步骤：

（1）根据原始凭证或原始凭证汇总表填制记账凭证（收款凭证、付款凭证、转账凭证）；

（2）根据收款凭证和付款凭证登记库存现金日记账、银行存款日记账；

（3）根据原始凭证或原始凭证汇总表、记账凭证登记各种明细账；

（4）根据记账凭证编制科目汇总表；

（5）根据科目汇总表，定期登记总账；

（6）月终，将库存现金日记账、银行存款日记账和各种明细账余额的合计数分别与总账核对；

（7）月终，根据总账、明细账编制会计报表。

上述科目汇总表账务处理程序的一般步骤如图 7-3 所示：

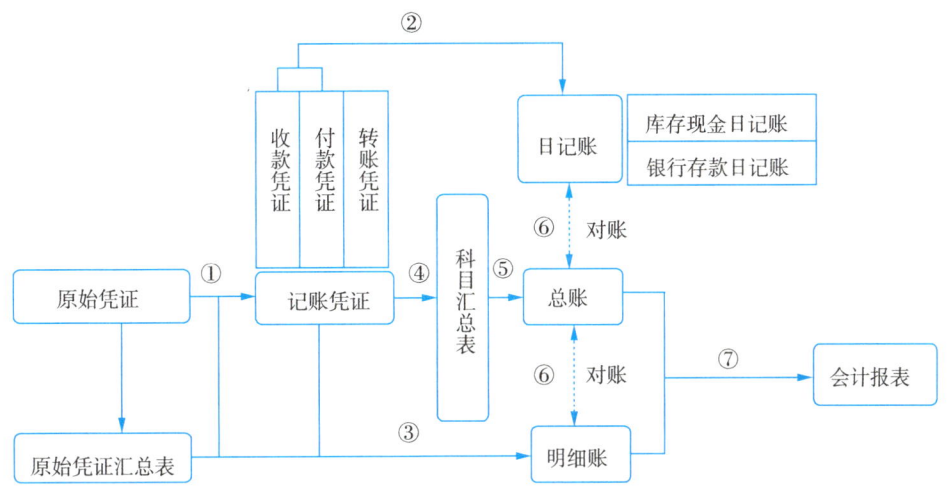

图 7-3 科目汇总表账务处理程序

四、科目汇总表账务处理程序的优缺点及适用范围

科目汇总表账务处理程序的优点：根据科目汇总表登记总账，减少了登记总账的工作量。同时，科目汇总表可以进行试算平衡，便于会计工作者及时发现错误并更正，保证了会计信息的质量。

科目汇总表账务处理程序的缺点：由于科目汇总表是按照会计科目来进行汇总的，只反映了会计科目的借、贷发生额，不能反映会计科目之间的对应关系，不便于会计人员查账和分析经济业务的来龙去脉。

适用范围：一般适用于规模较大、交易或事项频繁、记账凭证数量较多、会计机构分工较细的单位。如制造业企业、建筑施工企业等。

【典型实例】

资料：见"记账凭证账务处理程序案例"资料。

要求：

（一）编制记账凭证：根据嘉和科技有限公司2018年12月发生的业务，编制记账凭证，具体见"记账凭证账务处理程序"案例。

（二）登记日记账：嘉和科技有限公司根据编制的收、付款凭证登记库存现金日记账和银行存款日记账，见表7-39、表7-40。

（三）登记明细账：根据原始凭证、汇总原始凭证及记账凭证登记明细账。本例列举的"应收账款明细账""库存商品明细账"的登记，见表7-41、表7-42和表7-43。

（四）根据记账凭证编制"科目汇总表"7-50如下：

表7-50　　　　　　　　　　　　　科目汇总表

2018年12月1日至31日　　　　　　　　　　　　　　　科汇　字1号

会计科目	借方发生额	贷方发生额
库存现金	30 000	32 800
银行存款	586 500	632 000
交易性金融资产		15 000
应收账款	348 000	48 000
坏账准备		1 500
原材料	150 000	60 000
周转材料		10 000
库存商品	107 100	360 000
生产成本	107 100	107 100
制造费用	35 700	35 700
固定资产		300 000
累计折旧	100 000	50 000
固定资产清理	250 000	250 000
累计摊销		10 000
短期借款	300 000	
长期借款	100 000	
应付账款		
应付职工薪酬	32 800	32 800

(续表)

会计科目	借方发生额	贷方发生额
应付利息	15 000	
实收资本		
盈余公积		17 445
应交税费	26 000	156 075
主营业务收入	500 000	500 000
主营业务成本	360 000	360 000
税金及附加	7 000	7 000
销售费用	11 000	11 000
管理费用	55 700	55 700
营业外收入	50 000	50 000
投资收益	1 500	1 500
所得税费用	29 075	29 075
资产减值损失	1 500	1 500
本年利润	464 275	551 500
利润分配	34 890	17 445
合　计	3 703 140	3 703 140

（五）根据"科目汇总表"登记"库存现金总账""银行存款总账""原材料总账"和"库存商品总账"（其他总账，略）如下：

表 7-51　　　　　　　　　　库存现金总分类账

2018年		凭证		摘　要	借（　）方	贷（　）方	借或贷	余额
月	日	字	号					
12	1			期初余额			借	8 000
	31	科汇	1	本月发生额	30 000	32 800	借	5 200
	31			期末余额	30 000	32 800	借	5 200

表 7-52　　　　　　　　　　　　　银行存款总分类账

2018年		凭证		摘要	借（　）方	贷（　）方	借或贷	余额
月	日	字	号					
12	1			期初余额			借	530 000
	31	科汇	1	本月发生额	586 500	632 000	借	484 500
	31			期末余额	586 500	632 000	借	484 500

表 7-53　　　　　　　　　　　　　应收账款总分类账

2018年		凭证		摘要	借（　）方	贷（　）方	借或贷	余额
月	日	字	号					
12	1			期初余额			借	200 000
	31	科汇	1	本月发生额	348 000	48 000	借	500 000
	31			期末余额	348 000	48 000	借	500 000

表 7-54　　　　　　　　　　　　　库存商品总分类账

2018年		凭证		摘要	借（　）方	贷（　）方	借或贷	余额
月	日	字	号					
12	1			期初余额			借	480 000
	31	科汇	1	本月发生额	107 100	360 000	借	227 100
	31			期末余额	107 100	360 000	借	227 100

（六）月末，根据总账与其所属明细账、日记账核对相符。然后，再根据总分类账及有关明细分类账编制财务会计报告（略）。

任务四 汇总记账凭证账务处理程序

汇总记账凭证账务处理程序是指根据记账凭证来编制汇总记账凭证，由汇总记账凭证登记总分类账的一种会计核算程序。学生学习时，应掌握汇总记账凭证账务处理程序的特点、一般步骤和它的优缺点及适用范围。

一、汇总记账凭证账务处理程序的特点

汇总记账凭证账务处理程序是针对科目汇总表账务处理程序的缺点加以改进而建立起来的，定期将所有记账凭证分类汇总编制汇总收款凭证、汇总付款凭证和汇总转账凭证，然后根据汇总记账凭证来登记总分类账的一种账务处理程序。

汇总记账凭证账务处理程序主要特点：根据各种记账凭证定期（5天或10天）编制汇总记账凭证，再根据汇总记账凭证登记总分类账。

二、汇总记账凭证账务处理程序下的会计凭证及账簿组织

汇总记账凭证账务处理程序下，记账凭证除了采用收款凭证、付款凭证和转账凭证三种格式外，还需设置汇总收款凭证、汇总付款凭证和汇总转账凭证。

汇总记账凭证账务处理程序下，账簿一般设置三栏式库存现金日记账、银行存款日记账；三栏式总账。明细账根据不同的需要可以采取三栏式（往来款项账）、数量金额式（存货账）或多栏式（费用账）。

汇总收款凭证、汇总付款凭证和汇总转账凭证格式见表7-55、表7-56和表7-57：

表7-55　　　　　　　　　　　　　汇总收款凭证

借方科目：　　　　　　　　　　　年　　月　　　　　　　　　汇收字号

贷方科目	金额				总账页数	
	1-10日收字号	11-20日收字号	21-30日收字号	合计	借方	贷方
合计						

主管　　　　　　　审核　　　　　　　填制　　　　　　　记账

表7-56　　　　　　　　　　　　　汇总付款凭证

贷方科目：　　　　　　　　　　　年　　月　　　　　　　　　汇付字号

借方科目	金额				总账页数	
	1日-10日付字号	11日-20日付字号	21日-30日付字号	合计	借方	贷方
合计						

主管　　　　　　　审核　　　　　　　填制　　　　　　　记账

表7-57　　　　　　　　　　　　　汇总转账凭证

贷方科目：　　　　　　　　　　　年　　月　　　　　　　　　汇转字号

借方科目	金额				总账页数	
	1日-10日转字号	11日-20日转字号	21日-30日转字号	合计	借方	贷方
合计						

主管　　　　　　　审核　　　　　　　填制　　　　　　　记账

知识链接

1. 汇总收款凭证的设置与编制方法

汇总收款凭证是以"库存现金"和"银行存款"科目账户的借方为设证科目，定期汇总与设证科目借方对应账户的贷方发生额而使用的一种记账凭证。①设置以"库存现金"科目借方为设证科目的"汇总收款凭证"；②设置以"银行存款"科目借方为设证科目的"汇总收款凭证"；③汇总收款凭证定期（5天或10天）填制一次，可以每汇总一次编制一张，也可以多次汇总每月编制一张。

【例7-1】华瑞机械厂2017年12月1日至10日发生的交易或事项所编的记账凭证扫码见表7-5所示，分别根据其中的"收款凭证"和"付款凭证"，编制以"银行存款"科目和"库存现金"科目借方为设证科目的"汇总收款凭证"，扫码见表7-6和表7-7所示。

提示：表中11—20日、21—31日的汇总金额为另外两次汇总结果的假定数。

2. 汇总付款凭证的设置与编制方法

汇总付款凭证——以"库存现金"和"银行存款"科目的贷方为设证科目，定期汇总与设证科目贷方对应科目的借方发生额而使用的一种记账凭证。①分别设置以"库存现金"和"银行存款"科目贷方为设证科目的"汇总付款凭证"；②汇总付款凭证定期（5天或10天）填制一次，可以每汇总一次编制一张，也可以多次汇总每月编制一张。

【例7-2】根据华瑞机械厂12月1日至10日发生的交易或事项所编的记账凭证（表7-5）中的"付"字凭证，编制以"银行存款"科目贷方为设证科目的"汇总付款凭证"扫码见表7-8所示。

提示：表中11—20日、21—31日的汇总金额为另外两次汇总结果的假定数。

3. 汇总转账凭证的设置与编制方法

汇总转账凭证——应当按照每一科目的贷方分别设置，并根据转账凭证按对应的借方科目归类，定期汇总与设证科目贷方对应的借方科目的发生额而使用的一种记账凭证。①汇总转账凭证定期（5天或10天）填制一次，可以每汇总一次编制一张，也可以多次汇总每月填制一张；②如果某一贷方科目的转账凭证数量不多，如"销售费用""管理费用""主营业务成本""其他业务成本"等费用类账户，通常每月只编制一张转账凭证，或者汇总原始凭证（如"发料凭证汇总表"）、自制原始凭证已按贷方科目设置，也可以不编制汇总转账凭证，直接根据转账凭证登记总分类账；③需要注意的是，因汇总转账凭证按照贷方科目设证，为了便于填制汇总转账凭证，平时填制转账凭证时，一般应编制"一借一贷"或"多借一贷"会计分录的转账凭证；④如果仅仅是为了便于编制汇总转账凭证，而将有些交易或事项需要编制"多借多贷"或"一借多贷"会计分录的转账凭证，将其硬性拆分并编制"一借一贷"或"多借一贷"会计分录的转账凭证，反而不利于反应各账户之间的对应关系，或者加大编制转账凭证的工作量，或者所附原始凭证不易拆分粘贴，这时就应编制"一借多贷"或"多借多贷"会计分录的转账凭证。根据这些转账凭证编制汇总转账凭证时，只需将与贷方账户对应的借方账户的金额拆分,按照"一借一贷"或"多借一贷"的原理编制汇总转账凭证也是比较简单的,在所编制的汇总转账凭证中,账户的对应关系也是十分明确的。

【例7-3】根据华瑞机械厂12月1日至10日所编记账凭证(表7-5)中涉及"原材料"账户贷方的转账凭证,编制以"原材料"科目贷方为设证科目的"汇总转账凭证",扫码见表7-9所示。提示:11—20日、21—31日的汇总金额为另外两次汇总结果的假定数。

三、汇总记账凭证账务处理程序的一般步骤

汇总账凭证账务处理程序的一般步骤如下:

第一,根据原始凭证或原始凭证汇总表填制记账凭证(收款凭证、付款凭证、转账凭证);

第二,根据收款凭证、付款凭证逐笔登记库存现金日记账和银行存款日记账;

第三,根据记账凭证和原始凭证或原始凭证汇总表,逐笔登记各种明细账;

第四,根据收款凭证、付款凭证和转账凭证,定期编制汇总收款凭证、汇总付款凭证和汇总转账凭证;

第五,月终,根据汇总收款凭证、汇总付款凭证和汇总转账凭证登记总账;

第六,月终,将库存现金日记账、银行存款日记账的余额及各明细账余额的合计数,与总账有关账户的余额核对相符;

第七,月终,根据总账、明细账编制会计报表。

上述汇总记账凭证账务处理程序的一般步骤如图7-4所示:

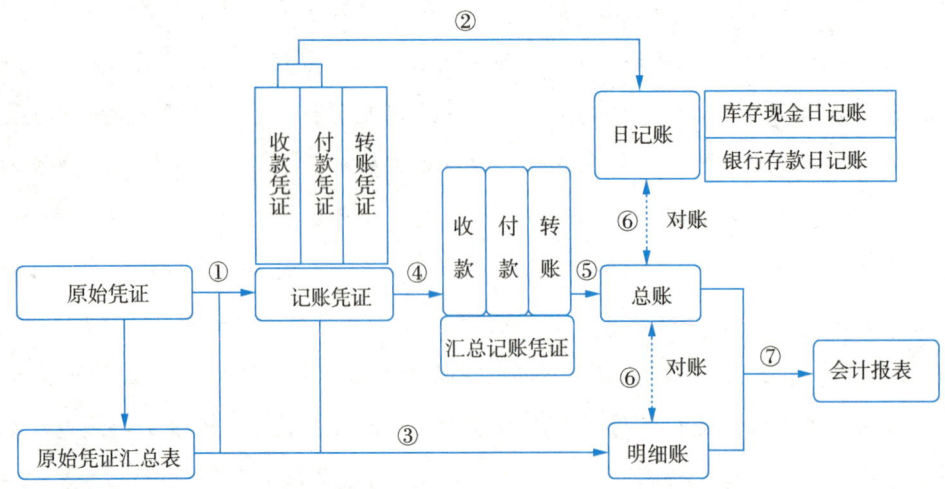

图7-4 汇总记账凭证账务处理程序

四、汇总记账凭证账务处理程序的优缺点及适用范围

汇总记账凭证账务处理程序的优点：克服了记账凭证账务处理程序和科目汇总表账务处理程序的缺点，简化了登记总账的工作量，又可以明确反映各账户间的对应关系，有利于会计人员了解经济业务的来龙去脉，便于查账。

汇总记账凭证账务处理程序的缺点：汇总记账凭证按照会计科目的借贷方进行汇总，不利于会计核算的日常分工。当转账凭证较多时，编制汇总转账凭证工作量较大。

适用范围：一般适用于规模较大，经济业务较多且会计分工较细的单位，特别是收、付款交易事项多而转账交易事项较少的单位。如商品流通企业、金融企业等。

【典型实例】

见"记账凭证账务处理程序案例"资料。

要求：

（一）编制记账凭证：根据嘉和科技有限公司2018年12月发生业务，编制记账凭证。见"记账凭证账务处理程序"案例。

（二）登记日记账：嘉和科技有限公司根据编制的收、付款凭证登记库存现金日记账和银行存款日记账，见表7-39、表7-40。

（三）登记明细账：根据原始凭证、原始凭证汇总表及记账凭证登记明细账。本例列举的"应收账款明细账""库存商品明细账"的登记，见表7-41、表7-42和表7-43。

（四）根据记账凭证编制"汇总收款凭证""汇总付款凭证"（汇总转账凭证，略）如下：

表7-58　　　　　　　　　　　　　汇总收款凭证

借方科目：银行存款　　　　　　　2018年12月31日　　　　　　　汇收字01号

贷方科目	金额				总账页数	
	1日-10日收字号	11日-20日收字号	21日-31日收字号	合计	借方	贷方
主营业务收入	200 000			200 000		
应交税费	72 000			72 000		
固定资产清理	250 000			250 000		
交易性金融资产			15 000	15 000		
投资收益			1 500	1 500		
应收账款			48 000	48 000		
合计	522 000		64 500	586 500		

主管　　　　　　　审核　　　　　　　填制　　　　　　　记账

表 7-59　　　　　　　　　　　　　　汇总付款凭证

贷方科目：库存现金　　　　　　　2018 年 12 月　　　　　　　　汇付字 01 号

借方科目	金　额				总账页数	
	1 日 -10 日 付字　号	11 日 -20 日 付字　号	21 日 -31 日 付字　号	合计	借方	贷方
应付职工薪酬		20 000	12 800	32 800		
合　计						

主管　　　　　　　　　审核　　　　　　　　　填制　　　　　　　　　记账

表 7-60　　　　　　　　　　　　　　汇总付款凭证

贷方科目：银行存款　　　　　　　2018 年 12 月　　　　　　　　汇付字 02 号

借方科目	金　额				总账页数	
	1 日 -10 日 付字　号	11 日 -20 日 付字　号	21 日 -31 日 付字　号	合计	借方	贷方
库存现金		20 000	10 000	30 000		
原材料	150 000			150 000		
应交税费	24 000		2 000	26 000		
短期借款	300 000			300 000		
应付利息	15 000			15 000		
销售费用			11 000	11 000		
长期借款			100 000	100 000		
合　计	489 000	20 000	123 000	632 000		

主管　　　　　　　　　审核　　　　　　　　　填制　　　　　　　　　记账

（五）根据"汇总记账凭证"登记"库存现金"总账和"银行存款"总账（其他总账，略）如下：

表 7-61　　　　　　　　　　　　　　库存现金总分类账

2018 年		凭证		摘　要	借（　）方	贷（　）方	借或贷	余额
月	日	字	号					
12	1			期初余额			借	8 000
	31	汇付	2	本月发生额	30 000		借	38 000
	31	汇付	1	本月发生额		32 800	借	5 200
	31			期末余额	30 000	32 800	借	5 200

表 7-62　　　　　　　　　　　　银行存款总分类账

2018年		凭证		摘要	借（　）方	贷（　）方	借或贷	余额
月	日	字	号					
12	1			期初余额			借	530 000
	31	汇收	1	本月发生额	586 500		借	1 116 500
	31	汇付	2	本月发生额		632 000	借	484 500
	31			期末余额	586 500	632 000	借	484 500

（六）编制财务会计报告：月末，根据总分类账及有关明细分类账编制财务会计报告（略）。

项目小结

为了合理组织会计核算工作，确保及时提供有用的会计信息，必须把会计凭证、账簿和报表有机地组织起来，形成一定的核算组织程序。本项目重点介绍了各种账务处理程序的步骤及其各自的特点、优缺点以及适用范围。企业发生经济业务后，首先取得或填制原始凭证；根据审核无误的原始凭证填制记账凭证；然后根据记账凭证登记日记账、明细账；再根据记账凭证或记账凭证汇总表、汇总记账凭证登记总账；总账和日记账、明细账要相互核对，保证账账相符；在账账相符、账实相符的前提下，根据总账和明细账资料编制会计报表。

项目八 编制财务会计报告

【项目介绍】

会计报表是企业财务会计报告的主要组成部分,编制财务会计报告是会计核算专门方法之一。本项目主要介绍财务会计报告的构成和种类、资产负债表的编制和利润表的编制。具体见图8-1所示。

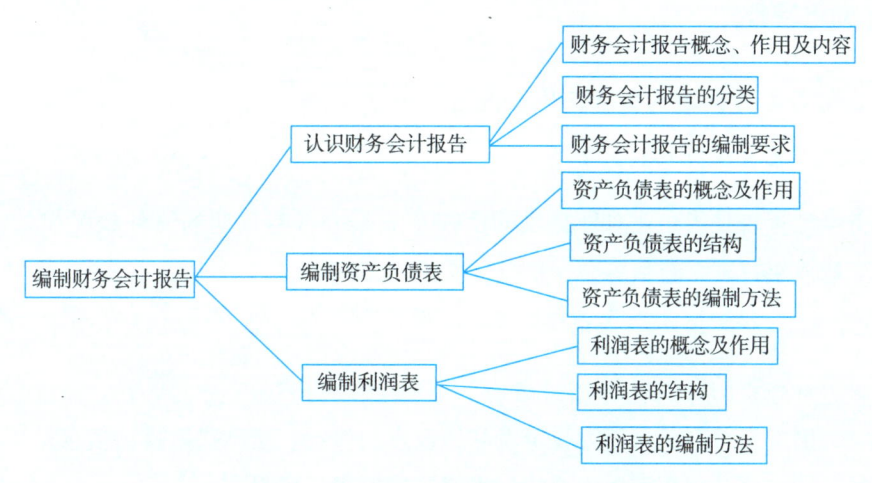

图8-1 编制财务会计报告项目概要

任务一　认识财务会计报告

会计主管紧张忙碌了一个月,期末,到了企业会计部门需要编制财务会计报告的环节。因为税务部门、贷款银行都要求企业上报资产负债表、利润表和现金流量表。本任务介绍财务会计报告的概念、种类及编制要求。

一、财务会计报告的概念作用及内容

(一) 财务会计报告的概念

财务会计报告是指企业对外提供的反映企业某一特定日期的财务状况和某一会计期间的经营成果、现金流量等会计信息的文件。

(二) 财务会计报告的作用

财务会计报告的作用如下:

第一,财务会计报告可以为投资者和债权人的投资、贷款决策提供信息;

第二,财务会计报告可以为单位加强经济管理提供资料;

第三,财务会计报告可以为有关管理部门加强检查、监督,维护经济秩序提供资料。

(三) 财务会计报告的内容

企业财务会计报告至少应当包括资产负债表、利润表、现金流量表、所有者权益变动表和报表附注。具体如图 8-2:

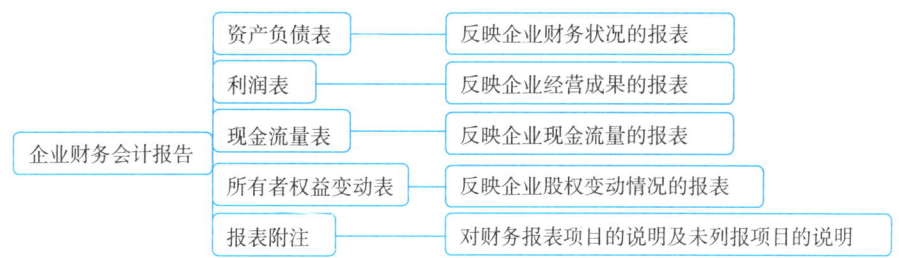

图 8-2 企业财务会计报告的内容

二、财务会计报告的分类

(一) 按财务会计报告编报的时间不同，可分为中期财务报告和年度财务报告

中期财务报告是指以短于一个完整会计年度的报告期间为基础编制的财务报表，包括月报、季报和半年报等。中期财务报告至少应当包括资产负债表、利润表、现金流量表和附注。

年度财务报告是指企业每年末编制的财务会计报表。

【想一想】

甲公司于 7 月 1 日成立，其当年年末编制的财务报表属于中期财务报告？还是年度财务报告？

扫码看答案

(二) 按财务会计报告编报的主体不同，可分为个别财务报表和合并财务报表

个别财务报表是由企业在自身会计核算基础上对账簿记录进行加工而编制的财务报表。

合并财务报表是以母公司和子公司组成的企业集团为会计主体编制的财务报表。

财务报表的具体种类如图 8-3 所示。

$$\text{财务会计报告}\begin{cases}\text{按编报时间分类}\begin{cases}\text{中期财务报告}\\\text{年度财务报告}\end{cases}\\\text{按编报主体分类}\begin{cases}\text{个别财务报表}\\\text{合并财务报表}\end{cases}\end{cases}$$

图 8-3 财务会计报告种类图示

三、财务会计报告的编制要求

(一) 内容完整

财务会计报告应当反映企业经济活动的全貌，全面反映企业的财务状况和经营成果，才能满足各方面对会计信息的需要，实现会计目标。凡是国家要求提供的财务会计报告，各企业必须全部编制并报送，不得漏编和漏报。凡是国家统一要求披露的信息，都必须予以充分披露。

（二）数字真实

由于编制财务会计报告的直接依据是会计账簿，所有报表的数据都来源于会计账簿。因此，为保证财务会计报告数据的正确性、真实性，编制报表之前必须做好对账和结账工作，做到账证相符、账账相符、账实相符以保证报表数据的真实准确，如实地反映企业的财务状况、经营成果和现金流量。这是对会计信息质量的基本要求，即客观性要求。

（三）计算准确

日常的会计核算以及编制财务会计报告，涉及大量的数字计算，只有准确的计算，才能保证数字的真实可靠。这就要求编制财务会计报告必须以核对无误后的账簿记录和其他有关资料为依据，不能使用估计或推算的数据，更不能以任何方式弄虚作假，玩数字游戏或隐瞒谎报。

（四）报送及时

及时性是会计信息的重要特征，财务会计报告的信息只有及时地传递给会计信息使用者，才能为会计信息使用者的决策提供依据。否则，即使是真实可靠和内容完整的财务会计报告，由于编制和报送不及时，就会大大降低报告使用者会计信息的使用价值。

知识链接

年度财务报告应于年度终了后 4 个月内对外报出；半年度财务报告应于年度中期结束后 60 天内对外报出；季度财务报告应于季度结束后 15 天内对外报出；月度财务报告应于月度终了后 6 天内对外报出。

（五）手续完备

企业对外提供财务会计报告应按规定程序上报、审批，符合程序，合法合理。

1. 财务会计报告报送符合程序

（1）企业编制的财务会计报告应按企业会计准则的要求，经单位财务主管人员审核无误后，及时向有关部门申报。

（2）为了保证企业财务报告的公正与真实，企业应建立财务会计报告的签证制度。

2. 审批的财务会计报告合法合理

（1）所谓合法，是指企业为使单位出具财务会计报告的严肃性，企业向外部各有关部门提供的财务会计报告应依次编定页码，加具封面，装订成册，加盖公章。

财务会计报告封面注明：企业名称、企业统一代码、组织形式、地址、报表所属年度或者月份、报出日期，并由单位负责人和主管会计工作的负责人、会计机构负责人（会计主管人员）签名并盖章；设置总会计师的单位，还应当由总会计师签名并盖章。

（2）所谓合理，就是财务会计报告合理反映企业的生产经营活动。经审批的财务会计报告，应由审批人签名盖章。

任务二 编制资产负债表

主管会计在期末编制资产负债表前,先结出账户发生额及账户余额。根据账户余额编制资产负债表。学生学习时,应先知道资产负债表概念、作用及结构,然后再学习资产负债表的编制方法。

一、资产负债表的概念及作用

(一)资产负债表的概念

资产负债表是指反映企业某一特定日期(月末、季末或年末)的财务状况的财务报表。

(二)资产负债表的作用

第一,企业管理者通过资产负债表了解企业拥有或控制的经济资源和承担的责任、义务,了解企业资产、负债各项目的构成比例是否合理,并以此分析企业的生产经营能力、营运能力和偿债能力,预测企业未来经营前景;

第二,企业的投资者通过资产负债表了解所有者权益构成情况,考核企业管理人员是否有效利用现有资源,是否使资产得到增值,以此分析企业财务实力和未来发展能力,并做出是否继续投资的决策;

第三,企业债权人和供应商通过资产负债表了解企业的偿债能力、支付能力及现有财务状况,以便分析财务风险,预测未来现金流动情况,做出贷款及营销决策;

第四,工商行政管理、税务等政府机构通过资产负债表可以了解企业是否认真贯彻执行有关方针、政策,以便加强宏观管理和调控。

二、资产负债表的结构

资产负债表结构有账户式和报告式两种。我国企业资产负债表采用账户式结构。账户式资产负债表分为左右两方,左方为资产项目,按资产的流动性大小排列,如:先流动资产,后非流动资产;右方为负债和所有者权益项目,按要求清偿时间的先后顺序排列,如:先流动负债,后非流动负债,最后是所有者权益。

账户式资产负债表以"资产=负债+所有者权益"为理论依据,资产各项目的合计等于负债和所有者权益各项目的合计。

资产负债表具体格式如表8-1。

表8-1 资产负债表

会企01表

编制单位: 年 月 日 单位:元

资　产	期末余额	年初余额	负债和所有者权益(或股东权益)	期末余额	年初余额
流动资产:			流动负债:		
货币资金			短期借款		
以公允价值计量且其变动计入当期损益的金融资产			以公允价值计量且其变动计入当期损益的金融负债		
衍生金融资产			衍生金融负债		
应收票据			应付票据		
应收账款			应付账款		
预付账款			预收款项		
应收利息			应付职工薪酬		
应收股利			应交税费		
其他应收款			应付利息		
存货			应付股利		
持有待售资产			其他应付款		
一年内到期的非流动资产			持有待售负债		
其他流动资产			一年内到期的非流动负债		
流动资产合计			其他流动负债		
非流动资产:			流动负债合计		
可供出售金融资产			非流动负债:		
持有至到期投资			长期借款		
长期应收款			应付债券		
长期股权投资			其中:优先股		

（续表）

资　产	期末余额	年初余额	负债和所有者权益（或股东权益）	期末余额	年初余额
投资性房地产			永续债		
固定资产			长期应付款		
在建工程			专项应付款		
工程物资			预计负债		
固定资产清理			递延收益		
生产性生物资产			递延所得税负债		
油气资产			其他非流动负债		
无形资产			非流动负债合计		
开发支出			负债合计		
商誉			所有者权益（或股东权益）：		
长期待摊费用			实收资本（或股本）		
递延所得税资产			其他权益工具		
其他非流动资产			其中：优先股		
非流动资产合计			永续债		
			资本公积		
			减：库存股		
			其他综合收益		
			盈余公积		
			未分配利润		
			所有者权益（或股东权益）合计		
资产总计			负债和所有者权益（或股东权益）总计		

【看一看】

一年内到期的非流动资产应排列在哪里呢？一年内到期的非流动负债呢？

扫码看答案

三、资产负债表的编制方法

（一）资产负债表"期初数"栏数额

"年初余额"栏数额，从上年本表"期末余额"栏对应栏目取值。

(二) 资产负债表 "期末数" 栏数额

一般地,企业根据记账凭证,编制"账户试算平衡表",计算出所有账户的本月发生额及其期末余额;根据"账户试算平衡表"登记总账,然后根据账户余额编制"资产负债表""期末余额"栏各项目。

【想一想】

没有试算平衡表,可以编制资产负债表吗?

资产负债表"期末余额"栏各项目的填列,主要有以下几种方法:

扫码看答案

1. 根据有关总账账户的期末余额直接填列

适用于此方法的有"交易性金融资产""应收票据""短期借款""应付职工薪酬""应付股利"等项目。

【例 8-1】资料:丁公司期末编制的"总分类账试算平衡表"部分资料如表 8-2。

表 8-2　　　　　　　　　　丁公司总分类账试算平衡表

会计科目	期初数额	借方发生	贷方发生	期末余额
库存现金	8 000	10 000	11 000	7 000(借)
应收票据	300 000	400 000	200 000	500 000(借)
应收股利		100 000		100 000(借)
在建工程	800 000	600 000	1 200 000	200 000(借)
短期借款	50 000	100 000	200 000	150 000(贷)
实收资本	900 000		600 000	1 500 000(贷)
资本公积	100 000		40 000	500 000(贷)

应收票据项目 = 500 000(元)

应收股利项目 = 100 000(元)

在建工程项目 = 200 000(元)

短期借款项目 = 150 000(元)

实收资本项目 = 1 500 000(元)

资本公积项目 = 500 000(元)

【练一练】

【例 8-2】某企业 2018 年 6 月 30 日结账后,部分总账账户的期末余额如表 8-3:

表 8-3　　　　　　　　　　账户余额表

总账账户名称	账户余额方向	金额(单位:元)
应收票据	借	50 000
应收股利	借	30 000
短期借款	贷	100 000

要求：计算该企业 2018 年 6 月 30 日资产负债表中"应收股利""应收票据"和"短期借款"项目的金额？

2. 根据有关总账账户的期末余额分析、计算填列

如"货币资金"项目，需根据"库存现金""银行存款""其他货币资金"三个总账账户的期末余额的合计数填列；"存货"项目，需根据"在途物资""原材料""周转材料""库存商品""生产成本"等总账账户的期末余额的合计数，减去"存货跌价准备"后的差额填列。

扫码看答案

【例 8-3】资料：丁公司期末编制的"总分类账试算平衡表"部分资料如表 8-4。

表 8-4　　　　　　　　　　　丁公司总分类账试算平衡表

会计科目	期初数额	借方发生	贷方发生	期末余额
库存现金	8 000	10 000	11 000	7 000（借）
银行存款	2 600 000	1 040 000	840 000	2 800 000（借）
其他货币资金	300 000	400 000	600 000	100 000（借）
材料采购	40 000	480 000	520 000	20 000（借）
原材料	100 000	620 000	680 000	40 000（借）
材料成本差异	4000（-）	24200（+）	20 000（+）	200（借）
库存商品	200 000	800 000	920 000	80 000（借）
生产成本	40 000	820 000	800 000	60 000（借）
本年利润	100 000		50 000	150 000（贷）
利润分配	20 000（-）			20 000（借）

货币资金项目 = 7 000 + 2 800 000 + 100 000 = 2 907 000（元）

存货项目 = 20 000 + 40 000 + 200 + 80 000 + 60 000 = 200 200（元）

未分配利润项目 = 150 000 - 20 000 = 130 000（元）

【想一想】

资产负债表中还有哪些项目，需要根据几个总账账户的期末余额分析、计算填列？试举例说明。

扫码看答案

3. 根据有关明细账账户的期末余额分析、计算填列

如"应收账款"项目，需根据"应收账款"和"预收账款"两个总账账户所属的相关明细账户的期末借方余额计算填列；"应付账款"项目，需根据"应付账款"和"预付账款"两个总账账户所属的相关明细账户的期末贷方余额计算填列。

【算一算】

甲企业 2018 年 12 月 31 日结账后有关账户的余额如表 8-5：

表 8-5

总分类账户	明细账户	借或贷	余　额
应收账款	甲公司	借	400 000
	乙公司	贷	100 000
应付账款	X 公司	贷	80 000
	Y 公司	借	50 000
预收账款	M 公司	贷	75 000
	N 公司	借	35 000
预付账款	A 公司	借	90 000
	B 公司	贷	60 000
其他应收款	孤老职工	借	5 000
坏账准备	应收账款	贷	20 000
	其他应收款	贷	100

应收账款项目 = 400 000 + 35 000 - 20 000 = 415 000（元）

预收账款项目 = 100 000 + 75 000 = 175 000（元）

应付账款项目 = 60 000 + 80 000 = 140 000（元）

预付账款项目 = 90 000 + 50 000 = 140 000（元）

其他应收款项目 = 5 000 - 100 = 4 900（元）

知识链接

在资产负债表中，还有些项目需要根据相关账户的期末余额扣除备抵账户的余额后，计算填列。如在计算"固定资产"项目时，需根据"固定资产"账户的期末余额减去"累计折旧"账户的期末余额后的净额填列；计算"应收账款"项目的金额时，需根据"应收账款"账户和"预收账款"账户分析计算后，减去"坏账准备"账户的期末余额后的净额填列。如"应收账款"账户的期末借方余额为 1 050 000 元，"坏账准备"账户中与应收账款有关的期末余额为贷方 1 500 元，则在资产负债表中填列"应收账款"项目时应为：1 050 000 - 1 500 = 1 048 500 元。

【想一想】

在资产负债表中，"长期借款"项目应如何填列？前提是，一年内到期的长期借款应在资产负债表流动资产部分中的"一年内到期

扫码看答案

的长期负债"项目中列示。

【典型实例】

济宁建新制造有限公司 2018 年 12 月 31 日全部账户余额,如表 8-6:

表 8-6

资产账户	余额方向	期末余额	负债和所有者权益账户	余额方向	期末余额
库存现金	借	5 200	短期借款	贷	700 000
银行存款	借	233 800	应付票据	贷	100 000
应收票据	借	400 000	应付账款		
应收账款			——丙单位	贷	20 000
——大地公司	借	26 000	——丁单位	贷	80 000
——金海公司	贷	55 000	预收账款		
预付账款			——大地公司	贷	75 000
——丙单位	借	250 000	——金海公司	借	33 000
应收股利	借	109 200	应付职工薪酬	贷	30 000
其他应收款	借	10 000	应交税费	贷	13 100
原材料			应付股利	贷	20 000
——甲材料	借	150 000	其他应付款	贷	52 000
——乙材料	借	76 000	长期借款	贷	350 000
周转材料	借	49 000	实收资本	贷	1 000 000
库存商品			资本公积	贷	50 000
——A 产品	借	210 000	盈余公积	贷	170 000
——B 产品	借	409 000	利润分配	贷	174 500
长期股权投资	借	155 000			
固定资产	借	1 000 000			
累计折旧	贷	246 000			
无形资产	借	28 000			
累计摊销	贷	8 600			
合 计		2 801 600	合 计		2 801 600

根据以上账户资料,编制济宁建新制造公司 2018 年 12 月 31 日的资产负债表如表 8-7 资产负债表。

表 8-7 资产负债表

2018 年 12 月 31 日

会企 01 表

编制单位：济宁建新制造有限公司　　　　　　　　　　　　　　　　　　单位：元

资　产	期末余额	年初余额	负债及所有者权益	期末余额	年初余额
流动资产：			流动负债：		
货币资金	239 000	略	短期借款	700 000	略
交易性金融资产	0		交易性金融负债	0	
应收票据	400 000		应付票据	100 000	
应收账款	59 000		应付账款	100 000	
预付账款	250 000		预收款项	130 000	
应收利息	0		应付职工薪酬	30 000	
应收股利	109 200		应交税费	13 100	
其他应收款	10 000		应付利息	0	
存　货	894 000		应付股利	20 000	
一年内到期的非流动资产	0		其他应付款	52 000	
其他流动资产	0		一年内到期的非流动负债	0	
流动资产合计	1 961 200		其他流动负债		
非流动资产：			流动负债合计	1 145 100	
可供出售金融资产	0		非流动负债：		
持有至到期投资	0		长期借款	350 000	
长期应收款	0		应付债券	0	
长期股权投资	155 000		长期应付款	0	
投资性房地产	0		专项应付款	0	
固定资产	754 000		预计负债	0	
在建工程	0		递延所得税负债	0	
工程物资	0		其他非流动负债	0	
固定资产清理	0		非流动负债合计	350 000	
生产性生物资产	0		负债合计	1 495 100	
油气资产	0		所有者权益：	0	
无形资产	19 400		实收资本	1 000 000	
开发支出	0		资本公积	50 000	
商誉	0		减：库存股	0	
长期待摊费用	0		盈余公积	170 000	
递延所得税资产	0		未分配利润	174 500	
其他非流动资产	0		所有者权益合计	1 394 500	
非流动资产合计	928 400				
资产总计	2 889 600		负债和所有者权益总计	2 889 600	

【案例解析】

该公司 2018 年 12 月 31 日资产负债表中有关项目的计算如下：

1. 货币资金项目 = 5 200 + 233 800 = 239 000（元）

2. 应收账款项目 = 26 000 + 33 000 = 59 000（元）

3. 预收账款项目 = 75 000 + 55 000 = 130 000（元）

4. 预付账款项目 = 250 000（元）

5. 应付账款项目 = 20 000 + 80 000 = 100 000（元）

6. 存货项目 = 150 000 + 76 000 + 49 000 + 210 000 + 409 000 = 894 000（元）

7. 固定资产项目 = 1 000 000 − 246 000 = 754 000（元）

8. 无形资产项目 = 28 000 − 8 600 = 19 400（元）

任务三 编制利润表

会计主管手工编制完资产负债表,又开始编制利润表。利润表与资产负债表一样同时报出。本任务既要知道利润表概念、作用及其结构,又要学会编制方法。

一、利润表的概念及作用

(一) 利润表的概念

利润表是指反映企业在一定会计期间的经营成果的会计报表。

(二) 利润表的作用

利润表的作用如下:

第一,可据以解释、评价和预测企业的经营成果和获利能力;

第二,可据以解释、评价和预测企业的偿债能力;

第三,可据以评价和考核管理人员的绩效;

第四,企业管理人员可据以做出经营决策。

二、利润表的格式及结构

(一) 利润表的格式

利润表一般有多步式利润表和单步式利润表两种格式。

1. 多步式利润表

多步式利润表是通过对当期的收入、费用、支出项目按性质加以归类,按利润形成的主要环节列示一些中间性利润指标,分步计算当期净损益。我国企业一般编制多步式利润表（如表8-8）。

2. 单步式利润表

单步式利润表是将本期发生的所有收入集中在一起列示，将所有的成本、费用支出类也集中在一起列示，然后将收入类合计减去成本费用类合计，计算出本期净利润（或亏损）。我国民间非盈利组织一般编制单步式利润表。

（二）利润表的结构

表8-8

利润表

年　　月

会企02表

编制单位：　　　　　　　　　　　　　　　　　　　　　　　　　　　　　　　　　　　单位：元

项　　目	本期金额	上期金额
一、营业收入		
减：营业成本		
税金及附加		
销售费用		
管理费用		
财务费用		
资产减值损失		
加：公允价值变动损益（损失以"-"号填列）		
投资收益		
其中：对联营企业和合营企业的投资收益		
资产处置收益（损失以"-"号填列）		
其他收益		
二、营业利润（亏损以"-"号填列）		
加：营业外收入		
减：营业外支出		
其中：非流动资产处置损失		
三、利润总额（亏损以"-"号填列）		
减：所得税费用		
四、净利润（亏损以"-"号填列）		
五、每股收益		
（一）基本每股收益		
（二）稀释每股收益		

【想一想】

利润表的结构主要包括哪些内容呢？各项内容与哪些账户相关呢？

扫码看答案

三、利润表的编制方法

（一）"上期金额"栏数字填写

利润表中"上期金额"栏内各项数字，应根据上年该期利润表的"本期金额"栏内所列数字填列。

（二）"本期金额"栏数字填写

利润表中"本期金额"栏内各项数字，除"每股收益"项目外，应根据有关损益类账户的本期发生额分析计算填列。如"营业收入"项目，根据"主营业务收入"和"其他业务收入"账户的本期发生额分析计算填列，"营业成本"项目，根据"主营业务成本"和"其他业务成本"账户的发生额分析填写；"管理费用"项目，根据"管理费用"账户本期发生额分析计算填列。

【算一算】

甲科技有限责任公司2018年度"主营业务收入"账户的贷方发生额为 8 500 000 元，"其他业务收入"账户的贷方发生额为 1 000 000 元，计算该企业2017年度利润表中"营业收入"项目的金额是多少？

扫码看答案

【典型实例】

济宁建新机械有限公司2017年有关损益类账户的发生额资料如下表8-9所示。

表8-9　　　　　　　　　　损益类账户发生额

单位：元

账户名称	借方发生额	贷方发生额
主营业务收入		2 320 000
主营业务成本	1 600 000	
其他业务收入		500 000
其他业务成本	350 000	
税金及附加	86 000	
销售费用	38 000	

(续表)

账户名称	借方发生额	贷方发生额
管理费用	96 000	
财务费用	55 000	
资产减值损失	56 000	
投资收益		35 000
公允价值变动收益		85 000
营业外收入		25 000
营业外支出	20 000	
所得税费用	185 000	

根据以上账户资料编制利润表见表 8-10。

表 8-10   利润表

2018 年度   会企 02 表

编制单位：济宁建新机械有限公司   单位：元

项　　目	本期金额	上期金额
一、营业收入	2 820 000	（略）
减：营业成本	1 950 000	
税金及附加	86 000	
销售费用	38 000	
管理费用	96 000	
财务费用	55 000	
资产减值损失	56 000	
加：公允价值变动损益（损失以"-"号填列）	85 000	
投资收益	35 000	
二、营业利润（亏损以"-"号填列）	659 000	
加：营业外收入	25 000	
减：营业外支出	20 000	
三、利润总额（亏损以"-"号填列）	664 000	
减：所得税费用	185 000	
四、净利润（亏损以"-"号填列）	479 000	

【案例解析】

"营业收入"项目 = "主营业务收入" + "其他业务收入"
　　　　　　　　= 2 320 000 + 500 000 = 2 820 000（元）

"营业成本"项目 = "主营业务成本" + "其他业务成本"
$$= 1\ 600\ 000 + 350\ 000 = 1\ 950\ 000（元）$$

其他项目根据相关账户的发生额填列。

知识链接

企业编制的会计报表,除资产负债表和利润表外,还包括现金流量表和所有者权益变动表以及会计报表附注。现金流量表反映企业一定会计期间现金和现金等价物流入和流出的报表;所有者权益变动表应当反映构成所有者权益的各组成部分当期的增减变动情况。

表 8-11　　　　　　　　　　　现金流量表

编制单位:　　　　　　　　　　　　年　月　　　　　　　　　　　　　单位:元

项　目	行次	本期金额	上期金额
一、经营活动的现金流量			
销售商品提供劳务收到的现金	1		
收到的其他与经营活动有关的现金	8		
现金流入小计	9		
购买商品接受劳务支付现金	10		
支付给职工以及为职工支付的现金	12		
支付的各项税费	13		
支付的其他与经营活动有关的现金	18		
现金流出小计	20		
经营活动产生的现金净流量	21		
二、投资活动产生的现金流量			
收回投资收到的现金	22		
取得投资收益所收到的现金	23		
处置固定资产、无形资产和其他长期资产所收到的现金净额	25		
收到的其他与投资活动有关的现金	28		
现金流入小计	29		
购建固定资产、无形资产和其他长期资产所支付的现金	30		
投资所支付的现金	31		
支付的其他与投资活动有关的现金	35		
现金流出小计	36		
投资活动所产生的现金流量净额	37		
三、筹资活动产生的现金流量:			

(续表)

项　目	行次	本期金额	上期金额
吸收投资所收到的现金	38		
借款所收到的现金	40		
收到的其他与筹资活动有关的现金	43		
现金流入小计	44		
偿还债务所支付的现金	45		
分配股利、利润或偿还利息支付的现金	46		
支付的其他与筹资活动有关的现金	52		
现金流出小计	53		
筹资活动产生的现金流量净额	54		
四、汇率变动对现金的影响	55		
五、现金及现金等价物净增加额	56		

表 8-12　　　　　　　　　　　所有者权益（股东权益）变动表

会企04表

编制单位：　　　　　　　　　　　　　　　　　年　　　　　　　　　　　　　　　　　单位：元

项　目	行次	本年金额						上年金额					
		实收资本（或股本）	资本公积	盈余公积	未分配利润	库存股（减项）	所有者权益合计	实收资本（或股本）	资本公积	盈余公积	未分配利润	库存股（减项）	所有者权益合计
一、上年年末余额													
1. 会计政策变更													
2. 前期差错更正													
二、本年年初余额													
三、本年增减变动金额（减少以"-"号填列）													
（一）本年净利润													
（二）直接计入所有者权益的利得和损失													
1. 可供出售金融资产公允价值变动净额													
2. 现金流量套期工具公允价值变动净额													
3. 与计入所有者权益项目相关的所得税影响													

(续表)

项 目	行次	本年金额						上年金额					
		实收资本（或股本）	资本公积	盈余公积	未分配利润	库存股（减项）	所有者权益合计	实收资本（或股本）	资本公积	盈余公积	未分配利润	库存股（减项）	所有者权益合计
4. 其他													
小 计													
（三）所有者投入资本													
1. 所有者本期投入资本													
2. 本年购回库存股													
3. 股份支付计入所有者权益的金额													
（四）本年利润													
1. 对所有者（或股东）的分配													
2. 提取盈余公积													
（五）所有者权益内部结转													
1. 资本公积转增资本													
2. 盈余公积转增资本													
3. 盈余公积弥补亏损													
四、本年年末余额													

所有者权益变动表至少应单独列示反映的项目有：

1. 净利润；

2. 直接计入所有者权益的利得和损失；

3. 会计政策变更和差错更正的累积影响金额；

4. 所有者投入资本和向所有者分配利润等；

5. 按照规定提取的盈余公积；

6. 实收资本（或股本）、资本公积、盈余公积、未分配利润的期初和期末余额及其调节情况。

附注是对在资产负债表、利润表、现金流量表和所有者权益变动表等报表中列示项目的文字描述或明细资料，以及对未能在这些报表中列示项目的说明等。

项目小结

1. 财务会计报告是指企业对外提供的反映企业某一特定日期的财务状况和某一会计期间的经营成果、现金流量等会计信息的文件。企业财务会计报告至少应当包括资产负债表、利润表、现金流量表、所有者权益变动表和报表附注。

2. 财务会计报表编制要求：内容完整、数字真实、计算准确、报送及时、手续完备。

3. 资产负债表是指反映企业某一特定日期（月末、季末或年末）的财务状况的会计报表。资产负债表结构有账户式和报告式两种。资产负债表的作用为：

第一，企业管理者通过资产负债表了解企业拥有或控制的经济资源和承担的责任、义务，了解企业资产、负债各项目的构成比例是否合理，并以此分析企业的生产经营能力、营运能力和偿债能力，预测企业未来经营前景；

第二，企业的投资者通过资产负债表了解所有者权益构成情况，考核企业管理人员是否有效利用现有资源，是否使资产得到增值，以此分析企业财务实力和未来发展能力，并做出是否继续投资的决策；

第三，企业债权人和供应商通过资产负债表了解企业的偿债能力、支付能力及现有财务状况，以便分析财务风险，预测未来现金流动情况，做出贷款及营销决策；

第四，工商行政管理、税务等政府机构通过资产负债表可以了解企业是否认真贯彻执行有关方针、政策，以便加强宏观管理和调控。

4. 利润表是指反映企业在一定会计期间的经营成果的会计报表。利润表一般有多步式利润表和单步式利润表两种格式。其作用如下：

第一，可据以解释、评价和预测企业的经营成果和获利能力；

第二，可据以解释、评价和预测企业的偿债能力；

第三，可据以评价和考核管理人员的绩效；

第四，企业管理人员可据以做出经营决策。

项目九 会计档案

【项目介绍】

会计档案记录和反映了单位已核算完毕且具有保存价值的会计资料。《会计法》和《档案管理办法》中明确规定：各单位应当加强档案管理，有效保护和利用会计档案。本项目主要介绍会计档案的概念及分类，会计档案的整理与装订，会计档案的保管利用与会计档案的鉴定销毁。具体见图9-1所示。

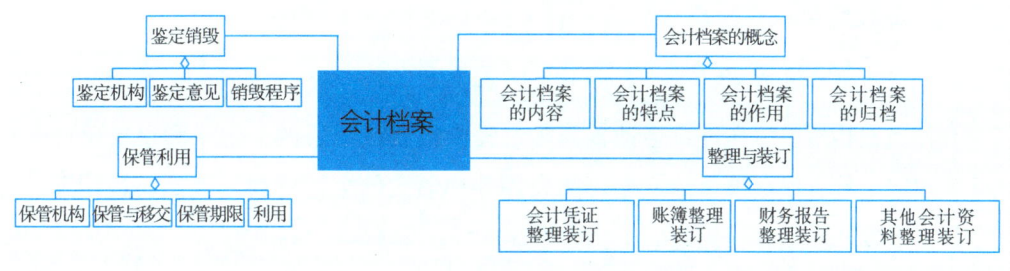

图9-1 会计档案概要

任务一 认识会计档案

会计档案是单位经济活动的真实记录,是辅助生产经营、维护单位权益、解决经济纠纷的重要凭证,也是国家和公众对企业依法经营、政府依法收支进行监督管理的重要依据。本任务介绍会计档案的概念、特点、作用及归档内容。

一、会计档案及其特点

(一)会计档案的概念

会计档案是指单位在进行会计核算等过程中接收或形成的,记录和反映单位经济业务事项的,具有保存价值的文字、图表等各种形式的会计资料,包括通过计算机等电子设备形成、传输和存储的电子会计档案。

会计档案的具体内容包括会计凭证、会计账簿、财务会计报告和其他会计资料。其中,其他会计资料主要包括银行存款余额调节表、银行对账单、纳税申报表、会计档案移交清册、会计档案保管清册、会计档案销毁清册、会计档案鉴定意见书及其他具有保存价值的会计资料。

(二)会计档案的特点

与一般档案相比,会计档案特殊的内容和专门的方法决定了其具有较强的专业性,具有以下特点:

1. 会计档案是会计资料有条件地转化而来

会计档案是对单位已发生经济业务事项的记录与反映,是办理完毕、具有保存价值且已归档保存的会计资料。

2. 会计档案包涵内容广泛

会计档案既可以是从单位外部接受取得的会计资料，也可以是内部直接形成的各种形式会计资料。

3. 有纸质会计档案与电子会计档案两种形式

2016年1月1日起执行的《会计档案管理办法》，规定了符合条件的会计凭证、账簿等会计资料可不再输出纸质，而仅以电子形式归档保存，形成电子会计档案。电子会计档案纳入了会计档案的范畴，且规定满足一定条件时可以仅以电子形式归档保存。

二、会计档案的作用

会计档案是国家经济档案的重要组成部分，是记录和反映经济业务的重要史料和证据，因而也是检查遵守财经纪律情况的书面证明和总结经营管理经验的重要参考材料。各单位要认真做好会计档案的管理工作，妥善保管并充分利用。

三、会计档案与文书档案和会计资料的区别

会计档案不同于文书档案。二者在内容上明显不同：会计档案主要指会计凭证、账簿、财务报告等方面的会计资料；文书档案是指机关、团体、企事业单位在行政管理事务活动中产生的，由通用文书转化而来的那一部分档案的习惯称谓，包括命令、指示、决定、布告、请示、报告、批复、通知、信函、简报、会议记录、计划和总结等。

会计档案和会计资料是不同的概念，是同一事物在不同阶段的不同形态。会计资料的范围比会计档案更广，会计档案是会计资料，但不是所有会计资料都是会计档案。只有办理完毕、具有保存价值并按一定逻辑规律整理归档保存的会计资料才属于会计档案。对于哪些会计资料属于会计档案，何时归档，归档应当采取何种形式，则应当按照财政部和国家档案局制定的《会计档案管理办法》的规定执行。

【想一想】

处于审批流程中的会计凭证，是否属于会计资料？

是否属于会计档案？为什么？

四、会计档案的归档

（一）归档范围

扫码看答案

下列会计资料应当进行归档：

（1）会计凭证，包括原始凭证、记账凭证；

（2）会计账簿，包括总账、明细账、日记账、固定资产卡片及其他辅助性账簿；

（3）财务会计报告，包括月度、季度、半年度、年度财务会计报告；

(4) 其他会计资料，包括银行存款余额调节表、银行对账单、纳税申报表、会计档案移交清册、会计档案保管清册、会计档案销毁清册、会计档案鉴定意见书及其他具有保存价值的会计资料。

(二) 归档要求

会计档案的归档要求如下：

(1) 单位的会计机构或会计人员所属机构（统称单位会计管理机构）应当按照归档范围和归档要求，负责定期将应当归档的会计资料整理立卷，编制会计档案保管清册（表9-1）。会计档案保管清册，通常按年编制，是会计档案的完整目录清单，与会计档案的实际保管地点无关。

表9-1　　　　　　　　　　会计档案保管清册（参考格式）

单位名称：

案卷号	类别	题名	起止时间	保管期限	卷内张数	备注

(2) 纸质会计档案应当装订成册并整理立卷。

(3) 单位内部形成的属于归档范围的电子会计资料，同时满足下列条件的，可仅以电子形式保存，形成电子会计档案：

①形成的电子会计资料来源真实有效，由计算机等电子设备形成和传输；

②使用的会计核算系统能够准确、完整、有效接收和读取电子会计资料，能够输出符合国家标准归档格式的会计凭证、会计账簿、财务会计报表等会计资料，设定了经办、审核、审批等必要的审签程序；

③使用的电子档案管理系统能够有效接收、管理、利用电子会计档案，符合电子档案的长期保管要求，并建立了电子会计档案与相关联的其他纸质会计档案的检索关系；

④采取有效措施，防止电子会计档案被篡改；

⑤建立电子会计档案备份制度，能够有效防范自然灾害、意外事故和人为破坏的影响；

⑥形成的电子会计资料不属于具有永久保存价值或者其他重要保存价值的会计档案。

(4) 单位从外部接收的电子会计资料附有符合《中华人民共和国电子签名法》规

定的电子签名的,且同时满足上述条件,可仅以电子形式归档保存。

(5) 电子会计档案应脱离原生成系统进行归档保存。但是系统升级后不再兼容原生成系统的,对原生成系统也应进行归档保存;涉及硬件设备更新换代可能无法继续读取以前生成的电子会计档案的,还应将硬件设备进行保存。

(6) 保管期限为永久的会计档案必须以纸质形式归档保存。各单位自行鉴定认为具有重要保存价值的其他会计档案也应以纸面形式保存。

【想一想】

企业采用符合国家标准的财务软件进行会计核算,记账凭证是否必须打印出纸质凭证进行归档保存?年度财务会计报告呢?

扫码看答案

任务二　会计档案的整理、装订

单位会计管理机构按照归档范围和归档要求，负责定期将应归档的会计资料整理立卷，编制会计档案管理清册。会计档案的整理立卷主要包括会计凭证、会计账簿、会计报表及其他文字会计档案的整理、装订。

一、会计凭证的整理与装订

会计凭证作为会计档案的重要组成部分，必须妥善加以保护和管理。会计凭证详细记载了经济业务内容，但零星分散，易于丢失。因此，在当期完成会计凭证的各项工作后，会计人员应将各种会计凭证加以汇总、整理、装订成册。格式见图9-2装订机与归档凭证。

图9-2　装订机与归档凭证

(一) 凭证的整理

会计凭证的整理主要是对记账凭证所附的原始凭证进行整理。会计实务中的原始凭证纸张往往大小不一，因此需要按照记账凭证的大小进行折叠或粘贴。具体方法如下：

(1) 对面积大于记账凭证的原始凭证采用折叠的方法，按照记账凭证的面积尺寸，将原始凭证先自右向左，再自下向上两次折叠。折叠时应注意将凭证的左上角或左侧面空出，以便于装订后，展开查阅。

(2) 对于纸张面积过小的原始凭证，则采用粘贴的方法，即按一定次序和类别将原始凭证粘在一张与记账凭证大小相同的白纸上。粘贴时要注意，应尽量将同类同金额的单据粘在一起且分开均匀粘平。粘贴完成后，应在白纸一旁注明原始凭证的张数和合计金额。

（3）对于纸张面积略小于记账凭证的原始凭证，则可以用回形针或大头针别在记账凭证后面，待装订凭证时，抽出回形针或大头针。

（4）对于数量过多的原始凭证，如工资结算表、领料单等，可以单独装订保管，但应在封面上注明原始凭证的张数、金额，所属记账凭证的日期、编号、种类。封面应一式两份，一份作为原始凭证装订成册的封面，封面上注明"附件"字样，另一份附在记账凭证的后面，同时在记账凭证上注明"附件另订"，以备查考。

（5）各种经济合同、存出保证金收据以及文件等重要原始凭证，应当另编目录，单独登记保管，并在有关的记账凭证和原始凭证上相互注明日期和编号单独登记保管，在有关的记账凭证和原始凭证上相互注明日期和编号。

（二）凭证的装订

凭证装订是指将整理完毕的会计凭证加上封面和封底，装订成册，并在装订线上加贴封签的一系列工作。

1. 会计凭证的装订要求

（1）会计凭证不得跨月装订。

（2）采用科目汇总表会计核算形式的企业，原则上以一张科目汇总表为一册，也可以分订两册以上，用分数号编号；凭证少的，也可将若干张科目汇总表及相关记账凭证、原始凭证合并装订成一册。

（3）装订成册的会计凭证必须加封面、封底，封面上应注明单位名称、年度、月份和起讫日期、凭证种类、起讫号码、本月总计册数和本册数，由装订人在装订线封签外签名或者盖章。

（4）装订位置要适当。会计凭证装订处是凭证的左边或左上角，一般左右宽不超过2厘米，上下不超过2.5厘米。

（5）采取包角法装订的，装订后要将装订线用纸打个三角封包，并将装订者印章盖于骑缝处，在脊背处注明年、月、日和册数的编号。

2. 装订方法

会计凭证的装订有包角法和包边法两种。如图9-3所示。

下面以包角法装订为例介绍装订程序：

（1）整理记账凭证，摘掉凭证上的

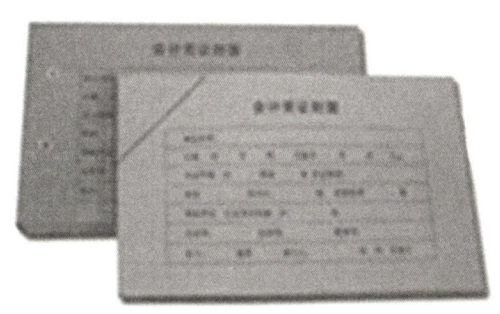

图9-3 包角法和包边法

大头针等，并将记账凭证按编号顺序码放。

（2）将记账凭证汇总表、银行存款余额调节表放在最前面，并放上封面、封底。

（3）在码放整齐的记账凭证左上角放一张 8×8 厘米大小的包角纸。包角纸要厚一点，其左边和上边与记账凭证取齐。

（4）过包角纸上沿距左边 5 厘米处和左沿距上边 4 厘米处包角纸上划一条直线，并用两点将此直线等分，再分别等分直线的两点处将包角纸和记账凭证打上两个装订孔。

（5）打孔，装订。如图 9-4 所示。

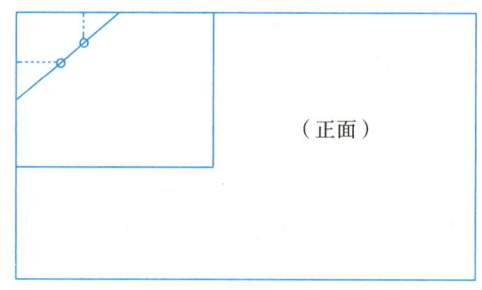

图 9-4　打孔与装订

（6）从正面折叠包角纸，并将划斜线部分剪掉。如图 9-5 所示。

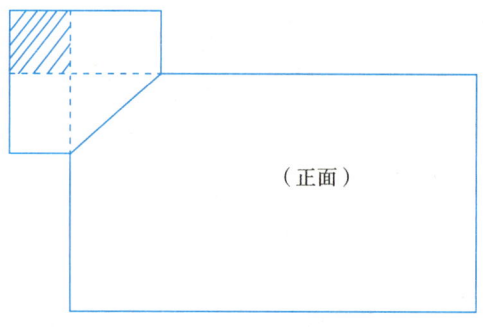

图 9-5　折叠与裁剪

（7）将包角纸向后折叠粘贴成图 9-6 形状。

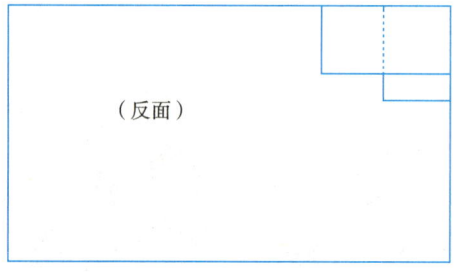

图 9-6　折叠与粘贴

（8）填写封面，加盖印章。

二、账簿的装订

各种会计账簿办理完年度结账后，除跨年使用的账簿外，其他账簿应按时整理立卷。见图9-7。

装订的基本要求如下：

（1）活页账簿去除空白页后，将本账页数项填写齐全，撤账夹，用坚固耐磨的牛皮纸做封面、封底，装订成册。

（2）多栏式活页账、三栏式活页账、数量金额式活页账不得混装，应按同类业务、同类账簿装订在一起。

图9-7 归档账簿

（3）装订后的会计账簿应牢固平整，不得有折角、缺角、错页、掉页、夹空白纸的现象。

（4）账簿封面上完整填写账簿名称、所属年度、册数、编号、会计主管人员和装订人（经办人）签章等项目。

（5）账簿封面脊背应平整，并注明所属年度及账簿名称、编号。

（6）编号为一年一编，编号顺序为总账、现金日记账、银行存款日记账、明细账。

三、财务会计报告的整理与装订

财务会计报告的整理与装订要求如下：

（1）财务会计报告编制完成及时报送后，留存的报告均应按月装订成册。

（2）财务会计报告在装订前应按编报目录核对是否齐全。

（3）财务会计报告应整理平整，防止折角；上边和左边对齐压平。

（4）财务会计报告装订顺序为会计报告封面、会计报告编制说明、各类会计报表及附注、会计报告封底。

（5）财务会计报告按保管期限分别编制卷号。其中，月、季度会计报告全年按月、季顺序编制卷号；年度会计报告按年顺序编制卷号。

四、其他会计核算资料的整理与装订

因最低保管期限不同，其他会计核算资料不能装订在一起。银行存款余额调节表和银行对账单与每月的会计凭证装订在一起，也可按年单独装订。纳税申报表按期整理，加具封面，按年装订成册。会计档案移交清册、会计档案保管清册、会计档案鉴定意见书、会计档案销毁清册，每一个清册就是一个保管单位，编一个卷号，不需整理、装订。

任务三 会计档案的保管方法

单位会计管理机构按照归档范围和归档要求，定期将应归档的会计资料整理立卷，编制会计档案保管清册，随之，进入了会计档案的保管和利用阶段。本任务介绍会计档案的保管机构、保管与移交、保管期限和会计档案的利用。

一、会计档案的保管

单位应当加强会计档案管理工作，建立和完善会计档案的收集、整理、保管、利用和鉴定销毁等管理制度，采取可靠的安全防护技术和措施，保证会计档案的真实、完整、可用、安全。

（一）保管机构

单位的档案机构或者档案工作人员所属机构（统称单位档案管理机构）负责管理本单位的会计档案。单位也可以委托具备档案管理条件的机构代为管理会计档案。

（二）保管与移交

当年形成的会计档案，在会计年度终了后，可由单位会计管理机构临时保管一年，再移交单位档案管理机构保管。因工作需要确需推迟移交的，应当经单位档案管理机构同意。单位会计管理机构临时保管会计档案最长不超过三年。临时保管期间，会计档案的保管应当符合国家档案管理的有关规定，且出纳人员不得兼管会计档案。

单位会计管理机构在办理会计档案移交时，应当编制会计档案移交清册（见表9－2），并按照国家档案管理的有关规定办理移交手续。

表 9-2　　　　　　　　　　会计档案移交清册（参考格式）

年　度	会计凭证类（盒、卷）	会计账簿类（卷）	财务报告类（卷）	其他类（卷）	光盘（盘）	备　注

移交部门：　　　　　接受部门：　　　　　监交人：
移　交　人：　　　　接　收　人：　　　　移交时间：

纸质会计档案移交时应当保持原卷的封装。电子会计档案移交时应当将电子会计档案及其元数据一并移交，且文件格式应当符合国家档案管理的有关规定。特殊格式的电子会计档案应当与其读取平台一并移交。

单位档案管理机构接收电子会计档案时，应当对电子会计档案的准确性、完整性、可用性、安全性进行检测，符合要求的才能接收。

【想一想】

下列各项中，属于单位会计管理机构在办理会计档案移交时应当编制的清册是（　　）

A. 会计档案移交清册

B. 会计档案保管清册

C. 会计档案销毁清册

D. 会计档案鉴定意见书

扫码看答案

（三）保管期限

新的《会计档案管理办法》规定：会计档案的保管期限分为永久、定期两类；定期保管期限一般分为 10 年和 30 年。且规定会计档案的保管期为最低保管期限；会计档案的保管期限，从会计年度终了后的第一天算起。

《会计档案管理办法》明确规定了各种会计档案的保管期限。

企业会计档案保管期限如表 9-3 所示。

表 9-3　　　　　　　　　企业和其他组织会计档案保管期限表

序号	档案名称	保管期限	备注
一	会计凭证		
1	原始凭证	30 年	
2	记账凭证	30 年	
二	会计账簿		
3	总账	30 年	
4	明细账	30 年	
5	日记账	30 年	
6	固定资产卡片		固定资产报废清理后保管 5 年
7	其他辅助性账簿	30 年	
三	财务会计报告		
8	月度、季度、半年度财务会计报告	10 年	
9	年度财务会计报告	永久	
四	其他会计资料		
10	银行存款余额调节表	10 年	
11	银行对账单	10 年	
12	纳税申报表	10 年	
13	会计档案移交清册	30 年	
14	会计档案保管清册	永久	
15	会计档案销毁清册	永久	
16	会计档案鉴定意见书	永久	

【看一看】

1. 企业的哪些会计档案需要永久保管？
2. 企业的凭证、账簿、报表、纳税申报表分别最低保管多少年？

扫码看答案

二、会计档案的利用

单位应当严格按照相关制度利用会计档案，在进行会计档案查阅、复制、借出时履行登记手续，严禁篡改和损坏。

会计档案的利用，是指以查阅、借出、复制、证明、咨询、网络推送等方式使用会计档案的活动。利用档案应按规定进行登记，填写借阅档案登记表（见表 9-4）。相对于纸质档案，电子档案的利用更加快捷方便，但安全隐患相对明显。在对电子档案进行复制时，需将电子会计档案进行纸质打印，并加盖档案机构或档案管理机构公章。

单位保存的会计档案一般不得借出。确因工作需要且根据国家有关规定必须借出的，应当严格按照规定办理相关手续。例如配合国家安全、司法、审计、监管等相关单位工作，依法依规必须对外借出会计档案的，必须按照单位管理制度履行审批程序后办理登记手续。电子会计档案因其在使用时更容易被复制，各单位应严格控制电子会计档案的借出频次。

会计档案借用单位应当妥善保管和利用借入的会计档案，确保借入会计档案的安全完整，并在规定时间内归还。

表9-4　　　　　　　　　借阅档案登记表（参考格式）

序号	日期	档号	题名	借阅部门	借阅人签字	归还日期	备注

【想一想】

下列关于会计档案借出的表述中，正确的有（　　　）

A. 单位保存的会计档案一般不得对外借出

B. 会计档案借用单位应当妥善保管和利用借入的会计档案

C. 确因工作需要且根据国家规定必须借出的，应当严格按照规定办理相关手续

D. 会计档案借用单位应当确保借入会计档案的安全完整，并在规定时间内归还

扫码看答案

任务四　会计档案的销毁方法

任务描述

会计档案管理制度一般包括会计档案收集、整理、保管、利用和鉴定销毁等方面。对到期的会计档案进行鉴定与销毁，是会计档案管理的重要环节。本任务介绍会计档案的鉴定与销毁。

知识准备

一、会计档案销毁前的鉴定

单位应当定期对已到保管期限的会计档案进行鉴定，并形成会计档案鉴定意见书。会计档案鉴定工作应当由单位档案管理机构牵头，组织单位会计、审计、纪检监察等机构或人员共同进行。具体鉴定时，可先由档案部门会同会计部门通过逐卷、逐份档案阅读的方法，提出初步的鉴定结论。鉴定结论可以是销毁或继续保存期限。初步鉴定结论提出后，形成初步鉴定意见。单位应成立由主管领导、相关职能部门、专业技术人员和档案人员组成的档案鉴定委员会，对初步鉴定意见进行讨论审定，形成正式会计档案鉴定意见书。

经鉴定，仍需继续保存的会计档案，应当重新划定保管期限；对保管期满，确无保存价值的会计档案，可以销毁。

二、会计档案的销毁程序

经鉴定可以销毁的会计档案，应当按照以下程序销毁：

（1）单位档案管理机构编制会计档案销毁清册，列明拟销毁会计档案的名称、卷号、册数、起止年度、档案编号、应保管期限、已保管期限和销毁时间等内容。

（2）单位负责人、档案管理机构负责人、会计管理机构负责人、档案管理机构经办人、会计管理机构经办人在会计档案销毁清册上签署意见。

（3）单位档案管理机构负责组织会计档案销毁工作，并与会计管理机构共同派员监销。监销人在会计档案销毁前，应当按照会计档案销毁清册所列内容进行清点核对；在会计档案销毁后，应当在会计档案销毁清册上签名或盖章。

电子会计档案的销毁还应当符合国家有关电子档案的规定，并由单位档案管理机构、会计管理机构和信息系统管理机构共同派员监销。

三、不得销毁的会计档案

保管期满但未结清债权债务的会计凭证和涉及其他未了事项的会计凭证不得销毁，这些纸质会计档案应当单独抽出立卷，另行保管；电子会计档案单独转存，保管到未了事项完结时为止。未了事项除未结清债权债务外，一般还包括未了结诉讼案件、未结案违规违纪案件、因固定资产后期维修等需要使用购买固定资产原始票据等。

单独抽出立卷或转存的会计档案，应当在会计档案鉴定意见书、会计档案销毁清册和会计档案保管清册中列明。

项目小结

1. 会计档案是指单位在进行会计核算等过程中接收或形成的，记录和反映单位经济业务事项的，具有保存价值的文字、图表等各种形式的会计资料，包括电子会计档案。

2. 会计档案的特点：（1）会计档案是会计资料有条件地转化而来；（2）会计档案包涵内容广泛；（3）会计档案有纸质会计档案与电子会计档案两种形式。

3. 会计档案的归档范围：（1）会计凭证；（2）会计账簿；（3）财务会计报告；（4）其他会计资料。

4. 会计档案归档要求：

（1）单位的会计管理机构应当按照归档范围和归档要求，负责定期将应当归档的会计资料整理立卷，编制会计档案保管清册。

（2）纸质会计档案应当装订成册并整理立卷。

（3）无论是单位内部形成的还是从单位外部取得的属于归档范围的电子会计资料，在满足一定条件时，可仅以电子形式保存，形成电子会计档案。

（5）电子会计档案应脱离原生成系统进行归档保存。

（6）保管期限为永久的会计档案必须以纸质形式归档保存。各单位自行鉴定认为具有重要保存价值的其他会计档案也应以纸面形式保存。

5. 纸质会计档案的整理立卷主要包括会计凭证、会计账簿、会计报表及其他文字会计档案的整理、装订。

6. 单位档案管理机构负责管理本单位的会计档案。单位也可以委托具备档案管理条件的机构代为管理会计档案。

7. 会计档案的保管期限分为永久、定期两类，定期保管期限一般分为 10 年和 30 年；会计档案的保管期限，从会计年度终了后的第一天算起。

8. 单位应当严格按照相关制度利用会计档案，在进行会计档案查阅、复制、借出时履行登记手续，严禁篡改和损坏。

9. 经鉴定，仍需继续保存的会计档案，应当重新划定保管期限；对保管期满，确无保存价值的会计档案，可以按规定程序销毁。

10. 保管期满但未结清的债权债务会计凭证和涉及其他未了事项的会计凭证不得销毁；纸质会计档案应当单独抽出立卷，电子会计档案单独转存，保管到未了事项完结时为止。

参考文献

[1] 郭继宏,刘洪学,程春梅主编.会计基础[M] 北京:北京师范大学出版社,2015.8

[2] 卜少利主编.基础会计[M].北京:机械工业出版社,2013.9

[3] 财政部会计司、国家档案局经济科技档案业务指导司编写组.会计档案管理办法讲解[M].北京:中国财政经济出版社,2017.

[4] 李占国.基础会计[M].4版.北京:高等教育出版社,2017.

[5] 田家富.基础会计[M].1版.北京:高等教育出版社,2014.

[6] 任延东,马祥山.新编基础会计[M].7版.大连:大连理工大学出版社,2014.

[7] 郭素娟,桑丽霞.会计从业基础[M].1版.北京:机械工业出版社,2009.

[8] 李海波,蒋瑛.基础会计[M].2版.北京:中国财政经济出版社,2010.

[9] 康述尧.基础会计[M].3版.北京:中国财政经济出版社,2009.